Manfred Müller
Der echte, führige Schutzhund

Der echte, führige Schutzhund

Zucht, Schutzdienst, Test und Beurteilung

Von Manfred Müller

3., vollständig überarbeitete und erweiterte Auflage

Verlagshaus Reutlingen · Oertel + Spörer

Haftungsausschluss

Die Hinweise in diesem Buch stammen vom Autor.
Es können jedoch keinerlei Garantien übernommen werden.
Eine Haftung des Autors bzw. des Verlages und seiner Beauftragten für Personen-, Sach- und Vermögensschäden ist ausgeschlossen.

Die Deutsche Bibliothek – CIP-Einheitsaufnahme

Müller, Manfred:
Der echte, führige Schutzhund : Zucht,
Schutzdienst, Test und Beurteilung /
von Manfred Müller. – 3., vollst. überarb.
und erw. Aufl. – Reutlingen : Verl.-Haus Reutlingen,
Oertel und Spörer, 2000
ISBN 3-88627-803-4

© Verlagshaus Reutlingen · Oertel + Spörer · 2000
Postfach 16 42 · 72706 Reutlingen
Alle Rechte vorbehalten
Lektorat: Dr. Gabriele Lehari, Reutlingen
Schrift: 9.5/11 p Stone
Satz: typoscript GmbH, Kirchentellinsfurt
Reproduktionen: Oertel + Spörer, Reutlingen
Druck und Bindung: druckhaus köthen, Köthen
Printed in Germany
ISBN 3-88627-803-4

Vorwort

Das Wort „Schutzhund" bezeichnet *allgemein* einen Gebrauchshund, der für die Sicherheit im Mensch-Hund-Rudel zuständig ist. Diese *spezielle* Schutzaufgabe kann *theoretisch* jeder größere Hund erfüllen. Jedoch beschützt und verteidigt in der Praxis nur jeder Hundetyp *zuverlässig* den von einem Feind bedrohten menschlichen Meutegenossen, der
1. die dafür *notwendigen* Schutzhundanlagen geerbt hat.
2. die *ererbten* Schutzhundanlagen durch einen lerntierpsychologischen *richtigen* Aufbau zu *fertigen* Schutzhundeigenschaften entwickeln konnte.
3. die Schutzhundanlagen im Mensch-Hund-Rudel *angepasst* ausleben kann.

Alle anderen Hunde, die zur Kategorie „Schutzhund" zählen, sind in Wirklichkeit *keine* Schutzhunde im *engeren* Sinne. Ihre Stärke liegt entsprechend ihren Erbanlagen auf einem anderen Sektor, z. B. im sportlichen Bereich als Sporthunde, im Alarmbereich als Wachhunde, im Duftbereich als Fährtenhunde, Drogenhunde usw.

Der in diesem Buch beschriebene *echte, führige* Schutzhund ist sozusagen der König unter den Schutzhunden. Denn er besitzt eine Anlagenkombination, die ihn für die Schutz-Aufgabe im Mensch-Hund-Rudel *geradezu* prädestiniert. Außerdem soll dieser Hundetyp wieder jenen Stellenwert erhalten, den er als *wertvollster* Vertreter seiner Rasse verdient und *immer* verdient hat.

Der Aufbau des *echten, führigen* Schutzhundes entspricht zwar *prinzipiell* der Formung des Sporthundes. Jedoch sind die Kernpunkte *von Anfang an* anders gelagert. So hängt z. B. der *echte* Erfolg dieser Aufbauarbeit von der *speziellen* Förderung, Formung und Führung des Schutzhundes ab. Dabei sollten *alle* Schutzhundgestalter wie Züchter, Hundeführer, Helfer, Richter usw. *gezielt* zusammenarbeiten. Dies bedeutet, dass *jeder*, der sich an der Gestaltung des echten, führigen Schutzhundes beteiligt, dies mit *vollster* innerer Überzeugung tun und seine ihm zustehende Aufgabe *bestens* erfüllen sollte. Der auf dem Sporthundsektor oft zu beobachtende Zustand, dass „der *Einzelne* macht, was er will, und *keiner* tut, was er soll", sollte bei dieser *erlesenen* Aufgabe *unbedingt* vermieden werden.

Die Gestalter des *echten, führigen* Schutzhundes können ihre *verantwortungsvolle* Aufgabe aber nur dann *richtig* erfüllen, wenn *alle* Beteiligten das für ihren Sektor erforderliche *wahre* Fach- und Sachwissen besitzen und den Stoff *sicher* beherrschen. Dies bedeutet z. B. für den Hundeführer, dass er seine Führ- und Lehrrolle *genau* kennen *und* erfüllen sollte, bevor er mit der Arbeit beginnt. Außerdem sollte der Hundeführer dem Schutzhund zuerst das *kleine* Ein-mal-Eins des *willigen* Gehorsams lehren, bevor er das *große* Ein-mal-Eins des Schutzdienstes *intensiv* trainiert. Denn im Schutzdienst geht es in erster Linie *nicht* darum, dem Schutzhund das Beißen zu lehren – das kann der Hund von Natur aus ohnehin und braucht nur *individuell* verfeinert zu werden.

Der Hauptgrund ist, dass durch die *art- und wesensgerechte* Zusammenarbeit in dieser Sparte die Autorität oder das Ansehen oder die Führposition des Menschen gegenüber dem Schutzhund am *besten* ausgebaut und gefestigt wird.

Damit nun *alle* Erkenntnisse, die für die Ausbildung des *echten, führigen* Schutzhundes von Wichtigkeit sind, noch *besser* verstanden werden, habe ich dieses Buch *gezielt* umgearbeitet und in Text und Bild vervollkommnet. Dabei wurden in *leicht verständlicher* Weise die Übungen durch wichtige *vorbereitende* Maßnahmen ergänzt.

Möge dieses Buch nun wirklich *alle* Züchter, Hundeführer, Helfer, Richter und Funktionäre dazu veranlassen, der Bezeichnung ECHTER, FÜHRIGER Schutzhund in der Praxis wieder einen *hohen* Stellenwert zu geben.

Manfred Müller

Manfred Müller, Architekt, geb. 1939, begeistert sich seit seiner frühesten Kindheit für Deutsche Schäferhunde. Einschlägiges Studium der Verhaltensbiologie und Lernpsychologie. Seit 1970 Spezialisierung auf tierpsychologisch *richtige* Förderung, Formung und Führung von Schutzhunden. Intensive Forschungsarbeit und vorzügliche Leistungen mit vielen verschiedenen Hundetypen unterschiedlichen Alters aus Eigenzucht (Zucht von Deutschen Schäferhunden unter dem Zwingernamen „vom Wildbachtal") und Fremdzucht. Ziel: Verbesserung der Schutzhundgestaltung auf breiter Basis. Umfangreiche Vortragstätigkeit und zahlreiche Publikationen in diversen Fachorganen. Aufzeichnungen der Erkenntnisse in Büchern und Filmen.

Veröffentlichte Werke im Verlag Oertel + Spörer:
„Vom Welpen zum idealen Schutzhund"
  = allgemeiner Leitfaden für den Aufbau des Hundes
„Der erfolgreiche Hundeführer"
  = allgemeiner Leitfaden für die Hundeführertätigkeit
„Die Spezialausbildung des Schutzhundes"
  = spezieller Leitfaden für die Schutzhundprüfungen
„Der leistungsstarke Fährtenhund"
  = spezieller Leitfaden für die Fährtenarbeit
„Der echte, führige Schutzhund"
  = spezieller Leitfaden für den Schutzdienst

Inhalt

Vorwort	....	V
I. Teil: Der echte, führige Schutzhund	....	13
A: Gebrauchswert und Arbeitsweise	....	17

I.   Das Aggressionsverhalten 17
    1. Der Beutetrieb 17
    2. Der Wehrtrieb 18
    3. Der Schutztrieb 19
II. Die Triebveranlagung 20
    Der Sozialtrieb 20
    1. Der Geltungstrieb 21
    2. Die Härte 21
    3. Die Unerschrockenheit 21
    4. Die reizbare, feindselige Grundstimmung 21
    5. Die innere Sicherheit 22
III. Die innere Sicherheit 22
    1. Die Nervenverfassung 22
    2. Die Auffassungsgabe 23
    3. Das Stärkegefühl 24
    4. Die Gleichgültigkeit 24
IV. Die Widerstandskraft 26
    1. Die Ausdauer 26
    2. Das Temperament 26
    3. Das Durchsetzungsvermögen 26
    1. Phase 27
    2. Phase 27
    3. Phase 28
V. Die Führigkeit 28

B: Arbeitsweise und Schutzdienst 34

C: Schutzdienst und Triebverhalten 38

D: Zusammenfassung 52

II. Teil Die Gestalter des Schutzhundes und
         ihre Aufgaben 59

A: Der Züchter 64

I.   Die Eigenschaften des Züchters 64
II. Die Zuchtplanung 65
III. Die Auslese der Welpen 68
     1. Die vegetative Phase (1. und 2. Woche) 75
        Beispiel: 77
        Beispiel: 78
     2. Die Übergangsphase (3. Woche) 82
IV. Die Prägung der Welpen (4. bis 7. Woche) 86
     1. Der Kontakt zum Meutegenossen 91
     2. Der Kontakt zur Außenwelt 92
     3. Die Abwandlung des Beutetriebes 94
     4. Die Reaktion auf Belastung 97
V.   Der Verkauf der Welpen (8. Woche) 105

B: Der Hundeführer 108

I.   Die Eigenschaften des Hundeführers 108
II. Der Kauf des Welpen 109
     1. Die Haltungsbedingungen 110
     2. Die Auswahl 113
     3. Die Anschaffung 117
III. Die Belehrung des Welpen (8. bis 16. Woche) 119
     1. Die Sozialisierungsphase (8. bis 12. Woche): 122
     2. Die Rangordnungsphase (13. bis 16. Woche) ... 126
IV. Die Erziehung des Junghundes (5. bis 10. Monat) 137
     1. Die Rudelordnungsphase (5. und 6. Monat) 138
     2. Die Pubertätsphase (7. bis 10. Monat) 143
V.   Die Abrichtung des erwachsenen Hundes
     (ab 11. Monat) 144
     1. Die Anpassungsphase (11. und 12. Monat) 146
     2. Die Erwachsenenphase (ab 13. Monat) 147

C: Der Helfer 148

- I. Die Eigenschaften des Helfers 148
- II. Die wichtigsten Helfertypen 149
  1. Die Aufbauarbeit – Aufbauhelfer 150
  2. Die Prüfungsarbeit – Prüfungshelfer 150
  3. Die Zivilarbeit – Scheintäter 150
- III. Die Ausbildung des Helfers 152
- IV. Die Arbeitsgrundlagen 154
  1. Der genaue Arbeitsablauf 154
  2. Die sichere Körperbeherrschung 155
  3. Die richtige Reizgestaltung 156
  4. Das Aktions-Reaktions-Schema 156
  5. Die korrekte Abwehr des Schutzhundes 158
  6. Die gezielten Einwirkungen auf den Schutzhund ... 159
  7. Die Steuerung des Kampfantriebes 162
  8. Der Gebrauch der Kampf-Komponenten 164
  9. Die Verantwortung des Helfers 166
  10. Die Korrektur des Schutzhundes 167
- V. Die Arbeitsweisen 168
  1. Der Aufbauhelfer 168
     Testablauf als Beispiel: 170
  2. Der Prüfungshelfer 174
  3. Der Scheintäter 177
  4. Der Ideal-Helfer 179

III. Teil Der Schutzdienst des echten, führigen Schutzhundes 187

A: Die Aufbau-Grundlagen 189

- I. Das Aufbau-Prinzip 189
- II. Die Aufbau-Umwelt 190
- III. Die Aufbau-Kernpunkte 192
  1. Der Gehorsam 192
  2. Die Arbeitsmoral 193
  3. Die Beißtechnik 193
  4. Die Angriffstechnik 194

B: Das Kampf-Training		196
I.	Der Anbiss und Griff	196
II.	Der Angriff	203
III.	Das Verbellen	215
	System 1	217
	System 2	221
	System 3	222
IV.	Das Revieren	233
	1. Das Revieren über den Nahrungs- oder Spieltrieb	235
	2. Das Revieren durch Nachahmung	235
	3. Das Revieren über den Beute- und Meutetrieb	239
	4. Das Revieren über den Meutetrieb	243

C: Das Resümee 246

    1. Der Anbiss und Griff 246
    2. Der Angriff 246
    3. Das Verbellen 246
    4. Das Revieren 246
    5. Die Belastbarkeit 246
    6. Die Führigkeit 247
    7. Der Schutztrieb 247

**IV. Teil Die Beurteilung des echten,
führigen Schutzhundes** 259

V. Teil Die Konsequenzen 263

    Die wichtigsten Regeln 265
    1. Allgemeines 265
    2. Die Zucht 266
    3. Der Aufbau 267
    4. Die Schutzarbeit 267
    5. Die Beurteilung 268

Anhang 269

Wichtige Grundbegriffe von A bis Z 269
Literatur 280
Bildnachweis 280

I. Teil

Der echte, führige Schutzhund

Der *wichtigste* Arbeitsbereich des *echten, führigen* Schutzhundes ist der *ernstbezogene, nicht* sportbezogene Schutzdienst. Die *entscheidende* Voraussetzung für diese Arbeitsweise ist neben dem Anlagenpotenzial des Schutzhundes der tierpsychologisch *richtige* Aufbau.

Die *wichtigsten* Bedingungen dieser *optimalen* Gestaltung des Schutzhundes bestehen allgemein darin, dass die Gestalter

1. die Behandlung, Formung und Führung des Schutzhundes als ein Studium, eine Berufung oder eine Lebensaufgabe betrachten und *nicht* als Mittel zur Befriedigung irgendwelcher Charakterschwächen.
2. ein *fundiertes* theoretisches Wissen besitzen und sich *nicht* durch oberflächlich instruierende Bücher, Filme, Vorträge, Ratschläge usw. beirren lassen.
3. ihr Fachwissen *richtig* und *konsequent* in die Praxis umsetzen, *ohne* sich von den vielen „Besserwissern" beeinflussen zu lassen.
4. nur *bestens* geprägte und veranlagte Schutzhunde auswählen, fördern, formen und führen und *nicht* Tiere, die auf das Leben in der Menschenwelt und die Zusammenarbeit mit dem Menschen nur *ungenügend* vorbereitet sind.
5. die Schutzhunde *von Anfang an* artgerecht, individuell und gezielt halten und gestalten und *nicht* vermenschlichen oder nach irgendwelchen idealistischen Gesichtspunkten behandeln.

Die Erfüllung dieser allgemeinen Bedingungen erfordert von Züchter, Hundeführer, Helfer, Richter und Funktionär ein *bestimmtes* Maß an Eigeninitiative. Denn die hierfür *notwendige* Weisheit und das aus dieser Weise resultierende Erkennen der Wahrheit kann im Gegensatz zum Wissen *nur* durch *persönliche* Erfahrung erlangt werden.

Die logische Konsequenz aus dieser Tatsache ist:

1. *Jeder* Mitwirkende bei der Gestaltung eines echten, führigen Schutzhundes wird für eine *erfolgsorientierte* Arbeitsweise letztlich meine Darstellungen *selbst* nachvollziehen müssen.
2. *Jedes* Urteil über die in diesem Buch beschriebene Methode ist nur dann *sinnvoll*, wenn der Kritiker die Folgen dieser wissenschaftlich fundierten Ausführungen *selbst* erfahren hat.
3. *Jedes* Ergebnis der Schutzhundgestaltung ist nur so gut, wie der einzelne Mitwirkende die Ausführungen dieses Buches nach seinem Verständnis und *seinen* Gegebenheiten auf *seinem* Gebiet umsetzt.

Nach diesen Feststellungen scheint dieser garantiert erfolgreiche Weg zum *echten, führigen* Schutzhund etwas mühevoll zu sein. Aber der Schein trügt. Lediglich die anfängliche *innere* und *äußere* Umstellung in der Schutzhundgestaltung kann bei einigen Gestaltern Probleme hervorrufen. Der Weg selber ist einfach und die Gestaltung wird mit jedem Schritt leichter und klarer.

Die Voraussetzung für den praktischen Erfolg ist jedoch, wie bei allen erfolgreichen praktischen Tätigkeiten, die Theorie. Dabei sind bestimmte theoretische Kernpunkte für die *richtige* Arbeitsweise unerlässlich.

Dieses minimale Wissen aber ist vor allem wichtig, wenn bei der Gestaltung von Schutzhunden Probleme auftreten. Denn *ohne* theoretisches Fundament ist eine *echte* Korrektur von Fehlverhalten kaum möglich.

Die wichtigsten Elemente der theoretischen Grundlagen sind die Schutzhundanlagen, ihre Auslösbarkeit und ihre Wirkungsweise.

A:
Gebrauchswert und Arbeitsweise

Der *spezielle* Gebrauchswert und die *individuelle* Arbeitsweise des Schutzhundes werden *entscheidend* von dem Ausprägungsgrad einiger *wichtiger* Eigenschaften bestimmt. Dabei zeigt das Kampfverhalten des Schutzhundes, welche Eigenschaften in welcher Stärke wirken:

I. Das Aggressionsverhalten

Die *wichtigste* Komponente des hundlichen Kampfverhaltens ist die Aggression. Sie ist sozusagen die *treibende* Kraft oder der Kampf-Antrieb des echten Schutzhundes. Diese *stets* in einer *bestimmten* Merkmalsbreite *ererbte* Aggression ist ein *Mehrzweckverhalten*, das

a) zu seiner Entfaltung *immer* einer Motivation oder eines Anreizes bedarf.
b) sich mit den *verschiedensten* Beweggründen verbindet, z. B. Aggression gegen Beutetiere oder Beuteobjekte, Eindringlinge in ein bestimmtes Revier, Rivalen, Feinde usw.

Daraus folgt, dass die Kopplung dieser *artspezifischen* Aggression an einen bestimmten Beweggrund *stets* von der Art der Motivation oder des Anreizes bestimmt wird. Dies bedeutet, dass z. B. die Reizart des Helfers darüber entscheidet, mit welchen Triebkomponenten des Schutzhundes sich die Aggression verbindet.
Die drei Grundtriebe für das Kampfverhalten des Schutzhundes sind:

1. Der Beutetrieb
Der Beutetrieb gehört zu dem *nahrungsorientierten* Teil des hundlichen *Selbsterhaltungstriebes* und ist mit dem Jagdtrieb nahe verwandt. Er wird ausgelöst durch *zappelnde* und *panikartige* Fluchtbewegungen eines Beutetieres oder Beuteobjektes. Der Beutetrieb ist beim Schutzhund *von Anfang an* vorhanden, *unterstützt* das Lernen des Schutzhundes und gehört zu den *trainierbaren* Trieben.

Die Verbindung der Aggression mit dem Beutetrieb wird in zwei Schritten vollzogen:

a) Der Helfer löst den Beutetrieb des Schutzhundes mit einem *bewegten* Beuteobjekt aus.
Der Helfer belastet den Schutzhund nach dem Anbiss derart, dass er *kämpferisch* reagiert = Beutearbeit *nicht* Beutespiel.
Ziel = Beutekampf.

Der Nachteil des Beutetriebs ist, dass er der *reiz- und aktionsspezifischen* Ermüdung unterliegt, bei falscher Belastung des Schutzhundes nahezu *unwirksam* wird und *weniger* gut veranlagte Schutzhunde zu unkontrollierten bis schädlichen Aktionen veranlasst.

2. Der Wehrtrieb

Der Wehrtrieb ist der Gegenpol des Beutetriebes und gehört zu dem *gefahrenorientierten* Teil des hundlichen *Selbsterhaltungstriebes*. Er ist die *erregendste* Ausdrucksweise dieses Grundtriebes und dient der Selbstverteidigung.

Der Wehrtrieb wird ausgelöst durch eine *starke* Bedrohung oder *offene* Aggression eines Feindes sowie durch *starken* Schmerz oder *großen* Schreck.

Dabei kann diese *extreme* Wehrform entstehen durch

a) das Umschlagen der Fluchttendenz in Aggression = Notwehrreaktion oder *passiver* Wehrtrieb.
b) eine erwünschte Schärfe = *aktiver* Wehrtrieb.

Der Wehrtrieb entwickelt sich beim Schutzhund etwa ab dem 6. Lebensmonat, unterliegt *nicht* der reiz- und aktionsspezifischen Ermüdung und zeigt bei Auslesetests *klar* die Qualität des Schutzhundes: *passiver Wehrtrieb* = negativ; *aktiver Wehrtrieb* = positiv.

Die Verbindung der Aggression mit dem Wehrtrieb wird in zwei Schritten vollzogen:

a) Der Helfer tritt dem Schutzhund als Feind gegenüber *ohne* Beuteobjekt.
b) Der Helfer wirkt auf den Schutzhund derart stark ein, dass der Selbsterhaltungstrieb ausgelöst wird.
Ziel: Selbstverteidigung.

Der Nachteil besteht darin, dass der Wehrtrieb *nicht* trainierbar ist, das Lernvermögen des Schutzhundes *weitgehend* blockiert und der Schutzhund mehr *ungezielt* kämpft.

3. Der Schutztrieb

Der Schutztrieb ist im Gegensatz zum Beute- und Wehrtrieb einer auf das Gemeinschaftsleben ausgerichteter Teil des hundlichen *Arterhaltungstriebes* und gehört zu den *wichtigsten* Eigenschaften eines *echten* Schutzhundes. Denn der im Sozialtrieb verankerte Schutztrieb erzeugt in dem Schutzhund die Bereitschaft, dem von einem Rivalen oder Feind bedrohten Meutegefährten wie Hundeführer, Familienmitglied usw. *schützend* beizustehen und zu verteidigen.

Die Verbindung der Aggression mit dem Sozialtrieb wird in zwei Schritten vollzogen.

a) Der Helfer wandelt sich während der Beutearbeit zum Rivalen, indem er z. B. dem Schutzhund die Beute streitig macht.
b) Der Helfer baut die Rivalität und die Beute zur Gegnerschaft aus, indem er z. B. den Schutzhund öfter direkt angreift.
Ziel: Rivalen- und Feindabwehr.

Da diese *grundlegenden* Erkenntnisse das Fundament für *alle* weiteren Fakten sind, wollen wir sie noch einmal regelartig zusammenfassen:

1. Beutetrieb + Aggression = Beute-Aggression.
 Ausgelöst durch ein Beutetier oder bewegtes Beuteobjekt.
2. Wehrtrieb + Aggression = Selbstverteidigungs-Aggression.
 Ausgelöst durch einen Feind, starke Einwirkung oder großen Schreck.
3. Sozialtrieb + Aggression = Sozial-Aggression.
 Ausgelöst durch einen Eindringling, Rivalen oder belastenden Umweltreiz.

Dabei ist der *Aggressionsgrad* in Verbindung mit

- *Beutetrieb* am schwächsten, weil die Aggression an ein bestimmtes Erscheinungsbild gekoppelt wird.
- *Wehrtrieb* am stärksten, weil die Aggression an die angstbesetzte Selbsterhaltung gekoppelt wird.

– *Sozialtrieb* am besten, weil die Aggression an das Verhalten des Gegners gekoppelt wird.

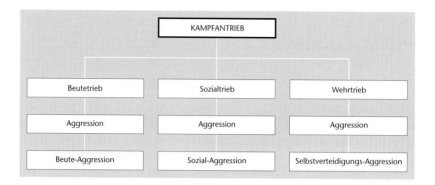

II. Die Triebveranlagung

Der *wichtigste* Träger des hundlichen Kampfverhaltens ist der „Sozialtrieb" oder die „soziale Tendenz". Er ist sozusagen die *beständige* Kraft oder das Kampf-Gleichmaß des echten Schutzhundes. Denn im Sozialtrieb sind die *verschiedensten* Anlagen des Hundes verankert, die zusammen ein bestimmtes Triebpotenzial bilden.

Der Sozialtrieb

Der Sozialtrieb ist das Bestreben des Schutzhundes, sich zu einer *gleichartigen* oder *gemischtartigen* Gemeinschaft oder Meute zusammenzuschließen und sich *gefühlsmäßig* an die gewählte Gruppe zu binden. In dieser durch den Sozialtrieb entstandenen Hund-Hund-Meute oder Hund-Mensch-Meute wirken sich dann *alle* jene Triebe und Instinkte des Schutzhundes aus, die auf das Gemeinschaftsleben ausgerichtet sind, z. B. soziale Rangordnung, Schutztrieb, Wachtrieb, Sozialaggressivität usw.

Die Wirksamkeit der auf das Sozialleben ausgerichteten Triebe hängt neben dem *Intensitätsgrad* des Sozialtriebes von der *Stärke* und *Ausgeglichenheit* der *ererbten* Einzeltriebe ab. Die *wichtigsten* Kräfte sind:

1. Der Geltungstrieb

Der Geltungstrieb ist das Bestreben des Schutzhundes, seinem Meutekumpan *überlegen* zu sein. Er ist die *Grundlage* des Durchsetzungsvermögens, der Widersetzlichkeit und des wehrhaften Kampfverhaltens des Schutzhundes.

Der Geltungstrieb zählt zu den *nicht* trainierbaren Anlagen des Schutzhundes und verursacht bei einem *hohen* Ausprägungsgrad *immer* Dominanzprobleme. Deshalb ist der Geltungstrieb durch die Koppelung an die Führigkeit *stets* unter Kontrolle zu halten.

2. Die Härte

Die Härte oder die geringe *seelische* Empfindlichkeit ist die Fähigkeit des Schutzhundes, *unlustvolle* Empfindungen und Erlebnisse wie Schmerz, Schock, Strafe, Niederlage im Kampf usw. hinzunehmen, *ohne* sich im Moment oder auf Dauer *wesentlich* beeindrucken zu lassen.

Die Härte gehört zu den *bedingt* trainierbaren Anlagen und ist die *Grundlage* der Belastbarkeit des Schutzhundes.

3. Die Unerschrockenheit

Die Unerschrockenheit oder der Schneid oder veraltet Mut genannt wird darin sichtbar, dass der Schutzhund scheinbar oder tatsächlich *bedrohlichen* Umweltreizen *freiwillig* standhält und abwehrt. Sie ist an die innere Sicherheit des Schutzhundes gebunden und wird von dieser beeinflusst.

Diese auf der *seelischen* Substanz des Schutzhundes basierende Unerschrockenheit ist *nicht* zu verwechseln mit jener Unerschrockenheit, die der Schutzhund auf Grund von Gewöhnung oder Ausweglosigkeit zeigt.

4. Die reizbare, feindselige Grundstimmung

Die reizbare, feindselige Grundstimmung zeigt sich darin, dass der Schutzhund auf scheinbare oder tatsächliche *bedrohliche* Umweltreize mit *aktiver* Aggression reagiert. Sie ist ein *wichtiger* Bestandteil der *erwünschten* Schärfe des Schutzhundes und setzt eine im Durchschnitt *mittlere* Reizschwelle voraus. Die reizbare, feindselige Grundstimmung zählt zu den *nicht* trainierbaren Anlagen des Schutzhundes und ist *von Anfang an* vorhanden.

5. Die innere Sicherheit

Die innere Sicherheit oder Wesenssicherheit zählt zu den *wertvollsten* Wesenseigenschaften des Schutzhundes. Sie äußert sich darin, dass der Schutzhund *nicht* so leicht aus dem *seelischen* Gleichgewicht zu bringen ist.

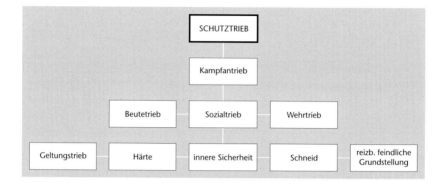

III. Die innere Sicherheit

Die *wichtigste* Stütze des hundlichen Kampfverhaltens ist die „innere Sicherheit" oder „Wesenssicherheit". Sie ist sozusagen die *ausstrahlende* Kraft oder der Kampf-Ausdruck des echten Schutzhundes.

Diese *psychische* Stärke wird von vielen *trainierbaren* und *nicht trainierbaren* Anlagen des Schutzhundes beeinflusst. Dabei hängt der Intensitätsgrad der inneren Sicherheit vor allem von folgenden *zusätzlichen* Faktoren ab:

1. Die Nervenverfassung

Die Nervenverfassung oder Nervenqualität oder Reizschwelle bezeichnet die Empfindungsschwelle, bei der ein Schutzhund auf einen Innenreiz oder Außenreiz reagiert. Dabei kann die Beantwortung eines Reizes allgemein erfolgen bei

a) *geringer* Reizstärke = *niedrige* bis *niedrigste* Reizschwelle oder geringe Nervenstärke.

Dieser Hundetyp ist meist nervös bis hektisch, weich, scheu, ängstlich, schreckhaft, unsicher, unausgeglichen und für Schutzfunktionen *nicht* geeignet.
b) *großer* Intensität des Reizes = *hohe* bis *sehr hohe* Reizschwelle oder große Nervenstärke.
Dieser Hundetyp ist zwar durch sein ruhiges bis träges, furchtloses, unerschrockenes, sicheres, ausgeglichenes, freundliches und friedliches Verhalten ein angenehmer *Schutzhund*, aber auf Grund seiner geringen Erregbarkeit und Aktivität *selten* für Schutzzwecke verwendbar.
c) *mittlerem* Schwellenwert eines Reizes = *mittlere* Reizschwelle oder erwünschte Nervenstärke.
Dieser Hundetyp ist auf Grund seiner Stärke, Sicherheit, Ausgeglichenheit, Beweglichkeit, Lebhaftigkeit, Härte, gesunden Misstrauens und aktiver Aggressivität für Schutzaufgaben am *besten* einsetzbar.
d) *leicht* geringem oder großem Reizgrad = *leicht niedrige* bis *leicht erhöhte* Reizschwelle oder vertretbarer Nervenstärke. Diese Hundetypen entsprechen anlagemäßig *in der Regel* dem Hundetyp mit der *mittleren* Reizschwelle, jedoch mit Eigenarten des nervenschwachen oder phlegmatischen Hundetyps.

Die Nervenverfassung zählt zu den *nicht* trainierbaren Anlagen und ist die *wichtigste* Komponente der Wesenssicherheit und des Temperaments des Schutzhundes. Sie ist *nicht* zu verwechseln mit jener Nervenverfassung, die der Schutzhund auf Grund von Teilnahmslosigkeit oder Neurosen zeigt.

2. Die Auffassungsgabe

Die Auffassungsgabe umfasst das Lernvermögen und die Assoziations- und Kombinationsbegabung des Schutzhundes. Sie hat einerseits eine bestimmte *ererbte* Merkmalsbreite und kann andererseits in einem bestimmten Umfang durch *Umwelteinflüsse* ausgebaut werden. Diese zweifache Eigenschaft der höheren psychischen Fähigkeiten ist sehr bedeutungsvoll, weil sie in Verbindung mit den Trieblagen und den Umwelterfahrungen *sehr stark* die spätere Verhaltensart und Leistungsfähigkeit des Schutzhundes bestimmt.

3. Das Stärkegefühl

Das innere Gefühl der Stärke oder – menschlich ausgedrückt – das Selbstvertrauen des Schutzhundes ist ein *trainierbares* Merkmal und kann *von Anfang an* durch *viele* und *verschiedenartige* Erfolgserlebnisse *gezielt* gefördert werden.

4. Die Gleichgültigkeit

Die Gleichgültigkeit gegenüber Umweltreizen ist mit dem Nervensystem des Schutzhundes verbunden und zeigt sich *vor allem* in der *Höhe* der Schreckhaftigkeit, objektbezogenen Furcht, objektfreien Angst und Fluchttendenz.

Die Gleichgültigkeit ist *nicht* zu verwechseln mit jenen Verhaltensweisen, die der Schutzhund auf Grund von Teilnahmslosigkeit oder traumatischen Erlebnissen zeigt.

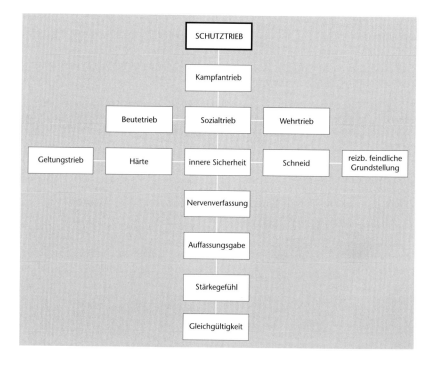

Diese für die Schutzfunktion so wichtigen Komponenten des *Sozialtriebes* und der *inneren Sicherheit* sind aber bei jedem Schutzhund andersartig zusammengesetzt. Denn diese Anlagen werden ungleich stark vererbt. Dies bedeutet zum Beispiel, dass

a) der Geltungstrieb unter anderem die beim Schutzhund erwünschte Führigkeit beeinflusst.
b) die reizbare, feindselige Grundstimmung die erwünschte Schärfe des Schutzhundes mitregelt.
c) die Kombination von Geltungstrieb/Führigkeit und Härte den *führig-harten, führig-weichen, unführig-harten* und *unführig-weichen* Schutzhund ergibt.
d) die Verbindung von Unerschrockenheit/Schneid und reizbarer, feindseliger Grundstimmung den *mutig-scharfen, mutig-unscharfen, mutlos-scharfen* und *mutlos-unscharfen* Schutzhund zur Folge hat.

Die *logische* Konsequenz aus den vorgenannten Tatsachen ist, dass der *beste* und damit der *echte, führige Schutzhund* nur ein *absolut wesenssicherer, führig-harter* und *mutig-scharfer* Hund mit *idealem* Triebniveau sein kann.

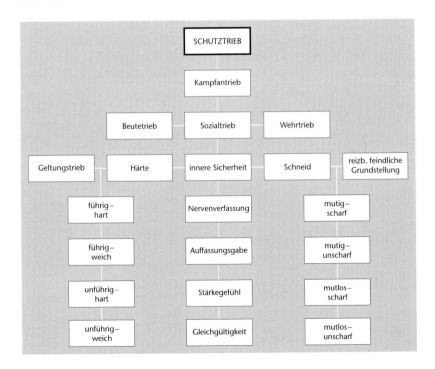

Die in den Abschnitten I. bis III. aufgeführten *wichtigen* Anlagen *allein* sind aber für einen *erfolgreichen* praktischen Einsatz des Schutzhundes unzureichend. Denn der Schutzhund soll nicht nur einen *hohen* Gebrauchswert besitzen, sondern auch *optimale* Leistungen erbringen. Dafür aber sind weitere *positive* Anlagen erforderlich.

IV. Die Widerstandskraft

Der Widerstand gegen Belastungen oder die so genannte „Belastbarkeit" des Schutzhundes wird von den verschiedensten Anlagen beeinflusst. Die wichtigsten Faktoren sind:

1. Die Ausdauer

Die Ausdauer wird in *erster* Linie beeinflusst von der Konstitution, der Kondition, der Triebhöhe, der Härte und der Gleichgültigkeit des Schutzhundes. Sie beinhaltet die

a) Eigenschaft, Triebhandlungen zu Ende zu führen, *ohne* sich durch Umweltreize ablenken zu lassen oder rasch zu ermüden.
b) Fähigkeit, körperliche und psychische Anstrengungen *ohne* offensichtliche Ermüdungserscheinungen durchzustehen.

2. Das Temperament

Das Temperament wird von der Nervenverfassung des Schutzhundes beeinflusst und äußert sich in der psychischen Beweglichkeit und der Reaktionsintensität auf die verschiedenen Umweltreize. Dabei gilt *allgemein* Folgendes: Der Schutzhund ist umso temperamentvoller, je lebhafter, aktiver, interessierter und ausdrucksvoller er sich gegenüber seiner Umwelt verhält. Dagegen ist er umso temperamentärmer, je träger, passiver, interessenloser und ausdrucksärmer er sich benimmt. Der *ideale* Temperamentsgrad ist wie bei der Nervenverfassung die *mittlere* Aktivität. Wichtig bei der Beurteilung des Temperaments ist, dass *genau* zwischen *unerwünschter* nervöser, ungezielter Aktivität und *erwünschter* lebensvoller, gezielter Aktivität unterschieden wird.

3. Das Durchsetzungsvermögen

Das Durchsetzungsvermögen ist eine Fähigkeit, die von *verschiedenen* Anlagen des Schutzhundes beeinflusst und gesteuert wird,

z. B. Geltungstrieb, Härte, innere Sicherheit, Unerschrockenheit, Stärkegefühl usw.

Dies bedeutet, dass die Verbindung des Durchsetzungsvermögens mit der Aggression unter anderem *sehr stark* die *Arbeitsart* und den *Arbeitsdruck* des Schutzhundes im Schutzdienst bestimmt. Dabei entspricht der Stärkegrad des Durchsetzungsvermögens *in der Regel* dem jeweiligen Aggressionsgrad des Schutzhundes.

Die Wirkungsweise der Kombination von Aggression und Durchsetzungsvermögen sowie den Unterschied zwischen den einzelnen Steuerelementen des Kampftriebes zeigt *deutlich* folgendes Beispiel aus dem Boxsport:

1. Phase

Die Boxer „A" und „B" veranstalten *aus Freude* an der *sportlichen* Betätigung und zur *Verbesserung* ihrer Kampftechnik einen Trainingsboxkamp.

Das bedeutet z. B.:

a) Die Aggression und das Durchsetzungsvermögen wird *wenig* beansprucht, weil die Belastung *gering* ist.
b) Der Schwerpunkt liegt *primär* im Erlernen der Kampftechnik.
c) Diese *sportliche* Phase des Kampfes entspricht der *Beutearbeit, nicht* dem Beutespiel, und ist von fast *allen* Hundetypen *gut* zu bewältigen.

2. Phase

Der Boxer „A" erhöht während des Kampfes seinen persönlichen Einsatz und versucht seinen Sparringspartner zu bezwingen. Der Boxer „B" kann diesem Belastungsanstieg jetzt auf zweierlei Art begegnen:

1. Der Boxer „B" ist beeindruckt, zeigt Meideverhalten und gibt den Kampf auf.
   Diese Reaktion zeigen in der Praxis die *meisten* beuteorientierten Schutzhunde.
2. Der Boxer „B" wehrt sich und begegnet dem körperlichen und psychischen Druck des Boxers „A" mit *aggressivem* Abwehr- und Angriffsverhalten.

Das bedeutet z. B.:

a) Die Aggression und das Durchsetzungsvermögen werden *stärker* beansprucht, weil für *beide* Boxer die Belastung angestiegen ist.

b) Der Schwerpunkt liegt für *beide* Boxer *primär* darin, den *anderen* Sparringspartner zu besiegen. Denn *beide* Kämpfer sind zu Rivalen geworden.

c) Diese *rivalisierende* Phase des Kampfes entspricht der *Sozialarbeit* und ist *nur* von Hunden mit einem *bestimmten* Grad an *aggressivem* Reaktionsvermögen und *spezifischer* Belastbarkeit zu bewältigen.

3. Phase

Der Boxer „A" reagiert auf den Widerstand des Boxers „B" *plötzlich* so kämpferisch, dass für den Boxer „B" eine scheinbare oder tatsächliche *lebensbedrohliche* Situation entsteht. Diese Bedrängnis aktiviert *sofort* den Selbsterhaltungstrieb des Boxers „B". Die Folge ist, dass die *Aggression* des Boxers „B" den *Höhepunkt* erreicht, sein *Bewusstsein* nahezu *ausgeschaltet* wird und sein *Körper* starke, instinktive *Befreiungsaktionen* durchführt.

Das bedeutet z. B.:

a) Die Aggression und das Durchsetzungsvermögen werden *stark* beansprucht, weil für *beide* Boxer die Belastung zur Überbelastung wird.

b) Der Schwerpunkt liegt für *beide* Boxer *primär* darin, die *eigene* Dominanz oder Existenz zu erhalten. Denn *beide* Kämpfer sind zu Feinden geworden.

c) Diese *feindliche* Phase des Kampfes entspricht der *Wehrarbeit*. Sie erzeugt jedoch durch die *weitgehende* Blockierung des hundlichen Lernvermögens *in der Regel* nur einen *unkontrollierten* Beißer, der die *Feinheiten* des Schutzdienstes *nicht* erfasst.

V. Die Führigkeit

Die Führigkeit ist die Bereitschaft des Schutzhundes, sich in eine *innerartige* oder *zwischenartige* Meutegemeinschaft einzuordnen und dem *ranghöheren* Meutekumpan zu gehorchen.

Die Führigkeit ist *umweltabhängig* und wird durch *äußere* Reize sowohl ausgelöst als auch in Form und Stärke beeinflusst.

Die Führigkeit wird *in erster Linie* gesteuert von den Komponenten „Unterordnungsbereitschaft", „Geltungstrieb" und „innere Sicherheit".

Die *treibende* Kraft der Führigkeit ist *stets* die von den Führeigenschaften *abhängige* Autorität des Ranghöheren.

Dieser artspezifischen Autorität beugt sich der Schutzhund aber nur, wenn er sie *vorher* beim Ranghöheren physisch *und/oder* psychisch erlebt und respektieren gelernt hat.

Diese *psychische* Voraussetzung für den Gehorsam erreicht der Hundeführer *letztlich* nur dann, wenn er ein *klares*, dem Hundetyp *angepasstes* Abhängigkeitsverhältnis aufbaut und den Schutzhund *individuell* führt.

Das bedeutet z. B.:

a) Unterordnungsbereitschaft + Autorität = willfähriger Hund.
   Entstanden durch eine *ausgeprägte* Unselbstständigkeit, die sich *meist* durch eine *leichte* Lenk- und Abrichtbarkeit, *große* Anhänglichkeit und *geringe* Bindung an den Hundeführer auszeichnet.
b) Innere Sicherheit + Autorität = williger Hund.
   Entstanden durch ein *ausgeprägtes* seelisches Gleichgewicht, *gute* Konstitution und *ausgeglichene* Triebanlagen.
c) Geltungstrieb + Autorität = unwilliger Hund.
   Entstanden durch einen *ausgeprägten* Überlegenheits-, Führ- und Durchsetzungsdrang.

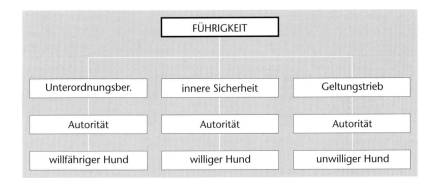

Die Zusammenfassung der bisherigen Ausführungen ergibt folgende Sachlage:

Der Gebrauchwert und die Arbeitsweise des Schutzhundes werden von *verschiedenen* trainierbaren und *nicht* trainierbaren Anlagen des Schutzhundes bestimmt. Dabei sind der *Schutztrieb* und die *innere Sicherheit* die *wertvollsten* Wesensmerkmale des Schutzhundes.

Die *wichtigsten* Faktoren für eine *optimale* Schutzdienstarbeit sind der Kampftrieb und die Führigkeit des Schutzhundes sowie die Autorität des Hundeführers.

Die Bedeutung und Wirksamkeit der einzelnen Komponenten des Kampftriebes und der Führigkeit sind folgende:

1. Die einzelnen Komponenten des Kampftriebes bilden *eigenständige* Systeme, die in *reiner* Form eine ganz *spezifische* Wirkung besitzen. *Dies bedeutet z. B.:*
   Der Schutzhund kann den Schutzdienst vorrangig absolvieren über
   – den Beutetrieb als zur Selbsterhaltung *jagender* Beutehund in Verbindung mit einer schwachen Aggression und einem schwachen bis mittleren Durchsetzungsvermögen.
   – den Sozialtrieb als *artsichernder* Schutzhund in Verbindung mit mittlerer Aggression und mittlerem bis starkem Durchsetzungsvermögen.

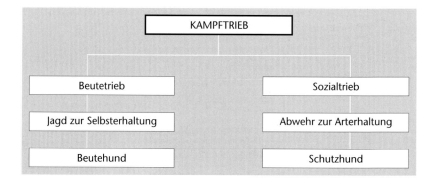

2. Die *einzelnen* Komponenten der Führigkeit bilden *eigenständige* Systeme, die in *reiner* Form eine ganz *spezielle* Wirkung besitzen. *Das bedeutet z. B.:*
   Der Schutzhund kann dem Hundeführer *vorrangig* gehorchen über
   a) die *Unterordnungsbereitschaft,* die *Unselbstständigkeit* und die *Unsicherheit* als *willfähriger* Unterhund bei schwacher bis mittlerer Autorität und schwachem bis mittlerem Durchsetzungsvermögen des Hundeführers.
   b) die *innere Sicherheit,* die *Härte* und die *Unerschrockenheit* als *williger* Mittelhund bei mittlerer bis starker Autorität und mittlerem bis starkem Durchsetzungsvermögen des Hundeführers.

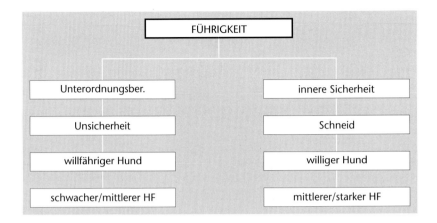

3. Die *einzelnen* Systeme des Kampfantriebes und der Führigkeit können entsprechend den *Anlagen* und der späteren *Verwendungsart* des Schutzhundes *miteinander* verbunden werden. Dabei sind *bestimmte* Verbindungen für ein *spezielles* Aufbauziel *besonders* geeignet.
Das bedeutet z. B.:
a) Beutetrieb + Unterordnungsbereitschaft + schwache Aggression + schwaches bis mittleres Durchsetzungsvermögen + schwache bis mittlere Autorität = *Sporthund*
b) Sozialtrieb + innere Sicherheit + mittlere Aggression + mittleres bis starkes Durchsetzungsvermögen + mittlere bis starke Autorität = *Schutzhund*

Anlagen	Sporthund	Schutzhund
Beutetrieb	×	
Sozialtrieb		×
Unterordnungsbereitschaft	×	
Innere Sicherheit		×
Aggression Hund	–	±
Durchsetzungsvermögen Hund + HF	schwach bis mittel	mittel bis stark
Autorität Hundeführer	schwach bis mittel	mittel bis stark

4. Die *einzelnen* Verbindungen für ein *spezielles* Aufbauziel ergeben *allgemeine* Grundmodelle, wovon *jedes*
   a) eine in sich *abgeschlossene, sinnvolle* Arbeitseinheit bildet.
   b) nur *innerhalb* seiner Grenzen *optimal* wirksam ist.

   Das bedeutet z. B.:
   a) Die *brauchbarste* Aufbauart für den *reinen* Sporthund ist die Beutetrieb-Methode oder Beutearbeit.

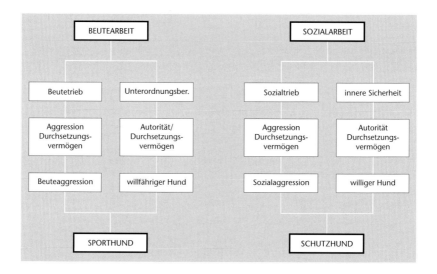

   b) Die *brauchbarste* Aufbauart für den *reinen* Schutzhund ist die Sozialtrieb-Methode oder Sozialarbeit.

   Dabei hängt das *Resultat* der *einzelnen* Verfahren im Wesentlichen davon ab,
   a) wie *gut* die Anlagen und Eigenschaften von Hund und Hundeführer *miteinander* harmonieren.
   b) wie *gezielt* die *einzelnen* Anlagen und Eigenschaften von Hund und Hundeführer genutzt werden, *vor allem* die Aggression, das Durchsetzungsvermögen und die Autorität.
   c) wie *geschickt* der Hundeführer den Lehrstoff *innerhalb* des gewählten Aufbaurahmens dem Hund vermittelt.

5. Die *beste* Aufbauart für den *echten, führigen* Schutzhund ist *allgemein* die Sozialtrieb-Methode oder Sozialarbeit. Denn dieses Verfahren enthält für das Aufbauziel „echter, führiger Schutzhund" die *ausgewogensten* Forderungen an den Schutzhund.

Die Beutetrieb-Methode oder Beutearbeit ist wegen der *niedrigen* Forderungen an den Schutzhund *grundsätzlich* nur für die *Anfangsarbeit* im Welpenalter oder *frühen* Junghundalter geeignet. Ansonsten wirkt die Beutearbeit auf Grund ihrer *Unterforderung* des Schutzhundes ebenso dem Ausbildungsziel entgegen wie die *Überforderung* des Schutzhundes durch die Wehrarbeit.

B:
Arbeitsweise und Schutzdienst

Die Leistungen des Hund-Mensch-Teams im Beute- und Sozialbereich des Schutzdienstes sind zwar von *verschiedenen* Faktoren abhängig, aber nur *eine Kraft* ist für den *wahren* Erfolg von *entscheidender* Bedeutung. Dieser Kernpunkt ist bei Schutzhund und Hundeführer das DURCHSETZUNGSVERMÖGEN.
Dabei wird die *Stärke* des Durchsetzungsvermögens beim

a) *Schutzhund* primär von seiner *Aggression* gestaltet.
b) *Hundeführer* primär von seiner *Autorität* gestaltet.

Die *Größe* der Aggression und der Autorität wiederum wird im Wesentlichen von der Zielsetzung der Schutzdienstarbeit und von der Individualität der Teilnehmer bestimmt.
Das bedeutet z. B.:

1. Das Durchsetzungsvermögen von Schutzhund und Hundeführer wird bei der Beutearbeit am *wenigsten* beansprucht. Der Schutzhund ist ein *beuteorientierter* Schutzhund und sein Durchsetzungsvermögen ist *primär* auf die Beute und den Beutebesitz gerichtet. Dabei erweckt der *Helfer* in diesem Schutzhundtyp das *Bedürfnis*, das Beuteobjekt „Schutzarm" oder – bei *überzogenem* Beutetrieb – das Suchtobjekt „Schutzarm" zu erbetteln oder zu erobern.
Die Belastung des Sporthundes ist *gering* und bleibt auf den *gleichförmigen, sportlichen* Schutzdienst begrenzt. Denn das *Ziel* der Sporthundvertreter ist *lediglich* ein Schutzhund, der
   a) in *allen System-Situationen* ein aufmerksames, druckvolles, freudiges und beutebezogenes Kampfverhalten zeigt.
   b) den *sportlichen* Aktionen des Helfers *konsequent* standhält und entgegentritt.
Demzufolge bleibt auch das Durchsetzungsvermögen des Hundeführers *in der Regel* auf die Systemarbeit beschränkt. Dadurch erlangt der Sporthund zwar eine *trieb- und systemabhängige* Führigkeit, aber meist *keinen zuverlässigen* Gehorsam.
2. Das Durchsetzungsvermögen von Schutzhund und Hundeführer wird bei der Sozialarbeit im *richtigen* Maß beansprucht. Der Schutz-

hund ist ein *personenorientierter* Schutzhund und sein Durchsetzungsvermögen ist *primär* auf die Person des Helfers gerichtet. Dabei ist der „Schutzarm" lediglich eine *erlernte* Anbissfläche am Körper des Helfers, über die der Schutzhund den menschlichen Kontrahenten zu bezwingen versucht. Den *Drang* zu siegen erzeugt in diesem Schutzhundtyp *vorrangig* der Hundeführer.

Die Belastung des Schutzhundes ist *mäßig* und so gestaltet, dass der Schutzhund dafür eine *bestimmte* Standhaftigkeit benötigt.

Denn das *Ziel* der Schutzhundvertreter ist ein Schutzhund, der

a) in *allen* normalen *Belastungs-Situationen* ein aufmerksames, druckvolles, drohendes und personenbezogenes Kampfverhalten zeigt.

b) den *ernsthaften* Aktionen des Helfers *konsequent* standhält und entgegentritt.

Demzufolge ist das Durchsetzungsvermögen des Hundeführers ein *dominantes* Element der Sozialarbeit. Denn der Schutzhund muss *von Anfang an lernen sich in allen* ernstbezogenen Situationen zu behaupten. Dabei hat er in *jeder* Hinsicht *gehorsam, korrekt* und *zuverlässig* zu arbeiten. Diese Forderung beinhaltet auch, dass der Schutzhund nicht nur auf Anweisung kämpfen darf, *sondern auch kämpfen muss* – unabhängig von seiner momentanen Gesamtverfassung.

Dieses *„Kämpfen-Müssen"* ist sehr wichtig, weil nur die *meutebezogene* bzw. die aus dem *Sozialleben* resultierende Kampfmoral den echten, führigen Schutzhund garantiert.

Diese Gegenüberstellung des sportlichen und des schützenden Schutzdienstbereiches zeigt aber nicht nur die allgemeinen Unterschiede in der Schutzdienstarbeit auf, sondern macht auch die Art und Weise der Helferbeeinflussung deutlich. Der *beuteorientierte* Schutzhund hängt am *stärksten* von der Reizgestaltung des Helfers ab und kann demnach auch am *stärksten* vom Helfer manipuliert werden. Die Folge davon ist, dass beim Aufbau des Sporthundes der *Helfer* die Hauptverantwortung trägt hinsichtlich der Triebformung und der Qualität der Arbeit.

Dagegen ist bei der *personenorientierten* Arbeitsweise der Hundeführer der *primäre* „Triebmanipulator" und somit auch der *primäre* Gestalter des Schutzhundes. Die Folge davon ist, dass beim Aufbau des Schutzhundes der *Hundeführer* die Hauptverantwortung trägt hinsichtlich der Triebformung und der Qualität der Arbeit.

Der *größte* Vorteil der Sozialtrieb-Methode gegenüber der Beutetrieb-Methode aber ist, dass der Schutzhund den Hundeführer als *Autorität* respektieren lernt und deshalb im Schutzdienst wie im privaten

Bereich *bestens* geführt werden kann. Denn es ist eine altbekannte Tatsache, dass der Hundeführer seine Führposition im Mensch-Hund-Rudel dem Schutzhund am *deutlichsten* im Schutzdienst klar machen kann und *nicht* in der Unterordnung.

Daraus folgt: Das Verhalten des Hundes im Schutzdienst ist der beste Hinweis für den Autoritätsgrad des Hundes.

Die *unterschiedliche* Triebarbeit wirkt sich unter anderem auch in den *einzelnen* Arbeitsphasen des Schutzdienstes aus. So zeigen die Schutzhunde mehr oder weniger *deutlich verschiedene* Verhaltensweisen. Hierzu einige Beispiele:

Arbeitsphase	Sporthund	Schutzhund
STELLEN + VERBELLEN allgemein. Verbellposition	Schutzarmseite des Helfers	frontal vor den Helfer
allgem. Verbellverhalten	ungeduldig, sehnsüchtig, freudig, bettelnd in Richtung Schutzarm; meist hohe Tonlage	drohend, angespannt, auffordernd in Richtung Helfer; meist tiefe Tonlage
ÜBERFALL + MUTPROBE allgem. Angriffsziel	Schutzarm des Helfers	Person des Helfers
allgem. Angriffsverhalten	freudig bis besessen	drohend bis feindlich
KAMPFVERHALTEN allgemein	Schutzarm zerren, rütteln, rucken, freudig und stolz herumtragen; der psychischen Belastung ausweichen; Tendenz: vom Helfer weg	Schutzarm zusammenpressen, an Helfer drücken, nur kurz tragen; der psychischen Belastung standhalten; Tendenz: zum Helfer hin
AUSPHASEN allgemein	freudig erregt, bettelnd, viele Ersatzhandlungen; kaum Selbstbeherrschung; Belastung und Tendenz wie Kampfverhalten	ernst auffordernd, drohend, kaum Ersatzhandlungen; viel Selbstbeherrschung; Belastung und Tendenz wie Kampfverhalten

Die Zusammenfassung der vorstehenden Ausführungen ergibt folgende Sachlage:

1. Der *Kernpunkt* in dem Beute- und Sozialbereich der Schutzarbeit ist bei Schutzhund und Hundeführer das *Durchsetzungsvermögen*. Dieses Element wird beim Aufbau des *echten, führigen* Schutzhundes ergänzt durch die Bestandteile *Standhaftigkeit, Gehorsam* und *Disziplin*.
2. Der *primäre* Triebmanipulator und Verhaltensgestalter ist beim *Sporthund* der *Helfer* und beim *Schutzhund* der *Hundeführer*.
3. Die *verschiedenartigen* Kampfverhalten der einzelnen Schutzhundtypen zeigen, dass Kampftrieb *nicht* gleich Kampftrieb, Führigkeit *nicht* gleich Führigkeit, Schutzarbeit *nicht* gleich Schutzarbeit und Schutzhund *nicht* gleich Schutzhund ist. Deshalb ist zwischen *sporthundbezogener* und *schutzbezogener* Tätigkeit *klar* zu unterscheiden.

C:
Schutzdienst und Triebverhalten

Der Aufbau des Schutzhundes im Schutzdienst ist im Hinblick auf eine *vorzügliche* Schutzdienstprüfung in der Regel über die Beutetrieb-Methode oder die Sozialtrieb-Methode sinnvoll.
Das bedeutet z. B.:

1. Der *Beutetrieb* des Schutzhundes wird zum *Leittrieb* im Schutzdienst erhoben. Dabei wird dem Schutzhund *von Anfang an* eine *regelabhängige* Arbeitsweise angewöhnt, die *stets* in derselben Weise wiederholt wird.
   Diese Gewöhnung an ein *schematisches* Verhalten geschieht im Wesentlichen dadurch, dass
   a) das *sportliche* Schema der Schutzhund-Prüfungsordnung in den Mittelpunkt des Schutzdienstes gestellt wird.
   b) die *Belastungen* und *Handlungsweisen* des Schutzhundes auf die vom Hundeführer angestrebte Schutzhundprüfung begrenzt werden.
   c) dem Schutzhund eine *situationsspezifische* Beutebesessenheit und Helferabhängigkeit anerzogen wird.
   Der Vorteil dieser Formung des Schutzhundes zu einem nahezu *gleichförmig* reagierenden „Sporthund" besteht im Wesentlichen darin, dass
   a) die Schutzdienstarbeit *ausschließlich* auf einem *bestimmten* Platz stattfinden kann, z. B. Übungsplatz.
   b) der Hundeführer *in der Regel* mit einem Minimum an geistiger, seelischer und körperlicher Mitwirkung auskommt.
   Diesem Vorteil steht aber der *gravierende* Nachteil gegenüber, dass
   a) der *prüfungsbezogene* Arbeitsstil *unweigerlich* die Auffassungsgabe, die Motivation, die Belastbarkeit, die Vielseitigkeit, die Bindung usw. des Schutzhundes *ungemein* beeinträchtigt.
   b) die Leistungen des Schutzhundes durch die *wirklichkeitsfremde* Arbeitsweise von *allen* Umweltänderungen *negativ* beeinflusst werden können.
   Diese *ungünstigen* Auswirkungen des Schematismus bleiben aber *nicht* auf den Schutzdienstbereich beschränkt, sondern lassen auch in *anderen* Bereichen wie z. B. im Meutebereich die *verschiedensten*

Probleme entstehen. Die Folge ist, dass z. B. der erhoffte *große* Erfolg bei den *meisten* Hundeführern *letztlich* ausbleibt. Diese Gefahr ist umso *größer*, je *mehr* der Schutzhund der *Wirklichkeit entzogen* und im *Beutebereich* zum *Fanatiker* gemacht wird.

Deshalb ist eine *funktionale* Schemaarbeit *nur* für jene Schutzhunde vertretbar, die auf Grund ihrer Erbkoordinationen oder Umweltbedingungen *höhere* Leistungen *nicht* erbringen können oder sollen, z. B. *unterprivilegierte* Schutzhunde oder *Unterhunde*, Schutzhunde mit *mangelnden* Schutzhundanlagen, *abgestumpfte* Zwingerhunde usw.

Dagegen ist die *funktionale* Schemaarbeit *allgemein* ungeeignet für Schutzhunde mit *ausgeprägter* Persönlichkeit wie *Leit- oder Kopfhunde, besten* Schutzhundanlagen, *optimaler* Prägung, *artspezifischer* Haltung usw.

KONSEQUENZ: Schematismus schafft den „Sporthund".

2. Der *Sozialtrieb* des Schutzhundes wird zum *Leittrieb* im Schutzdienst erhoben. Dabei wird der Schutzhund *von Anfang an* daran gewöhnt, sich *aktiv* mit der *Realität* auseinander zu setzen.

   Diese Gewöhnung an ein *wirklichkeitsnahes* Verhalten geschieht im Wesentlichen dadurch, dass

   a) die *Individualität* des Schutzhundes in den Mittelpunkt des Schutzdienstes gestellt wird.

   b) die *Belastungen* und *Handlungsweisen* des Schutzhundes den *alltäglichen* Umweltsituationen entsprechen und angepasst werden.

   c) dem Schutzhund eine *sinnvolle, sichere* Schutzaktivität und Hundeführerabhängigkeit anerzogen werden.

   Der Vorteil dieser Formung des Schutzhundes zu einem *praxisorientierten* „Schutzhund" besteht im Wesentlichen darin, dass

   a) der Schutzhund eine *optimale* Auffassungsgabe, Motivation, Belastbarkeit, Vielseitigkeit, Bindung usw. entwickelt.

   b) der Schutzhund dem Hundeführer in *allen* Situationen *zuverlässig* gehorcht und beisteht.

   c) der Helfer, fremde Menschen, ungewohnte Situationen usw. die Leistungen des Schutzhundes *kaum* beeinträchtigen können.

   Diesem Vorteil steht der für *viele* Hundeführer und Helfer *gravierende* Nachteil gegenüber, dass

   a) die Schutzdienstarbeit in Bezug auf Umwelteinflüsse, Plätze usw. *abwechslungsreich* gestaltet werden *muss*, z. B. in landwirtschaftlichen Bereichen, Forstbereichen, Gewässern, Gebäuden, Personengruppen usw.

b) das Kampfgeschehen im Schutzdienst in *allen* Situationen der Hundeführer bestimmt und *nicht* der Helfer oder *andere* Personen.
c) die *wahre* Schutzdienstarbeit *alle* Gestalter des Schutzhundes zwingt,
  1. sich ein *umfassendes* theoretisches Wissen anzueignen.
  2. den *wichtigsten* Grundtrieb des Schutzhundes anzusprechen.
  3. *von Anfang bis Ende* klar, logisch und schlüssig zu arbeiten.
  4. *konsequent* die lern- und tierpsychologischen Erkenntnisse zu berücksichtigen.
  5. einen *bestimmten* Ausbildungsrahmen zu verwirklichen.

Diese *sinnfällige* Rahmenarbeit ist *allgemein* geeignet für Schutzhunde, bei denen Erbgut, Prägung, Haltung und Behandlung *grundlegend positiv* sind.

KONSEQUENZ: Individualismus schafft den „Schutzhund".

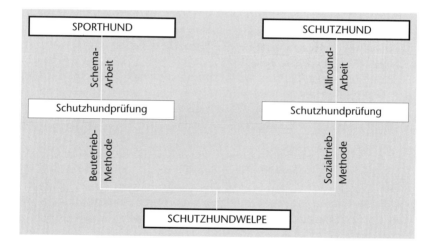

Die *gewählte* Aufbauart und das *anvisierte* Ausbildungsziel sind aber nur dann von *Erfolg* gekrönt, wenn der Hundeführer die Beute- und Sozialarbeit *klar* und *gezielt* durchführt. Dabei wirken *besonders* eine *triebwirre* oder *zwischentriebige* Arbeitsweise und ein *falscher* Aktionsablauf dem Lernerfolg des Schutzhundes entgegen.

Diese bis zum *Misserfolg* reichenden Handlungsweisen des Helfers und des Hundeführers können vermieden werden, wenn die Gestalter des Schutzhundes folgende Tabellen bei der Schutzdienstarbeit beachten:

- **Das stammesgeschichtliche Programm von Tier und Mensch**

Elemente des Erbprogramms	Aufbau des Erbprogramms	Garantie des Erbprogramms
Das Erbprogramm beinhaltet u.a. – *bestimmten* Aufbau und Form des Körpers. – *bestimmtes* Spektrum der Wahrnehmung. – *bestimmte* Ausdrucksformen. – *bestimmte* Lernfähigkeit. – Instinkte mit *bestimmten* Verhaltensmustern. – Triebe mit *bestimmten* Potenzialen. – Bewegungsorgane mit *bestimmten* Werkzeug-	Das Erbprogramm ist so aufgebaut, dass *alle* Lebewesen in einem anderen Teil der allgemeinen Umwelt leben. Diese Artwelten sind so gestaltet, dass sie sich nur in *wenigen* Bereichen überschneiden. Die Schnittflächen bewirken, dass sich in diesen Bereichen auch Lebewesen *weniger* verwandter Arten verstehen.	Das Bestehen der einzelnen Lebewesen in ihrer Artwelt wird dadurch garantiert, dass das Erbprogramm – Aktionspotenziale zum *angemessenen* Gebrauch besitzt. – auf umweltbedingte Auseinandersetzung zugeschnitten ist. Formelartig: *angemessene* Energiezufuhr + *angemessener* Energieverbrauch = Lebensgarantie.

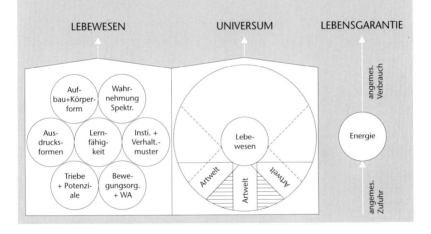

- **Das ererbte Verhaltensprogramm von Tier und Mensch**

Grundlage des Verhaltensprogramms	Tierisches Verhaltensprogramm	Menschl. Verhaltensprogramm
Die *wichtigsten* Elemente des ererbten Verhaltensprogramms sind die *trieblichen* und *geistigen* Anlagen der einzelnen Lebewesen. Dabei bestimmen die vorhandenen Aktionspotenziale aus Triebpotenzial + Werkzeugaktivitäten der Bewegungsorgane *primär* das spezielle Verhalten.	Das Tier kann sein ererbtes Verhaltensprogramm *nur* bei einer bestimmten Lernfähigkeit beeinflussen. Dabei können über die Lernfähigkeit aber *nur* die Bewegungsorgane gesteuert werden, *nicht* die Triebe.	Der Mensch kann sein *gesamtes* Verhaltensprogramm durch sein Denken beeinflussen. Dabei können über das Großhirn die Triebe + Werkzeugaktivitäten sowohl *gezielt* gesteuert als auch mit *erkenntnismäßigen* Überlegungen kombiniert werden.

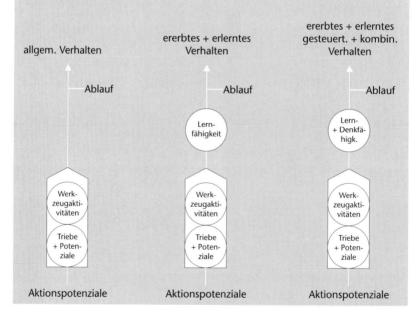

- **Die Bedeutung der Triebe, der Werkzeugaktivitäten und der Lernfähigkeit**

Die Triebe

Die Triebe sind besondere Instinkte, die *hierarchisch* geordnet und miteinander verknüpft sind.

Die Triebe lösen *kein* ererbtes Verhaltensmuster aus, sondern *nur* den Drang zu einem bestimmten Verhalten. Die vier Haupttriebe sind:

Nahrungstrieb, Verteidigungstrieb, Fluchttrieb und Sexualtrieb.

Diesem „Parlament der großen vier" sind *alle* anderen Triebe wie Beutetrieb, Meutetrieb usw. untergeordnet.

Primärtriebe:
- Nahrungstrieb
- Verteidigungstrieb
- Fluchttrieb
- Sexualtrieb

Die Werkzeugaktivitäten

Die Werkzeugaktivitäten oder Werkzeuginstinkte sind *ererbte* Verhaltensmuster, die dem Triebverhalten dienen.

Die Werkzeugaktivitäten lösen *keine* automatisch ablaufenden Prozesse aus, sondern *nur* die notwendigen Bewegungsweisen des speziellen Verhaltens.

Die Werkzeugaktivitäten der vier Haupttriebe bewirken u.a. folgendes Verhalten.

Bewegungsweisen:
- Nahrungstrieb = Suchen/Reißen
- Verteidigungstrieb = Standhalten/Abwehren
- Fluchttrieb = Meiden/Flüchten
- Sexualtrieb = Werben/Paaren

Die Lernfähigkeit

Die Lernfähigkeit umfasst *alle* ererbten Möglichkeiten, das Triebverhalten der vorherrschenden Umwelt anzupassen.

Die Lernfähigkeit befähigt zu *keinem* Denkprozess, sondern nur zur Aufnahme und Wiedergabe von *umweltabhängigen* Programmen.

Dabei sind die Erfahrungen in den Bereichen der vier Haupttriebe dominant.

Ablauf (Aktionspotenziale):
- Lernfähigkeit
- Werkzeugaktivitäten
- Triebe + Potenziale

- **Die wichtigsten Merkmale der Triebe, Werkzeugaktivitäten und der Lernfähigkeit**

Die Triebe	Die Werkzeugaktivitäten	Die Lernfähigkeit
Die Triebe besitzen *individuelle* Potenziale (Triebprofil), die anwachsen (Spontaneität) und wieder abgebaut werden *müssen* (Verbrauchszwang). Die Triebstärke bewirkt bei längerem Stau eine Zwangsaktivität und bei ungenügendem Verbrauch *negative* Gefühle.	Die Werkzeugaktivitäten besitzen *individuelle* Aktivitätsgrade (Energieprofil), die anwachsen (Spontaneität) und wieder abgebaut werden *müssen* (Verbrauchszwang). Der Aktivitätsgrad bewirkt bei längerem Stau bestimmte Leerlaufhandlungen und bei ungenügendem Verbrauch *negative* Gefühle.	Die Lernfähigkeit besitzt eine *individuelle* Kapazität (Lernprofil), kann von der Umwelt in der Wirksamkeit beeinflusst werden (Nutzeffekt) und wird durch die *innere* Antriebslage aktiviert und gesteuert (Lernbereitschaft). Dabei bildet der Neugiertrieb den Grundtrieb des Lernens überhaupt.

| ungezielte Triebhandl. Zwangsakt. neg. Gefühle | gezielte Triebhl. m. Endhandl. | ungezielte Aktivität. Leerlaufhl. neg. Gefühle | gezielte Aktivit. Befriedg. der WA | unerwünschtes Verhalt. | erwünschtes Verhalt. |

negativer Energiefl. — positiver Energiefl. — negativer Energiefl. — positiver Energiefl.

negativer Ablauf — positiver Ablauf

Lernfähigkeit — Umwelt

Werkzeugakt. (WA) — Werkzeugakt. (WA) — spont. Energieanstieg — Werkzeugaktivit.

Energiefl.

Triebe +Potenziale — spont. Energieanstieg — Triebe +Potenziale — Triebe +Potenziale

Triebablauf — **Aktionsablauf** — **Lernvorgang**

- **Die drei Methoden des „Lernens aus Erfahrung"**

Die drei Methoden des „Lernens aus Erfahrung" werden bei folgenden Arbeiten angewandt:
- Lernen am Erfolg = allgem. Triebarbeit
- Differenz-Dressur = gez. Triebarbeit
- Lernen d. Vermeiden = Zwangsarbeit

Dabei beeinflusst vor allem die
- Bedingte Aktion die einzelnen Werkzeugaktivitäten
- Bedingte Appetenz d. Triebablauf
- Bedingte Aversion d. Triebablauf
- Bedingte Hemmung das gesamte Verhalten

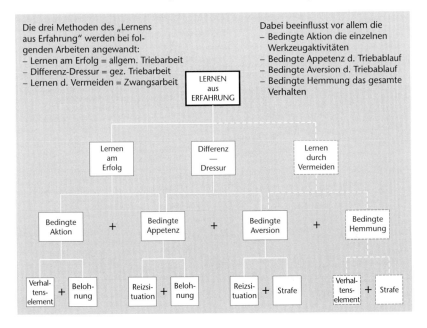

45

Der allgemeine Ablauf eines Triebverhaltens

objekt. Ablauf	Aktionsablauf	subjekt. Ablauf	Auswirkung
Auflösung der Triebspannung	Endhandlung	Genugtuung Lustgefühl	Belohnung + Motivation zur Wiederholung der Triebhandlung und des Appetenzverhaltens
Ablauf d. erbmäßig festgel. triebl. Handl.	Triebhandlung	Anstrengung intens. Energieabbau	Ablauf der Triebhandlung/Befriedigung der Werkzeugaktivitäten der Triebhandlung
Ankunft am Triebziel	Auslösereiz	Beendigung des Triebstaus	Auslösung der Triebhandlung/Befriedigung d. Werkzeugaktivitäten d. Appetenzverhaltens
Gezielte Annäherung an das Triebziel	gezieltes Appetenzverh.	Anstrengung/Konzentration/Triebstau	Erlernen des speziellen Verhaltens/Abbau der Werkzeugaktivitäten/ Anwachsen d. Triebstärke
Sinnliche Wahrnehmung d. Triebreizes	Außenreiz	Spezifische Aktivität/starker Energieanstieg	Spezielles Anwachsen der Werkzeugaktivitäten und des inneren Antriebes
Allgem. Suchen des Triebreizes	allgem. Appetenzverh.	Allgem. Aktivität/ Anwachsen d. Triebstärke	Erlernen spezieller Orientierungsmerkmale/ Beginn des Aktionsablaufs
Mangel an notwend. Bewegungsweisen/ Stimulierung durch Trieb	Werkzeugaktivitäten	Veränderung d. Aktivitätsgrades	Allgemeine Instinktbewegungen wie Laufen, Springen usw.
Auslösung durch Innenreize od. erlernte Reize	Triebe +Potenziale	Veränderung d. Hormonspiegels, d. Gefühlsstruktur od. d. Lerninhaltes	Unruhe, Unrast, Unzufriedenheit

- **Die drei Bedingungen für den erfolgreichen Ablauf eines Triebverhaltens**

Die Spontaneität	Die doppelte Quantifizierung	Die Lust-Unlust-Ökonomie
Die 1. Voraussetzung ist, dass ein „innerer Antrieb" zur Ausführung einer Triebhandlung besteht. Dieser Drang kann von innen oder von außen erzeugt werden. Dabei summieren sich Triebpotenziale und Werkzeugaktivitäten zu Aktionspotenzialen, die dann für den Ablauf des Triebverhaltens eingesetzt werden.	Die 2. Voraussetzung ist, dass die Summe von Triebstärke + Reizstärke ausreichend groß ist. Dieser Zustand kann z.B. eintreten bei ① niederer Triebstärke + hoher Reizstärke ② niederer Reizstärke + hoher Triebstärke ③ hoher Triebstärke + hoher Reizstärke Ausnahmsweise bei ④ abgebauter Triebstärke + extremer Reizstärke ⑤ fehlender Reizstärke + extremer Triebstärke	Die 3. Voraussetzung ist, dass der mit Lust empfundenen Endhandlung grundsätzlich eine mit Unlust verbundene doppelte Anstrengung vorausgeht: gezieltes Appetenzverhalten + Triebstau. Dabei ist die Belohnung durch Lust umso größer, je größer davor die Anstrengung ist.

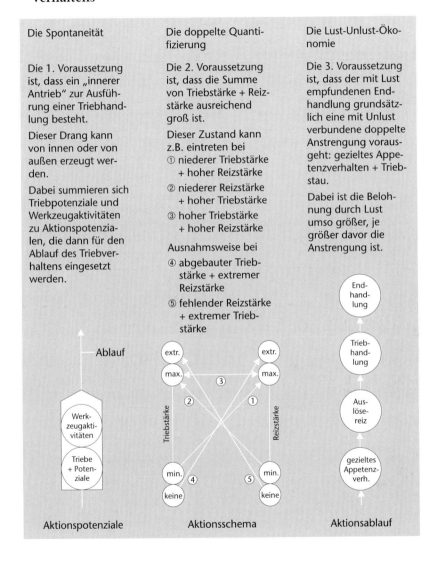

Das Prinzip der doppelten Quantifizierung in der Praxis

Die doppelte Quantifizierung ist die *wichtigste* Bedingung für den *erfolgreichen* Triebablauf. Dabei ist die Leistung umso besser, je *höher* die *spezielle* Trieb- und Reizstärke ist.

Der Erfolg ist garantiert, wenn

1. das Lebewesen im *gezielten* Appetenzverhalten *gründlich* gefordert wird = Qualitätsfaktor
2. der Leittrieb im *gezielten* Appetenzverhalten *optimal* gestaut wird = Zeitfaktor
3. die Triebhandlung *kurz* und *intensiv* ausgeführt wird = Energiefaktor
4. die Endhandlung auf dem *Höhepunkt* der Triebhandlung beginnt = Motivationsfaktor

Die einzelnen Triebe besitzen *individuelle* Höhepunkte, die von den *ererbten* Triebpotenzialen abhängen.

Deshalb ist die doppelte Quantifizierung *stets* auf das *einzelne* Individuum und sein *ererbtes* Triebsystem abzustimmen.

Das bedeutet z.B., dass die Trennungslinie zwischen dem positiven und negativen Leistungsbereich folgende Werte besitzen kann:

1. Minimaler Triebstau bei ererbtem *hohen* Triebpotenzial
2. Mittlerer Triebstau bei ererbtem *mittlerem* Triebpotenzial
3. Maximaler Triebstau bei ererbtem *niedrigem* Triebpotenzial

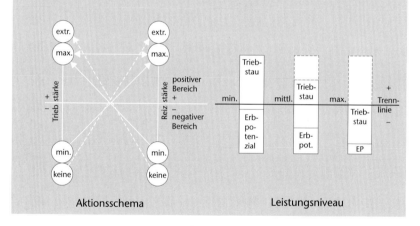

Aktionsschema   Leistungsniveau

Der allgemeine Ablauf des Beutetriebes

objekt. Ablauf	Aktionsablauf	subjekt. Ablauf	Auswirkung
Beutebesitz Beuteschütteln	Endhandlung	Erfolgsgefühl Lustgefühl	Belohnung + Motivation zur Wiederholung der Triebhandlung und des Appetenzverhaltens
Spiel od. Kampf um od. mit der Beute	Triebhandlung	Anstrengung intens. Energieabbau	Ablauf der Triebhandlung/Befriedigung der Werkzeugaktivitäten der Triebhandlung
Ankunft am Beuteobjekt	Auslösereiz	Beendigung des Triebstaus	Auslösung der Triebhandlung/Befriedigung d. Werkzeugaktivitäten d. Appetenzverhaltens
Gezielte Annäherung an die Beute	gezieltes Appetenzverh.	Anstrengung/Konzentration/Triebstau	Erlernen des Beuteverhaltens/Abbau der Werkzeugaktivitäten/ Anwachsen d. Triebstärke
Sinnliche Wahrnehmung der Beute	Außenreiz	Spezifische Aktivität/starker Energiestau	Spezielles Anwachsen der Werzeugaktivitäten und des inneren Antriebes
Allgem. Suchen von Beutereizen	allgem. Appetenzverh.	Allgem. Aktivität/ Anwachsen der Triebstärke	Erlernen spezieller Orientierungsmerkmale/ Beginn des Aktionsablaufs
Mangel an Beutehandlungen/ Stimulierung durch Beutetrieb	Werkzeugaktivitäten	Veränderung des Aktivitätsgrades	Handlungen wie Suchen, Stöbern, Laufen, Springen
Mangel an Beuteobj. od. erlernte Reize	Triebe + Potenziale	Suchtgefühl, Reizwort, Reizsituation	Unruhe, Unrast, Unzufriedenheit

- **Die Gehorsamsarbeit über den Meutetrieb**

objekt. Ablauf	Aktionsablauf	subjekt. Ablauf	Auswirkung
Vorrangiger sozialer Kontakt + Spiel	Endhandlung	Wohlbehagen/ Freude	Belohnung + Motivation zur Wiederholung der Triebhandlung und des Appetenzverhaltens
Ausgeprägtes soziales Ausdrucksverhalten	Triebhandlung	Anstrengung + intensiver Energieabbau durch Bewegung	Ablauf der Triebhandlung/Befriedigung der Werkzeugaktivitäten der Triebhandlung
Aufhebung der Beanspruchung/Lob	Auslösereiz	Beendigung des Triebstaus	Auslösung der Triebhandlung/Befriedigung d. Werkzeugaktivitäten d. Appetenzverhaltens
Erwünschtes Verhalten	gezieltes Appetenzverh.	Anstrengung + Konzentration + Triebst. durch Korrekth., Aufmerksamkeit	Erlernen des Beuteverhaltens/Abbau der Werkzeugaktivitäten/ Anwachsen d. Triebstärke
Sinnliche + körperliche Einwirkungen	Außenreiz	Spezifische Fortbewegung/starker Energiestau	Spezielles Anwachsen der Werzeugaktivitäten und des inneren Antriebes
Fortbewegen in der Umwelt	allgem. Appetenzverh.	Allgem. Fortbew./ Anwachsen der Triebstärke	Erlernen spezieller Orientierungsmerkmale/ Beginn des Aktionsablaufs
Mangel an Bewegung durch Verwöhnung etc. Stimulierung durch Meutetrieb	Werkzeugaktivitäten	Veränderung des Aktivitätsgrades	Handlungen wie Suchen, Stöbern, Laufen, Springen
Mangel an Sozialkontakt/erlernte Reize	Triebe + Potenziale	Isolationsgefühl/ Reizwort/Reizsituation	Unruhe, Unrast, Unzufriedenheit

- **Der Schutzdienst über den Sozialtrieb**

objekt. Ablauf	Aktionsablauf	subjekt. Ablauf	Auswirkung
Sieg über den Gegner	Endhandlung	Erfolgsgefühl Lustgefühl	Belohnung + Motivation zur Wiederholung der Triebhandlung und des Appetenzverhaltens
Kampf mit dem Gegner	Triebhandlung	Anstrengung + intensiver Energieabbau d. Kämpfen, Beißen	Ablauf der Triebhandlung/Befriedigung der Werkzeugaktivitäten der Triebhandlung
Treffen des Gegners	Auslösereiz	Beendigung des Triebstaus	Auslösung der Triebhandlung/Befriedigung d. Werkzeugaktivitäten d. Appetenzverhaltens
Gezieltes + aggressives Vorgehen gegen den Gegner	gezieltes Appetenzverh.	Anstrengung + Konzentration + Triebst. durch Revieren, Angreifen etc.	Erlernen d. Schutzdienstverhaltens/Abbau der Werkzeugaktivitäten/ Anwachsen d. Triebstärke
Sinnliche Wahrnehmung des Gegners	Außenreiz	Spezifisches Aggressionsverhalten/ starker Energiestau	Spezielles Anwachsen der Werzeugaktivitäten und des inneren Antriebes
Erkunden der Umwelt	allgem. Appetenzverh.	Allgem. Aggressionsverh./Anwachsen der Triebstärke	Erlernen spezieller Orientierungsmerkmale/ Beginn des Aktionsablaufs
Mangel an Kampfhandl. wie Beißen etc. Stimulierung durch Aggressionstrieb	Werkzeugaktivitäten	Veränderung des Aktivitätsgrades	Handlungen wie Beobachten, Laufen, Bellen usw.
Frustration oder erlernte Reize	Triebe + Potenziale	Aggress. Stimmung/ Reizw. od. Reizsit.	Unruhe, Unrast, Unzufriedenheit

D: Zusammenfassung

Der Aufbau des Schutzhundes zu einem *"echten, führigen Schutzhund"* erfolgt am *sinnvollsten* über den Sozialtrieb, weil die Sozialtrieb-Methode oder Sozialarbeit die *ausgewogensten* Forderungen an den Schutzhund enthält. Dabei ist *vor Beginn* der Aufbauarbeit von den Gestaltern *eindeutig* zu klären, ob der *jeweilige* Schutzhundtyp überhaupt für Schutzaufgaben *geeignet* ist.

Diese Überprüfung ist so durchzuführen, dass die *einzelnen* Schutzhundanlagen und Schutzhundeigenschaften zwar *deutlich* zu erkennen sind, aber der Schutzhund *keiner* starken *seelischen* Erschütterung ausgesetzt wird. Dabei ist *vor allem* der *Ausprägungsgrad* von folgenden Wesensmerkmalen festzustellen: Schutztrieb, Kampftrieb, Beutetrieb, Aggressivität, Geltungstrieb, Härte, innere Sicherheit, Unerschrockenheit, Schärfe, Reizschwelle, Auffassungsgabe, Stärkegefühl, Gleichgültigkeit, Ausdauer, Temperament, Durchsetzungsvermögen und Führigkeit.

Die Ergebnisse der Tests werden anschließend gemäß der nachfolgenden Tabelle aufgeschlüsselt und zu dem Urteil „geeignet", „bedingt geeignet" oder „ungeeignet" zusammengefasst. Dabei hat die Aussage aber *nur* dann einen Wert, wenn bei der Beurteilung das *Lebensalter* des Schutzhundes berücksichtigt wird. Denn die vorgenannten Wesensmerkmale haben *unterschiedliche* Entwicklungszeiten. So ist z. B. der *Schutztrieb* in der Regel erst ab dem *zweiten* Lebensjahr des Schutzhundes *voll* wirksam, während die Aggressivität schon beim Welpen *klar* getestet werden kann.

Diese *soziale Aggression* kann beim Schutzhund z. B. durch die „Frustrations-Methode" ausgelöst werden. Dabei wird der Schutzhund *gezielt* an der Verwirklichung einer *bestimmten* Verhaltenstendenz gehindert wie Streitigmachen und Wegnehmen von Futter oder Beuteobjekten, Hindern am Weglaufen usw. Andererseits kann dem Schutzhund ein *aggressives* Verhalten durch *frühe* persönliche Erfolge im *spielerischen* Kampf oder durch *Nachahmung* von Vorbildern vermittelt werden. Jedoch wird diese Art von Aggression ab einem *bestimmten* Belastungsgrad sehr schnell als *nichts sagendes* Getue entlarvt, wenn dem Schutzhund die entsprechende *innere* Substanz fehlt.

- **Wichtige Eigenschaften des echten, führigen Schutzhundes**

Positiv	Negativ
maximaler Schutztrieb	minimaler Schutztrieb
maximaler Kampftrieb	minimaler Kampftrieb
vertretbarer Beutetrieb	maximaler oder minimaler Beutetrieb
vertretbare Aggressivität (inkl. Wehrtrieb)	maximale oder minimale Aggressivität (inkl. Wehrtrieb)
Geltungstrieb	Unterwürfigkeit
Härte	Weichheit
innere Sicherheit	innere Unsicherheit
Unerschrockenheit	Furcht
erwünschte Schärfe	unerwünschte Schärfe
mittlere oder leicht niedrige bis leicht hohe Reizschwelle	sehr hohe Reizschwelle
maximale Auffassungsgabe	minimale Auffassungsgabe
inneres Gefühl der Stärke	inneres Gefühl der Schwäche
Gleichgültigkeit	maximale Ängstlichkeit bis Schreckhaftigkeit
Ausdauer	leichte Ablenkbarkeit bis rasche Ermüdung
mittlere oder leicht niedrige bis leicht hohe Aktivität (erwünschtes Temperament)	maximale (Nervosität) und minimale (Trägheit) Aktivität (unerwünschtes Temperament)
vertretbares Durchsetzungsvermögen	maximales oder minimales Durchsetzungsvermögen
mittlere Führigkeit	leichte und schwere Führigkeit

Da fast *jeder* Hundeführer ein *bewusstes* oder *unbewusstes* Bedürfnis nach einem *wirklichen* Schutzhund hat, besteht beim Test die *akute* Gefahr, dass der Hundeführer seinen Schutzhund allzu *wohlwollend* beurteilt.

Diesen *Selbstbetrug* kann der Hundeführer jedoch *weitgehend* vermeiden, wenn er *verstandes- und gefühlsmäßig* die Tatsache akzeptiert, dass auf Grund des naturbedingten *unterschiedlichen* Vererbungsgrades der Schutzhundanlagen *nicht* jeder Schutzhund zum *wahren* Schutzhund geeignet ist.

Der Anteil der Schutzhunde, die bei *gezielter* Schutzhundzucht anlagemäßig

a) für Schutzzwecke geradezu *prädestiniert* sind, beträgt *nicht* mehr als *15 Prozent* aller Schutzhunde.

b) durch das Anerziehen eines *vorbeugenden* Schutzes (Präventivschutz) zu einem *zuverlässigen* Schutzhund aufgebaut werden können, beträgt ebenfalls nur etwa *15 Prozent* aller Schutzhunde.

c) vorwiegend im Hundesport Verwendung finden und durch den sportlichen Aufbau ein mehr oder weniger *sicheres* Schutzhundverhalten in bestimmten Situationen zeigen, beträgt etwa *40 Prozent* aller Schutzhunde.

d) mehr für *andere* Aufgaben als für den Schutz geeignet sind, beträgt etwa *15 Prozent* aller Schutzhunde.

e) für Schutz- und Gebrauchszwecke ungeeignet sind, beträgt nochmals etwa *15 Prozent* aller Schutzhunde.

Dabei sind die Werte von Schutzhundrasse zu Schutzhundrasse variabel. Die Prozentsätze verschieben sich im Allgemeinen umso *weiter* zu *Ungunsten* des *echten, führigen Schutzhundes,*

- je *mehr* bei der Schutzhundzucht die *Schönheit* im Vordergrund steht.
- je *stärker* bei den Zuchttieren die *Stupidität* und die *Unterhundanlagen* dominieren.
- je *weniger* der Schutzhund *von Anfang an* individuell *gefordert* und *sozialisiert* wird.

Der Wert und der Umfang des Schutzes wird aber *nicht nur* von der *Qualität* der *ererbten* Schutzhundanlagen bestimmt, sondern *vor allem* von den *fördernden* und *formenden* Maßnahmen des Hundeführers *und* des Helfers. Dabei sollten Hundeführer *und* Helfer bei der Gestaltung des Schutzhundes *stets* folgende *wichtige* Punkte beachten:

1. Der Aufbau der *30 Prozent* von Schutzhunden, die von ihren Anlagen her für Schutz-Aufgaben geeignet sind, sollte in den ersten *zwei* Jahren *grundsätzlich* in Richtung auf eine *hoch* bewertete sportliche Schutzhundprüfung III (SchH III) oder Internationale Prüfung III (IPO III) erfolgen – aber *ohne* jede Art von Schematismus.
2. Der *echte* Schutzhund darf während seiner sportlichen „Grundausbildung" *niemals* übermäßig stark an einen *bestimmten* Ort, an eine *spezielle* Reizgestaltung, an einen *konstanten* Bewegungsablauf und/oder an *ein und dieselben* Umwelteinflüsse gewöhnt oder zu sehr praxisfremd gearbeitet werden. Denn diese „Lehrzeit" soll den *echten* Schutzhund *nur* auf das spätere „Spezialtraining" *optimal* ausrichten.
3. Der *echte* Schutzhund darf *weder* durch *übermäßige* Förderung des Beutetriebes zum „Beutebeißer" *noch* durch *zu starke* Einschränkung oder Vernichtung seiner Persönlichkeit zum „Sportgerät" degradiert werden. Denn dadurch ist das Ziel später *nur* noch auf Umwegen oder überhaupt nicht zu erreichen.
Die Aufgabe des Sporthundes erfüllen die *40 Prozent* weniger gut veranlagten Schutzhunde *wesentlich* besser, weil sie sich auf Grund ihrer *meist* ausgeprägten ererbten Unterordnungsbereitschaft leichter, schneller und vollendeter in das *enge* sportliche Schema „pressen" lassen.
4. Die beim *echten* Schutzhund in der Regel *ausgeprägt* vorhandene Bereitschaft zur gegnerischen Auseinandersetzung darf *nicht* durch *wirklichkeitsfremde* Anforderungen überdeckt, eingedämmt oder fehlgeleitet werden, z. B. durch reine Kanalisierung in den Beutetrieb. Die *natürliche* Aggressionsbereitschaft ist *genau* wie die anderen *positiven* Schutzhundanlagen nur *optimal* in dem ererbten Rahmen auszubauen und zu festigen.
5. Der *echte* Schutzhund sollte *von Anfang an* lernen, auf stressverursachende *gegnerische* Belastungen *ausschließlich* mit Angriff und *nicht* mit Meideverhalten zu reagieren. Dabei sollte das aggressive Verhalten des Schutzhundes *in erster Linie* an das Verhalten des Gegners gekoppelt werden und *nicht* an ein bestimmtes Erscheinungsbild, spezielle Umgebung, besondere Beuteobjekte usw.
6. Die Kampfbereitschaft des *echten* Schutzhundes sollte *stets* mit einem bestimmten Signal verbunden werden, sodass *allein* dieses besondere Hör- oder/und Sichtzeichen für die Auslösung der aggressiven Stimmung genügt. Dadurch wird der Schutzhund von *anderen* Reizgestaltungen unabhängig und kann *sofort* und *gezielt* eingesetzt werden.

7. Der *echte* Schutzhund ist *immer* so aufzubauen, dass er die Anordnungen des Hundeführers in *jeder* Situation *willig, unverzüglich, sicher, zuverlässig* und *genau* befolgt. Dabei ist *besonderer* Wert auf das Hörzeichen „Platz" und „Aus" zu legen, weil diese Hörzeichen *gleichzeitig* als eine Art „Notbremse" und „Sicherung" für *unerwünschte* Angriffs- und Beißaktionen dienen.
8. Die Anlagen des *echten* Schutzhundes sind *stets* unter Berücksichtigung der Führeigenschaften des Hundeführers auszubauen. Denn die Autorität des Hundeführers und die davon beeinflusste Führigkeit des Schutzhundes wird *unweigerlich* herabgesetzt oder aufgehoben, wenn der Schutzhund zu stark wird und sich gegenüber dem Hundeführer zu behaupten lernt, z. B. indem er dem Hörzeichen „Aus" trotzen darf.
Das Durchsetzungsvermögen ist *nur* gegenüber Fremdpersonen zu stärken, aber *nicht* die Widersetzlichkeit gegenüber dem Hundeführer!
9. Der *echte* Schutzhund sollte *selten*, aber stets *optimal* schutzdienstmäßig gearbeitet werden, insbesondere, wenn er die vom Gegner ausgehende existenzielle Gefahr kennt und ihr zu begegnen weiß. Denn sonst entstehen mit Sicherheit die *verschiedensten* Probleme. Das Motto „Gute Schutzhunde *brauchen nicht* und schlechte Schutzhunde *sollten nicht* ständig im Schutzdienst gearbeitet werden" gilt noch mehr für den *echten Schutzhund*.
10. Die Bedingungen für den *erfolgreichen* Ablauf eines Triebverhaltens sind bei der Schutzdienstarbeit ebenso *konsequent* einzuhalten wie der Hundeführer seiner Funktion als „Alpha-Tier" *absolut* gerecht werden muss. Dabei steht der *Kernpunkt* bei der Führung des Schutzhundes darin, dass *ausschließlich* der Hundeführer über „Krieg und Frieden" im Schutzdienst entscheidet.

Das im Anschluss an die sportliche „Grundausbildung" beginnende Spezialtraining ist für den *echten* Schutzhund ein *praxisbezogenes* „Ergänzungstraining", das durch sportliche Übungen aufgelockert wird.

Der Unterschied bei den *fertig* ausgebildeten Schutzhunden besteht *allgemein* darin, dass das Schutzverhalten der

a) ersten 15 Prozent *naturveranlagten* Schutzhunde mehr aus den Tiefen ihrer Seele kommt.
b) zweiten 15 Prozent *angelernten* Schutzhunde mehr das Ergebnis ihrer Erfahrungen ist.

Dieser *naturbedingte* Unterschied in der Kampfmotivation der einzelnen Schutzhundtypen ist unter anderem auch in der Art der Lautäußerungen zu erkennen. Dabei gilt allgemein folgende Erkenntnis: Je *selbstsicherer, unerschrockener* und *aggressiver* der Schutzhund ist, desto *weniger* bellt er und umgekehrt. Anders ausgedrückt: Ein *schneidiger* Schutzhund beißt *lautlos* und hat es *nicht* nötig, seine Meutegefährten zur Verstärkung herbeizubellen. Und ein Schutzhund, der bellt, ist *selten* mutig genug zuzubeißen.

Deshalb sind die *wirklichen* Schutzhunde in der Regel „Schwerverbeller", d. h., ihre Bell-Freudigkeit ist sehr gering. Dagegen bellt ein Schutzhund umso *leichter, lauter* und *anhaltender,* je *stärker* der Angst- oder Fluchtimpuls im Gehirn des Schutzhundes dominiert.

Diese Verhaltensweise ist ganz natürlich, weil das Bellen ein *Warn- und Hilferuf* an die Meute ist, dessen Botschaft lautet: „Achtung! Aufgepasst! Hier geht etwas Ungewöhnliches vor. Kommt her und klärt das!"

Daher ist es *unsinnig,* dem Bellen im Schutzdienst einen *sehr hohen* Stellenwert einzuräumen, nur weil der *weit verbreitete* Irrtum besteht, dass ein bellender Schutzhund angriffslustig ist. Denn dieses Fehlverhalten der Gestalter des Schutzhundes stellt nicht nur den „Schein-Schutzhund" über den *echten* Schutzhund, sondern fördert auch noch die Zucht mit diesen *bellfreudigen* Blendern.

Diesem „Bell-Übel" kann *angemessen* begegnet werden, wenn sich *alle* Gestalter des Schutzhundes klar machen: Die Lautäußerungen sind bei *allen* Hunden im Wesentlichen ein Anzeichen für einen *aufkommenden* oder *bestehenden* Konflikt oder eine Frustration. Dabei entscheidet der Grad der Angst oder Furcht über die Art der Lautäußerungen.

Das bedeutet:

1. Absolute Unerschrockenheit = lautloser Offensivangriff.
2. Aufkommen von Angst oder Furcht = Angriffsdrohen mit kehligem Grollen und Zähneblecken.
3. Höheres Maß an Angst oder Furcht = Knurren bis Knurrbellen.
4. Überwiegend Angst oder Furcht = lautes, anhaltendes Bellen.
5. Übersteigerte Angst oder Furcht = lautlose Flucht.

Das Gegenstück zu dem *natürlichen* Bellverhalten des Schutzhundes ist das *erlernte* Bellverhalten des reinen Sporthundes. Dieses in der Regel *hohe* Bettelbellen ist aber *nur* eine Entlastungsreaktion einer gesamten Triebhandlung und sollte im Schutzdienst noch weniger beachtet werden.

II. Teil

Die Gestalter des Schutzhundes und ihre Aufgaben

Das Verhalten und die Leistungsfähigkeit des Schutzhundes entsteht aus dem Zusammenspiel von Vererbung und Umwelt. Dabei sind die Selektion (Zuchtwahl) bei der Vererbung und der Aufbau bei der Umwelt die *entscheidenden* Einflussgrößen. Formelartig ausgedrückt:

Leistungsfähigkeit + Verhalten = Vererbung + Umwelt
Vererbung + Umwelt = Selektion + Aufbau

Den Wert der Zucht, der Leitung und des Verhaltens des Schutzhundes bestimmt *in erster Linie* der Züchter und Hundeführer in Zusammenarbeit mit dem Helfer.
Formelartig ausgedrückt:

- **Selektion + Aufbau = Züchter + Hundeführer + Helfer**

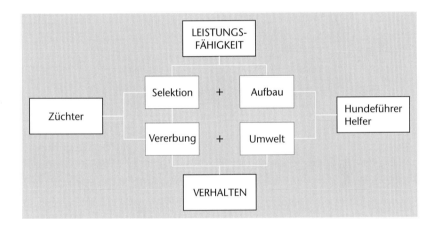

Diese Tatsache bedeutet, dass zwischen Zucht und Leistung und somit zwischen Züchter, Hundeführer und Helfer ein *gegenseitiges* Abhängigkeitsverhältnis besteht.

Der kritische Punkt der *gegenseitigen* Abhängigkeit besteht darin, dass der *wahre* Erfolg für die sich *gegenseitig* beeinflussenden Partner nur eintritt, wenn *alle* Mitwirkenden *verantwortungs- und zielbewusst* zusammenarbeiten. Zum Beispiel ist für zwei Unternehmen, von denen das eine das sorgfältig aufbereitete Rohmaterial liefert und die andere Firma daraus die fertigen Werkstücke formt, der Erfolg nur dann gesichert, wenn *beide* Betriebe *optimal* zusammenarbeiten. Dagegen erleiden *beide* Unternehmen Verluste, wenn durch *minderwerti-*

ge Materiallieferung oder -bearbeitung die Ware an Wert verliert. Der *besser* arbeitende Betrieb ist dann gezwungen, sich einen *zuverlässigen* Partner zu suchen, wenn er sein Ansehen behalten will.

Dasselbe gilt für Züchter, Hundeführer und Helfer. Auch bei diesen drei Partnern ist der Erfolg für die „Ware" Schutzhund nur gewährleistet, wenn der Züchter durch *richtige* Zuchtauslese *bestens* veranlagte und geprägte Hunde liefert und der Hundeführer und Helfer diese Hunde tierpsychologisch *richtig* zum *echten, führigen* Schutzhund aufbauen:

Die logische Folge daraus ist, dass der *echte, führige* Schutzhund

1. *nicht* das Produkt der Arbeit eines einzelnen Menschen ist, sondern *stets* das Ergebnis der *züchterischen* und *belehrenden* Maßnahmen.
2. *nur* entsteht, wenn Züchter, Hundeführer und Helfer *eng* zusammenarbeiten und ihre Aufgaben in *jeder* Hinsicht *optimal* erfüllen.

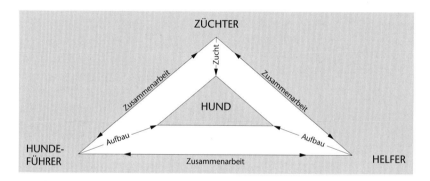

Die *wichtigsten* Voraussetzungen für eine *erfolgreiche* Zusammenarbeit sind, dass der Züchter, der Hundeführer und der Helfer

1. ihren jeweiligen Aufgabenbereich und die damit verbundenen Pflichten *genau* kennen.
2. sich zu *keinen* „Fachidioten" entwickeln, sondern die *wichtigsten* Erkenntnisse der *anderen* Interessengebiete ebenfalls beherrschen.

Dies bedeutet, dass der Züchter den Leistungsbereich *nicht* vernachlässigen sollte und der Hundeführer und Helfer die züchterischen Gesichtspunkte *nicht* ignorieren sollten.

Keinesfalls aber sollten sich die drei Gestalter des Schutzhundes so verhalten, als ob Zucht und Leistung wie „Hund und Katze" zueinander stehen.

Denn Zucht und Leistung bilden eine Einheit und stehen im gegenseitigen Abhängigkeitsverhältnis.

Damit nun *jeder* Schutzhundgestalter das *eigene* und *andere* Interessengebiet genau kennt, wollen wir die einzelnen Aufgabenbereiche *sorgfältig* analysieren und die *entscheidenden* Erkenntnisse *regelartig* zusammenfassen.

A:
Der Züchter

Der Sinn und Zweck *jeder* vernünftigen züchterischen Tätigkeit besteht *allgemein* darin, die gewählte Tier- oder Pflanzenart *nutzbringend* zu *verbessern.*
Diese Tatsache bedeutet für den Züchter von Schutzhunden, dass er

- *niemals* eine reine Vermehrungszucht betreibt nach dem Motto: Schutzhund × Schutzhund = Schutzhund.
- *nicht* nur den Formwert des Schutzhundes ständig verfeinert.
- *vorrangig* den Schutz- und Gebrauchswert dieses Hundetyps verbessert.

Denn Schutzhundzucht ist keine *Gewinn bringende* Quantitätsfrage, sondern eine *leistungsorientierte* Qualitätsfrage.

Das Ziel dieser *erfolgsorientierten* und *verantwortungsbewussten* Schutzhundzucht ist ein *optimal* veranlagter und geprägter Schutzhund, der an einen *ausgesuchten* Hundeführer verkauft wird.
Die *erfolgreiche* Verwirklichung dieses Zuchtziels bedingt aber, dass der Züchter *einige* Voraussetzungen erfüllt.
Die *wichtigsten* Bedingungen sind:

I. Die Eigenschaften des Züchters

Der *echte* Züchter unterscheidet sich vom *reinen* Vermehrer des Schutzhundes vor allem darin, dass er *viele* Charaktermerkmale besitzt. Denn der *wahre* Erfolg hängt in der Zucht *entscheidend* davon ab, dass der Züchter

1. gegenüber *allen* Angelegenheiten der Zucht aufgeschlossen ist und auch die verschiedenen Gesichtspunkte der Leistung zur Kenntnis nimmt (Aufgeschlossenheit).
2. auf dem Gebiet der Zucht ein *wirklicher* Fachmann ist (geistige Reife) und die Zucht gewissenhaft (Gewissenhaftigkeit), voraus-

schauend (Weitblick) und wirklichkeitsnah (Realismus) vorbereitet und durchführt.
3. das Zuchtziel beharrlich (Ausdauer) und folgerichtig (Konsequenz) anstrebt und die damit verbundenen Anstrengungen ruhig erträgt (Geduld).
4. die Zuchttiere und Welpen *sorgfältig* beobachtet (Beobachtungsgabe), ihre Verschiedenheit erkennt (Unterscheidungsvermögen), die entsprechenden Schlussfolgerungen daraus zieht (Schlussfolgerungen ziehen) und das *richtige* Urteil fällt (Denkfähigkeit).
5. sich seiner Verantwortung gegenüber der gewählten Schutzhundrasse bewusst ist (Verantwortung) und die Tiere verständnisvoll prägt (Einfühlungsvermögen).
6. sein Wissen auf dem Gebiet der Zucht *ständig* erweitert und verbessert (Wissen) und mit Hundeführer und Helfer vertrauensvoll zusammenarbeitet (Solidarität).

II. Die Zuchtplanung

Den *größten* Wert des echten, führigen Schutzhundes stellen seine Schutzhundanlagen dar. Diese wertvolle und notwendige Veranlagung wird aber *nicht* automatisch und homogen weitervererbt, sondern *muss* durch gezielte Zucht erhalten, gefördert und gefestigt werden.

Die Voraussetzung für den Erfolg ist eine *gründliche* Zuchtplanung. Dabei muss das Zuchtziel *genau* durchdacht, *exakt* festgelegt, *sorgfältig* ausgearbeitet und *systematisch* angestrebt werden.

Diese Zuchtplanung für einen bestimmten Wurf sollte *unbedingt* in Schriftform erfolgen, weil *nur* dadurch *realistische, objektive* und jederzeit *kontrollierbare* Zuchtgrundlagen geschaffen werden.

Dabei sollten *alle* Überlegungen von dem Grundsatz geleitet werden, *bessere* Welpen zu erhalten als die Elterntiere es sind.

Dieses *Qualitätsprinzip* umfasst folgende *wichtige* Tatsachen:

1. Der Schutzhund ist in *erster Linie* ein Gebrauchshund, dessen *wichtigste* Aufgabe darin besteht, dem Menschen bei Gefahr *schützend* zur Seite zu stehen. Deshalb ist die Schutzhundzucht eine Gebrauchshundzucht und *keine* Schönheitszucht oder *reine* Vermehrung.
2. Die über *viele, viele* Generationen eingezüchteten *besonders* guten Schutzhundanlagen können bei den einzelnen Schutzhundrassen auf *breiter* Basis nur verbessert werden, wenn der Züchter

a) an der Förderung der *positiven* Eigenschaften *wirklich* interessiert ist.
b) auch seinen Hunden gegenüber *kritisch* eingestellt ist.
c) die Zucht eines *echten, führigen* Schutzhundes *konsequent* vorantreibt.
3. Die Zuchtplanung sollte *immer* aus der Sicht der zu belegenden Hündin durchgeführt werden. Denn der Vererbungsgrad der Zuchthündin liegt durch den *ergänzenden* Einfluss des Zellplasmas der Eier und das Verhalten der Mutterhündin *wesentlich* höher als der des Vaterrüden. Folge: Im Mittelpunkt der Zucht von echten, führigen Schutzhunden steht *stets* die Zuchthündin und *nicht* der Zuchtrüde.
4. Die Wahl des Zuchtrüden sollte *stets* im Hinblick auf das Zuchtziel und die Harmonie des Form- und Gebrauchswertes von Rüde und Hündin erfolgen, d. h., Zuchtrüde und Zuchthündin sollten äußerlich, blutlich, anlagemäßig, wesensmäßig und vererbungsmäßig zueinander passen. *Dies bedeutet z. B.:*
Zu einer Hündin, die gegenüber physischen und psychischen Einwirkungen empfindlich ist, passt kein empfindlicher Rüde. Denn dadurch wird die seelische Weichheit und damit die Belastungsschwäche auch noch übermäßig verstärkt. Die Folge ist, dass die Welpen sowohl durch die Vererbung wie durch das Verhalten der Mutterhündin für einen echten, führigen Schutzhund in der Regel ungeeignet sind. Aber auch die Verbindung mit einem physisch und psychisch unempfindlichen Rüden ergibt noch keine Garantie für belastbare Welpen im Sinne eines echten, führigen Schutzhundes. Lediglich die Ausfallquote wird bei den Welpen verringert. Den *größten* Zuchterfolg von echten, führigen Schutzhunden haben jene Züchter, die mit seelisch *harten* Hündinnen züchten. Denn diese Hündinnen geben sowohl erbmäßig wie verhaltensmäßig eine *gute* seelische Widerstandskraft an die Welpen weiter.
5. Der papiermäßig bestimmte Zuchtrüde sollte *immer* in Augenschein genommen und in möglichst *vielen* Situationen begutachtet werden. Denn der Hund vererbt sich wesensmäßig *allgemein* so, wie er sich im täglichen Umgang zeigt und bei der Arbeit verhält. Dabei sollten dem Rüdenbesitzer die Zuchtplanung und die Zuchthündin gezeigt werden.
6. Die Entscheidung für einen Zuchtpartner darf *nicht* nur von dessen sportlichen Leistungen bestimmt werden. Denn durch eine geschickte Dressur kann über den Beutetrieb und Zwang aus fast *jeder* genetisch „tauben Nuss" ein vorzüglich arbeitender Sport-

hund gemacht werden. Daher ist für die Zuchtbeurteilung auch die *gesamte* Stammesleistung des Zuchttieres (hohe Leistungsbewertungen der Eltern und Ahnen) von Wichtigkeit.

7. Der Zuchtwert eines Rüden ist *nicht* aus der Vielzahl seiner Nachkommen abzuleiten, sondern *stets* aus den Vererbungsergebnissen mit einer ganz bestimmten Hündin. Denn die *meisten* negativen Anlagen sind rezessiv und werden nur sichtbar, wenn sie mit *gleichartigen* Anlagen im Erbgut des Zuchtpartners zusammentreffen.
8. Die Zuchttiere sollten *nachweislich* die gewünschten Schutzhundanlagen besitzen und diese *uneingeschränkt* auf möglichst *alle* Nachkommen übertragen. Dabei sind die *wichtigsten* Wesensmerkmale das *natürliche* Aggressionspotenzial, die *ausgeglichene* Triebveranlagung, die *innere* Sicherheit, die *seelische* Widerstandskraft und die Arbeitswilligkeit (Führigkeit).
9. Die Zusammenstellung der Zuchtpartner sollte *stets* so erfolgen, dass *keine* Anlage *zu stark* bei den Nachkommen auftritt. Denn grundsätzlich führt *jedes übersteigerte* Wesensmerkmal *nicht* zu einem *besseren*, sondern zu einem *schlechteren* Schutzhund. Dies gilt besonders für die Aggression.
10. Das Wesen des Schutzhundes ist zwar wichtiger als seine Gebäudeanlagen, jedoch sollten Formwert und Gebrauchswert miteinander *harmonieren*. Dabei sollte vor allem *großer* Wert gelegt werden auf einen *knochenstarken, muskulären* Kopf, *kräftige* Ober- und Unterkiefer sowie ein *mächtiges, gesundes* und *fehlerloses* Gebiss. Denn der *volle, feste* und *starke* Biss ist der *eindrucksvollste* Ausdruck des *echten* Schutzhundes.
11. Die Zuchtpartner sollten bei der Paarung *nicht* irgendwelchen Belastungen oder Zwang ausgesetzt werden, sondern ihre Sexualität *ungezwungen* entfalten können. Denn dadurch werden Deckschwierigkeiten, Empfängnisprobleme usw. *weitgehend* vermieden.
12. Die Mutterhündin sollte während der Schwangerschaft *artgerecht* gehalten und gefüttert werden sowie *ausreichend* sozialen Kontakt mit Menschen erhalten. Dagegen sollte die Mutterhündin *nicht* von ihrer gewohnten Tätigkeit abgehalten und wie ein krankes Wesen behandelt werden. Denn die Mutterschaft ist *keine* Krankheit und im Wildrudel wird auf diesen Zustand einer Hündin auch nur bedingt Rücksicht genommen. Lediglich die Konfrontation mit abnormen Umwelteinflüssen wie starke Stressbelastung, außergewöhnliche körperliche Anstrengungen etc. sollten vermieden werden. Jedoch kann z. B. die tragende Hündin fast bis

zum Wurftag, in Anpassung an ihren Zustand, hundesportlich gearbeitet werden. Diese Tätigkeit ist sogar von großem Vorteil, weil dadurch einerseits jeder Triebstau mit allen negativen Folgen verhindert wird und andererseits die Bewegung eine gute „Schwangerschaftsgymnastik" für die Mutterhündin ist.

III. Die Auslese der Welpen

Der *praktische* Aufbau einer *echten* Schutzhundzucht beginnt mit der Auswahl der Welpen in den ersten drei Wochen nach ihrer Geburt. Dabei werden die Welpen *täglich* einem *dosierten* Frühstress ausgesetzt, der

a) die Qualität der angeborenen Verhaltensweisen jedes Welpen klar erkennen lässt.
b) die Aktivität, Neugier und innere Sicherheit der gut veranlagten Welpen gezielt fördert.
c) die Ängstlichkeit und Schreckhaftigkeit der schlecht veranlagten Welpen deutlich aufzeigt.

Dieses körperlich-seelische Ausleseverfahren beginnt bereits am Tage der Paarung mit der Aufzeichnung der wichtigsten Gegebenheiten (Tabelle 1).

Dann folgen die Notizen über die wichtigsten Vorgänge bei der Geburt (Tabelle 2). Dabei hängt das Geburtsgewicht der Welpen von der Schutzhundrasse ab. So variiert z. B. das Geburtsgewicht beim Deutschen Schäferhund zwischen 400 und 700 g je nach Wurfstärke und Hündintyp.

Die körperlich-seelischen Stimulanzien sind in den ersten 14 Tagen nach der Geburt im Wesentlichen das Aufnehmen, Schaukeln, Streicheln, Tragen und Wiegen sowie die vier Absonderungsphasen beim Biotonus-Test. Dabei sollte sich das Geburtsgewicht innerhalb 10 Tagen verdoppelt und Ende der zweiten Lebenswoche etwa verdreifacht haben (Tabelle 3). Dieser fördernde Frühstress wird ab dem 12. Lebenstag ergänzt durch das Bürsten des Haarkleides und kurzzeitige Stressstöße in Form von Kälte, Schmerz und Knall (Tabelle 4).

Tabelle 1 Checkliste I: Züchter, Hündin, Deckrüde, Bedeckung

Zwingername: _____ Züchter: _____

Zuchttier: _____ Eigentümer: _____

Verwendungsart: _____ Im Besitz des Züchters seit: _____ Wurfzahl der Hündin: _____

Hündin: _____

Vater: _____ Körkl.: _____ WT: _____ Farbe: _____ SZ-Nr.: _____ ZB: _____ AK: _____

Mutter: _____ Körkl.: _____ WT: _____ Farbe: _____ SZ-Nr.: _____ ZB: _____ AK: _____

                       Körkl.: _____ WT: _____ Farbe: _____ SZ-Nr.: _____ ZB: _____ AK: _____

Eigenschaften der Hündin: _____

Kondition: _____ Konstitution: _____

Haltung: _____ Ernährung: _____

Verhältnis zu Menschen: _____ Verhältnis zu Hunden: _____

Deckrüde: _____

Vater: _____ Körkl.: _____ WT: _____ Farbe: _____ SZ-Nr.: _____ ZB: _____ AK: _____

Mutter: _____ Körkl.: _____ WT: _____ Farbe: _____ SZ-Nr.: _____ ZB: _____ AK: _____

                       Körkl.: _____ WT: _____ Farbe: _____ SZ-Nr.: _____ ZB: _____ AK: _____

Eigenschaften des Deckrüden: _____

Kondition: _____ Konstitution: _____

Haltung: _____ Ernährung: _____

Verhältnis zu Menschen: _____ Verhältnis zu Hunden: _____

1. Blutung am: _____ Bedeckung am: _____ Anzahl der Deckakte: _____ Zeit des Hängens: _____

Verhalten der Hündin: vor Deckakt: _____ während Deckakt: _____ nach Deckakt: _____

Tabelle 2   **Checkliste II: Geburt, Welpen, Beurteilung, Selektion**

Wurfraum: _____ Wurfdatum: _____ Wurfbezeichnung: _____ Welpenzahl: _____ Totgeburten: _____

Anzeichen der Eröffnung: _____ Geburtsdauer: _____

Geburtsverlauf: _____

Verhalten der Hündin:

a) gegenüber den Welpen: _____

b) zwischen den einzelnen Austreibungen: _____

c) gegenüber dem Züchter bei der Welpenkontrolle: _____

Merkmale	1. Welpe	2. Welpe	3. Welpe	4. Welpe	5. Welpe	6. Welpe	7. Welpe	8. Welpe	9. Welpe	10. Welpe	Bemerkungen
Geburtszeit											
Geburtsart											
Geburtsaktivität											
1. Lebensschrei											
Suchaktivität											
1. Trinken											
Geschlecht											
Geburtsgewicht (g)											
Körpermerkmale											
Kennzeichnung											

Tabelle 3   Checkliste II: Geburt, Welpen, Beurteilung, Selektion

Merkmale	1. Welpe	2. Welpe	3. Welpe	4. Welpe	5. Welpe	6. Welpe	7. Welpe	8. Welpe	9. Welpe	10. Welpe	Bemerkungen
Gewicht n. 12 Std.											
Biotonus n. 12 Std.											
Gewicht n. 36 Std. Wiege-Verhalten											
Gewicht am 2. Tag Wiege-Verhalten											
Gewicht am 3. Tag Wiege-Verhalten											
Gewicht am 4. Tag Wiege-Verhalten											
Biotonus am 4. Tag											
Gewicht am 5. Tag Wiege-Verhalten											
Gewicht am 6. Tag Wiege-Verhalten											
Gewicht am 7. Tag Wiege-Verhalten											
Biotonus am 7. Tag											
Gewicht am 8. Tag Wiege-Verhalten											
Gewicht am 9. Tag Wiege-Verhalten											
Gewicht am 10. Tag Wiege-Verhalten											
Biotonus am 10. Tag											
Gewicht am 11. Tag Wiege-Verhalten											

Tabelle 3 **Checkliste II: Geburt, Welpen, Beurteilung, Selektion**

Merkmale	1. Welpe	2. Welpe	3. Welpe	4. Welpe	5. Welpe	6. Welpe	7. Welpe	8. Welpe	9. Welpe	10. Welpe	Bemerkungen
Bürst-Aktivität am 12. Tag											
Gewicht am 12. Tag Wiege-Aktivität											
Bürst-Aktivität am 13. Tag											
Gewicht am 13. Tag Wiege-Aktivität											
Bürst-Aktivität am 14. Tag											
Gewicht am 14. Tag Wiege-Aktivität											
Lidspaltenöffnung Gehörgängeöffnung											Tag
Saug-Aktivität 1. und 2. Woche											
Primäre Zitzenlage 1. und 2. Woche											vorn, Mitte, hinten
Primäre Kontaktlage 1. und 2. Woche											außen, innen, abseits
Kältetest am 14. Tag											Latenzzeit in Sekunden
Schmerztest am 14. Tag											Haut kneifen zwischen V.-Pfoten
Reaktion nach Einwirkung											
Schusstest am 14. Tag											Abstand ca. 1,0 m
Bemerkung											
Allgemeines:	1 = Ruhe; 2 = unbeeindruckt; 3 = aktiv; 4 = aggressiv; 5 = unruhig; 6 = beeindruckt; 7 = inaktiv; 8 = verkrampft; 9 = winseln; 10 = klagen; 11 = ängstlich; 12 = groß; 13 = mittel; 14 = klein.										

Tabelle 5 Checkliste III: Stimulierung, Beurteilung, Selektion   Datum:

Merkmale	1. Welpe	2. Welpe	3. Welpe	4. Welpe	5. Welpe	6. Welpe	7. Welpe	8. Welpe	9. Welpe	10. Welpe	Bemerkungen
Bürst-Aktivität am 15. Tag											
Gewicht am 15. Tag Wiege-Aktivität											
Stimulierung Zeit und Art 15. Tag											a) Zeit in Min. b) A. s. unten
Bürst-Aktivität am 16. Tag											
Gewicht am 16. Tag Wiege-Aktivität											
Stimulierung Zeit und Art 16. Tag											a) wie vor b)
Bürst-Aktivität am 17. Tag											
Gewicht am 17. Tag Wiege-Aktivität											
Stimulierung Zeit und Art 17. Tag											a) wie vor b)
Bürst-Aktivität am 18. Tag											
Gewicht am 18. Tag Wiege-Aktivität											
Stimulierung Zeit und Art 18. Tag											a) wie vor b)
Bürst-Aktivität am 19. Tag											
Gewicht am 19. Tag Wiege-Aktivität											
Stimulierung Zeit und Art 19. Tag											a) wie vor b)
Bürst-Aktivität am 20. Tag											
Gewicht am 20. Tag Wiege-Aktivität											

Tabelle 6 Checkliste III: Stimulierung, Beurteilung, Selektion   Datum:

Merkmale	1. Welpe	2. Welpe	3. Welpe	4. Welpe	5. Welpe	6. Welpe	7. Welpe	8. Welpe	9. Welpe	10. Welpe	Bemerkungen
Stimulierung Zeit und Art 20. Tag											a) Zeit in Min. b) A. s. unten
Bürst-Aktivität am 21. Tag											
Gewicht am 21. Tag Wiege-Aktivität											
Stimulierung Zeit und Art 21. Tag											a) wie vor b)
Saug-Aktivität in der 3. Woche											
Primäre Zitzenlage 3. Woche											vorn, Mitte, hinten
Primäre Kontaktlage 3. Woche											außen, innen, abseits
Spiel-Aktivität in der 3. Woche											
Trage-Aktivität in der 3. Woche											Welpe auf dem Arm tragen
Anpuste-Test am 18. und 21. Tag											Welpe ins Gesicht pusten
Kältetest am 21. Tag											Latenzzeit in Sekunden
Schmerztest am 21. Tag											Haut kneifen zwischen V.-Pfoten
Reaktion nach Einwirkung											
Schusstest am 21. Tag											Abstand ca. 1,0 m
Außenweltreaktion u. Nervenfestigkeit 21. Tag											außerhalb d. Wurfraum
Allgemeines:											b) Schaukeln Hautreizung Lichtblitz Tonband

1 = ruhig; 2 = unbeeindruckt; 3 = aktiv; 4 = aggressiv; 5 = unruhig; 6 = beeindruckt; 7 = inaktiv; 8 = verkrampft; 9 = winseln; 10 = klagen; 11 = ängstlich; 12 = groß; 13 = mittel; 14 = klein; 15 = sehr sicher; 16 = sicher; 17 = zögernd; 18 = träge; 19 = hektisch; 20 = verkrampft; 21 = schreckhaft; 22 = lecken; 23 = standhalten; 24 = ausweichen; 25 = weglaufen.

Der Zeitaufwand steigert sich *systematisch* von 4 Minuten am ersten Tag auf 30 Minuten am 14. Tag und beträgt im Mittel 17 Minuten pro Welpe. Dabei findet die erste Auslese der Welpen zwischen dem 1. und 10. Lebenstag statt.

Die Grundlage dieser ersten Auslese bildet der so genannte Biotonus-Test. Dabei wird in einem einfachen Verfahren die Lebensenergie der Welpen festgestellt und Rückschlüsse auf die Grundbestandteile der Schutzhundanlagen gezogen: das *Nervensystem* und die *psychischen Fähigkeiten*. Denn die Qualität dieser zwei Anlagenelemente findet Ausdruck in der Lebensenergie, welche richtungsweisend für die spätere Verwendungsart des Schutzhundes ist. Dabei gilt: Je *mangelhafter* dieses „Ausgangsmaterial" ist, desto *mehr* wird das Verhalten und die Leistungsfähigkeit des Schutzhundes beeinträchtigt und desto *weniger* ist der Welpe für einen echten, führigen Schutzhund geeignet.

Die Stimulierung der Welpen wird in der 3. Woche *verstärkt* fortgesetzt und durch die Reizungen der Augen und Ohren ergänzt. Dabei sollte das Gewicht das 6–8fache des Geburtsgewichts betragen (Tabelle 5 und 6). Die am 14. Tag erreichte Stimulationszeit von 30 Minuten pro Welpe sollte bis zum 21. Lebenstag beibehalten werden. Dabei erfolgt die zweite Auslese der Welpen am 21. Lebenstag nach Auswertung *aller* vorher durchgeführten Tests.

Die Grundlage dieser zweiten Auslese bildet der so genannte Umwelt-Test. Dabei werden die Welpen *einzeln* in eine für sie *fremde* Umgebung gebracht, um ihre Reaktionen auf die Außenwelt und verschiedene Umweltgeräusche festzustellen.

Das Ziel dieser Belastungstests besteht primär darin, die im Biotonus-Test gewonnenen Erkenntnisse über die Nervenverfassung und die seelische Empfindlichkeit der Welpen nochmals zu überprüfen.

1. Die vegetative Phase (1. und 2. Woche)

Wie bereit ausgeführt, bildet die Überprüfung des Biotonus oder der Lebensenergie die Grundlage für die erste Auslese der Welpen.

Diese Untersuchung kann wie folgt durchgeführt werden:

a) *Testvorbereitung*

Eine 80 × 80 cm große, mit Holzleisten umsäumte Pressspanplatte wird mit 16 Stück 20 × 20 cm großen ein- oder verschiedenfarbigen Teppichfliesen beklebt.

Auf diese Fliesenquadrate werden Großbuchstaben von A bis Q oder Zahlen von 1 bis 16 gemalt.

Diese in Planquadrate eingeteilte Platte wird *waagerecht* auf den Boden des Wurfraumes gestellt und *gut* ausgeleuchtet.

Darüber oder davor wird eine Video- oder Schmalfilmkamera so aufgebaut, dass das *ganze* Brett im Bild ist.

Danach wird festgelegt, in welcher Reihenfolge die schon bei der Geburt gekennzeichneten Welpen getestet werden.

Diese Reihenfolge wird in *jedem* Test beibehalten.

E	F	G	H
Q	A	B	J
P	C	D	K
O	N	M	L

5	6	7	8
16	1	2	9
15	3	4	10
14	13	12	11

b) *Testablauf*

Der *erste* Test erfolgt frühestens 12 Stunden nach der Geburt des *letzten* Welpen. Danach wird er am 4. Tag, 7. Tag und, falls notwendig, am 10. Tag wiederholt. Dabei ist darauf zu achten, dass die Welpen möglichst zu *derselben* Tageszeit und *vor* dem Saugen getestet werden.

Der zu testende Welpe wird so in den Mittelpunkt des Brettes gesetzt, dass sein Kopf in das Planquadrat A oder 1 zeigt.

Die Aufzeichnung beginnt mit dem Absetzen des Welpen und dauert für *alle* Tiere *konstant* 2 oder 3 Minuten. Im Anschluss daran wird der Welpe gewogen und das Gewicht notiert.

Nach Aufzeichnungen des Wurfes werden die Aufnahmen wieder abgespielt und die Hin- und Herbewegungen des Kopfes *exakt* in eine vorbereitete Testliste übertragen (s. Tabelle 7). Dabei genügt es, wenn zwischen den einzelnen Planquadraten kurze Verbindungsstriche gezogen werden.

Gleichzeitig mit diesem „Suchpendeln" wird die Drehrichtung des Körpers und die Endlage des Welpen nach Ablauf der Testzeit festgehalten. Danach wird bestimmt:

a) der Winkelgrad zwischen Ausgangs- und Endstellung des Welpen, gemessen in Drehrichtung seines Körpers.
b) die Anzahl der Kreisungen des Welpen.
c) die Zahl der Kopfbewegungen pro Planquadrat.
d) die Anzahl der mit dem Kopf gestriffenen Planquadrate.

Zum Schluss werden die einzelnen Kopfbewegungen zusammengezählt und *alle* Daten in den Testbogen eingetragen.

Beispiel:

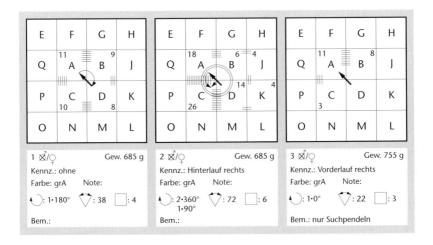

c) *Testauswertung*

Die Biotonus-Noten der einzelnen Welpen werden wie folgt errechnet:

Die Gesamtzahl der Winkelgrade, Kopfbewegungen und gestriffenen Planquadrate werden zusammen mit dem Gewicht, dem Grad der Bewegungsintensität und dem Verhalten der Welpen einander gegenübergestellt (Tabelle 8).

Dann erhält die *höchste* Zahl *jeder* Bewertungskomponente die *Note 1* und die *niedrigste* Zahl die *Note 5*. Der Mittelwert aus der Note 1 und 5 ergibt die *Note 3*, der Mittelwert aus der Note 1 und 3 die *Note 2* und der Mittelwert aus der Note 3 und 5 die *Note 4*.

Die in der Regel *zwischen* den errechneten Notenwerten liegenden Testergebnisse werden dem am *nächsten* liegenden Notenwert zugeordnet.

Beispiel:
Die Auswertung der im „Testablauf" aufgeführten drei Welpentests ergibt folgende Einzelwerte:

Gewicht:	Maximalwert	Note 1 = 755 g
	Minimalwert	Note 5 = 685 g
Winkelgrade:	Maximalwert	Note 1 = 810°
	Minimalwert	Note 5 = 0°
	Mittelwert	Note 3 = (810 + 0): 2 = 405°
	Mittelwert	Note 2 = (810 + 405): 2 = 608°
	Mittelwert	Note 4 = (405 + 0): 2 = 203°
	Testwert = 180°	näher an 203° = Note 4
Suchpendeln:	Maximalwert	Note 1 = 72 ×
	Minimalwert	Note 5 = 22 ×
	Mittelwert	Note 3 = (72 + 22) : 2 = 47 ×
	Mittelwert	Note 2 = (72 + 47): 2 = 60 ×
	Mittelwert	Note 4 = (47 + 22): 2 = 35 ×
	Testwert = 38 ×	näher an 35 × = Note 4
Planquadrate:	Maximalwert	Note 1 = 6 Stück
	Minimalwert	Note 5 = 3 Stück
	Mittelwert	Note 3 = (6 + 3): 2 = 4,5 Stück
	Mittelwert	Note 2 (6 + 4,5): 2 = 5,25 Stück
	Mittelwert	Note 4 (4,5 + 3): 2 = 3,75 Stück
	Testwert= 4 Stück	näher an 3,75 Stück = Note 4
Bewegungs-	*Note 1*	= *sehr aktiv (+++)*
intensität	Note 2	= aktiv (++)
	Note 3	= aktiv/passiv (+-)
	Note 4	= passiv (-)
	Note 5	= sehr passiv (–)
Testwert:	1. Welpe (++) = Note 2; 2. Welpe (+++) = Note 1; 3. Welpe (–) = Note 5	
Verhalten:	Note 1	= sehr sicher (s+)
	Note 2	= sicher (s)
	Note 3	= zögernd (z)
	Note 4	= träge (t) oder hektisch (h)
	Note 5	= verkrampft (v)
Testwert:	1. Welpe (s) = Note 2; 2. Welpe (s+) = Note 1; 3. Welpe (v) = Note 5.	

Die Endnote eines Welpen ist der Mittelwert aus den Noten *aller* sechs Bewertungskriterien.

In dem vorgenannten Beispiel werden folgende Noten vergeben:

1. Welpe: 5 + 4 + 4 + 2 + 2 = 21 : 6 = Endnote 3,5.
2. Welpe: 5 + 1 + 1 + 1 + 1 + 1 = 10 : 6 = Endnote 1,7.
3. Welpe: 1 + 5 + 5 + 5 + 5 + 5 = 26 : 6 = Endnote 4,3.

Bezeichnung	1. Welpe		2. Welpe		3. Welpe	
	SA	NOT	SA	NOT	SA	NOT
Gewicht in Gramm	685	5	685	5	755	1
Drehungen × ☾-Grade	180	4	810	1	0	5
Suchpendeln	38	4	72	1	22	5
gestr. Planquadrate	4	4	6	1	3	5
Bewegungsintensität	++	2	+++	1	– –	5
Verhalten	s	2	s+	1	v	5
Summe Noten	21:6		10:6		26:6	
Mittelwert = Endnote	3,5		1,7		4,3	

Tabelle 7

BIOTONUS-MESSUNG

MESSTAG: MESSDAUER:
ZWINGER: RASSE:
MUTTER: WT: WZ: W-NR.:
ZÜCHTER:
VATER:

Zeichenerkl.: ♂ = Rüde, ♀ = Hündin, g = Gramm, ◠ = Drehricht. + ◁ -Grade, ↔ = Suchpendeln, ☐ = Anzahl der Quadrate, ↙ = Welpe

E	F	G	H
Q	A	B	J
P	C	D	K
O	N	M	L

1 ♂/♀ Gew.........g
Kennz.:
Farbe: Note:
◠: ↔: ☐:
Bem.:

E	F	G	H
Q	A	B	J
P	C	D	K
O	N	M	L

2 ♂/♀ Gew.........g
Kennz.:
Farbe: Note:
◠: ↔: ☐:
Bem.:

E	F	G	H
Q	A	B	J
P	C	D	K
O	N	M	L

3 ♂/♀ Gew.........g
Kennz.:
Farbe: Note:
◠: ↔: ☐:
Bem.:

E	F	G	H
Q	A	B	J
P	C	D	K
O	N	M	L

4 ♂/♀ Gew.........g
Kennz.:
Farbe: Note:
◠: ↔: ☐:
Bem.:

E	F	G	H
Q	A	B	J
P	C	D	K
O	N	M	L

5 ♂/♀ Gew.........g
Kennz.:
Farbe: Note:
◠: ↔: ☐:
Bem.:

E	F	G	H
Q	A	B	J
P	C	D	K
O	N	M	L

6 ♂/♀ Gew.........g
Kennz.:
Farbe: Note:
◠: ↔: ☐:
Bem.:

E	F	G	H
Q	A	B	J
P	C	D	K
O	N	M	L

7 ♂/♀ Gew.........g
Kennz.:
Farbe: Note:
◠: ↔: ☐:
Bem.:

E	F	G	H
Q	A	B	J
P	C	D	K
O	N	M	L

8 ♂/♀ Gew.........g
Kennz.:
Farbe: Note:
◠: ↔: ☐:
Bem.:

E	F	G	H
Q	A	B	J
P	C	D	K
O	N	M	L

9 ♂/♀ Gew.........g
Kennz.:
Farbe: Note:
◠: ↔: ☐:
Bem.:

E	F	G	H
Q	A	B	J
P	C	D	K
O	N	M	L

10 ♂/♀ Gew.........g
Kennz.:
Farbe: Note:
◠: ↔: ☐:
Bem.:

Tabelle 8 **Biotonus-Bewertung**

Messtag: Tageszeit: Messdauer:
Zwinger: Züchter: Rasse:
Mutter: Vater: WT: WZ: W-Nr.:

Bezeichnung	Nr.	1. Welpe		2. Welpe		3. Welpe		4. Welpe		5. Welpe		6. Welpe		7. Welpe		8. Welpe		9. Welpe		10. Welpe	
		Sa	Not	Sa	Not	Sa	Not	Sa	Not	Sa	Not	Sa	Not	Sa	Not	Sa	Not	Sa	Not	Sa	Not
Gewicht in Gramm 1 = max., 5 = min. 24 Mittelwerte	1 2 3																				
Drehungen × ⚥-Grade 1 = max., 6 = min. 2–4 Mittelwerte	1 2 3																				
Suchpendeln 1 = max., 5 = min. 2–4 Mittelwerte	1 2 3																				
gestr. Planquadrate 1 = max., 5 = min. 2–4 Mittelwerte	1 2 3																				
Bewegungsintensität 1 = s. akt (++), 2 = aktiv (+), 3 = akt./pas. (±), 4 = pas. (-), 5 = sehr passiv (--)	1 2 3																				
Verhalten 1 = s. sicher (s+), 2) sicher (s), 3 = zögernd (z), 4 = träge (t) o. hekt. (h), 5 = verkrampft (v)	1 2 3																				
Summe Noten																						
Mittelwert = End- note																						

Die Konsequenzen aus den Tauglichkeitstests in den ersten zehn Lebenstagen der Welpen (Tabelle 1 bis 4, 7 und 8) sind folgende:

1. Ein Welpe mit sehr niedrigem Geburtsgewicht und keiner Geburts- und Suchaktivität ist kaum lebensfähig und sollte am ersten Tag schmerzlos eingeschläfert werden.
2. Zeigen Welpen mit durchschnittlichem Geburtsgewicht und wenig Geburts- und Suchaktivität nach einer Woche immer noch deutlich schwächere angeborene Verhaltensweisen als die Geschwister, sind sie vermutlich für eine spätere Verwendung als Schutzhund ungeeignet.
3. Der Welpe mit einem *ständig passiven, verkrampften* Verhalten beim Tragen auf dem Arm, Wiegen und in den Biotonustests ist *eindeutig* nervenschwach und als Sport- und Schutzhund ungeeignet.
4. Der Welpe mit *wenig* und *trägen* Bewegungsweisen ist für Sport- und Schutzaufgaben in der Regel ebenfalls *nicht* geeignet.
5. Der Welpe mit *ausgeprägter* und *hektischer* Regsamkeit wird *selten* ein nervenfester und belastbarer Sport- oder Schutzhund.
6. Der Welpe mit *unterschiedlichen* oder *zögernden* Verhaltensweisen in den Trage-, Wiege- und Biotonustests kann sich noch zu einem guten Sporthund entwickeln, wenn er *von Anfang an* gezielt gefördert wird.
7. Der Welpe mit *sicherer* Aktivität besitzt die *beste* Grundlage für einen echten, führigen Schutzhund.
8. Das Nervensystem und die psychischen Fähigkeiten der im Wurf verbleibenden Welpen werden auch *nach* dem 10. Lebenstag *systematisch* weitergetestet.

2. Die Übergangsphase (3. Woche)

Die nach dem ersten Ausleseverfahren im Wurf verbliebenen Welpen werden in der 3. Lebenswoche *verstärkt* einer Stimulierung ausgesetzt. Dabei ist das *wichtigste* Reizobjekt das Tonband. Dieses Reizinstrument wird wie folgt eingesetzt:

a) *Testvorbereitung*

Ein oder mehrere Tonbänder werden 60 Minuten lang mit möglichst *vielen verschiedenen* alltäglichen und nicht alltäglichen Geräuschen und Lauten bespielt, z. B. Verkehrslärm, Maschinengeräusche, Hup-, Klingel- und Pfeifsignale, Explosionen, Musik, Naturgeräusche, Menschen- und Tierlaute.

b) *Testablauf*

Den im Wurfraum befindlichen Welpen werden diese Aufnahmen *täglich* bis zu einer Stunde vorgespielt. Dabei ist *unbedingt*

1. die Mutterhündin außer Hör- und Sichtweite zu entfernen, weil eine
    a) geräuschunempfindliche Hündin nervenschwache Welpen durch ihr Verhalten absichert.
    b) geräuschempfindliche Hündin nervenstarke Welpen durch ihr Verhalten verunsichert.
2. Geräuscheart und die Lautstärke öfter zu wechseln.

c) *Testauswertung*

Am 21. Tag werden die Welpen *einzeln* außerhalb des Wurfraumes gebracht und ihre Reaktionen auf die Außenwelt notiert. Dann werden sie mit einigen Umweltgeräuschen konfrontiert, die sie schon vom Tonband hörten.

Zeigt nun ein Welpe in dieser Situation *große* Unsicherheit oder *deutlich* sichtbare Angst und flieht oder erstarrt, dann ist seine nervliche Verfassung minderwertig. Dieser Welpe ist nicht als Schutzhund geeignet.

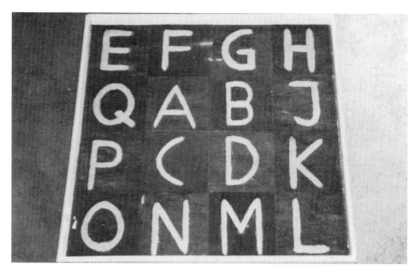

Abb. 1: Die mit verschiedenfarbigen Teppichfliesen beklebte und mit Großbuchstaben versehene Testplatte wird waagerecht auf den Boden gestellt.

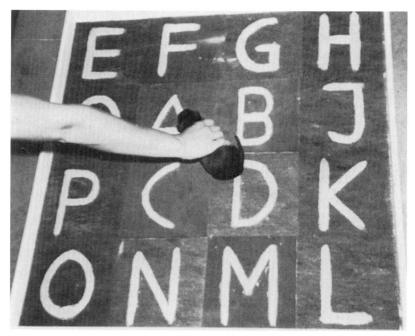

Abb. 2: Der zu testende Welpe wird wie der Rüde „Erk vom Wildbachtal" so in die Mitte der Testplatte gelegt, dass sein Kopf in das Planquadrat A zeigt.

Abb. 3: Die filmische und lautliche Test-Aufzeichnung beginnt mit dem Absetzen des Welpens und dauert für alle Welpen konstant 2 oder 3 Minuten.

Abb. 4: Der Welpe wird im Anschluss an den Test sorgfältig gewogen und das Gewicht in die Tabelle 6 eingetragen.

IV. Die Prägung der Welpen (4. bis 7. Woche)

Die auf Stresssituationen *bestens* vorbereiteten Welpen durchlaufen in der 4. bis 7. Woche einen Entwicklungsabschnitt, der für ihr weiteres Leben von *entscheidender* Bedeutung ist. Denn in dieser Zeit entsteht die *wichtigste* umweltabhängige Verdrahtung der Hirnrinde, die den Schutzhund *unwiderruflich* auf bestimmte Umwelteinflüsse und Verhaltensweisen fixiert. Dabei können diese *prägenden* Verknüpfungen der Gehirnzellen für die spätere Verwendungsart des Schutzhundes von Vorteil sein.

Diese Tatsache bedeutet allgemein, dass der

1. Schutzhund für sein späteres Leben nur dann *richtig* geprägt ist, wenn er als Welpe seine zahlreich angeborenen Lerndispositionen in *jeder* Hinsicht nutzen kann.
2. Züchter die späteren Lernleistungen des Schutzhundes über die besonderen Lernbegabungen des Welpen in eine *bestimmte* Richtung leiten kann.

Die *logische* Konsequenz aus dieser Wahrheit besteht allgemein darin, dass der Züchter den Welpen

1. *unbedingt* eine Umwelt anbieten sollte, in der er sehr *viele* Dinge beobachten, erkunden, handhaben und ausprobieren kann.
2. *gezielt* über seine Nase, sein Gehör, seine Augen, sein Gefühl und seinen Geschmack in Richtung eines *echten, führigen* Schutzhundes „vorprogrammieren" sollte.
3. *unweigerlich* in seiner Entwicklung zu einem *echten* Schutzhund fehlleitet, wenn er die festen Verknüpfungen zwischen den wachsenden Hirnzellen *nicht* optimal beeinflusst.

Da der Erfolg einer *gezielten* Maßnahme nur durch eine *klare* Rückmeldung *zuverlässig* festgestellt werden kann, ist dieses „Feed-back" auch für den Züchter von *entscheidender* Bedeutung.

Diese Überprüfung der *wichtigsten* Grundmuster der Welpen erfolgt am besten wieder durch entsprechende Tests (Tabellen 9–12). Dabei genügt es, wenn der Züchter den Wert seiner Aktionen am Ende *jeder* Prägungswoche *sorgfältig* überprüft.

Jedoch sollten die Ergebnisse dieser Tests unbedingt *objektiv* ausgewertet und in der folgenden Woche *sinnvoll* verwendet werden. Denn nur so führen *alle* weiteren Förderungen zu einem *optimalen* Endresultat.

Tabelle 9 Checkliste IV:
Aufgeschlossenheit, Kontaktfreudigkeit, Führigkeit

Merkmale	1. Welpe	2. Welpe	3. Welpe	4. Welpe	5. Welpe	6. Welpe	Bemerkungen
Körpergewicht							Wurmkur:
4. Woche							
5. Woche							
6. Woche							
7. Woche							
Verhalten gegenüber Personen	Zusatzkriterium: Reihenfolge der Kontaktaufnahme						a = bekannten b = unbekannten (Je 3 Minuten still und starr hocken und stehen sowie still geb.)
4. Woche							
5. Woche							
6. Woche							
7. Woche							
Verhalten in fremder Umgebung	Zusatzkriterium: Reihenfolge der Kontaktaufnahme						a = unbekannten Ort allein b = unbekannten Ort, wenn Züchter kommt (Je 3–5 Minuten)
4. Woche							
5. Woche							
6. Woche							
7. Woche							
Führigkeit							a = Körperkontrolle b = Leinenzwang ab 6. Woche c = unterschiedliche Bodenarten
4. Woche							
5. Woche							
6. Woche							
7. Woche							
Bemerkung	1 = sicher; 2 = ruhig; 3 = interessiert; 4 = zutraulich; 5 = freudig; 6 = spielen; 7 = unerschrocken; 8 = unbeeindruckt; 9 = gleichgültig; 10 = widersetzen; 11 = kämpfen; 12 = unsicher; 13 = nervös; 14 = misstrauisch; 15 = schreckhaft; 16 = beeindruckt; 17 = winseln; 18 = klagen; 19 = passiv; 20 = ängstlich; 21 = unterwürfig; 22 = läuft weg						

**Tabelle 10 Checkliste IV:
Unerschrockenheit, innere Sicherheit**

Merkmale	1. Welpe	2. Welpe	3. Welpe	4. Welpe	5. Welpe	6. Welpe	Bemerkungen
Reaktionstest und Aktivitäten	Aktivitätsmessung: Alle Aktivitäten inkl. Lautäußerungen registrieren. Werte: wenig, mittel, viel						a = allein im Zwing. b = auf einer Kiste oder Stuhl a = auf engem Maschendraht (Je 3–5 Minuten)
4. Woche							
5. Woche							
6. Woche							
7. Woche							
Akustische Einflüsse	Kriterien: Fluchtdistanz + Zeit für Annäherung						Sinnes- und Gefühlsreaktion
4. Woche							Schießen
5. Woche							Blechdose mit Steinen
6. Woche							Spielzeugauto
7. Woche							Wecker
Optische Einflüsse	Kriterien: Fluchtdistanz + Zeit für Annäherung						Sinnes- und Gefühlsreaktion
4. Woche							Kinderspielzeug
5. Woche							Schuhkarton mit seitlichen Streifen
6. Woche							bunter, großer Ball
7. Woche							buntes, schwebendes Tuch
Alltägliche Einflüsse							+ = viel − = wenig a = Wohnung b = Verkehr c = Tiere
4. Woche							
5. Woche							
6. Woche							
7. Woche							
Bemerkung	1 = sicher; 2 = ruhig; 3 = interessiert; 4 = zutraulich; 5 = freudig; 6 = spielen; 7 = unerschrocken; 8 = unbeeindruckt; 9 = gleichgültig; 10 = aggressiv; 11 = kämpfen; 12 = unsicher; 13 = nervös; 14 = misstrauisch; 15 = schreckhaft; 16 = beeindruckt; 17 = winseln; 18 = klagen; 19 = passiv; 20 = ängstlich; 21 = unterwürfig; 22 = läuft weg						

Tabelle 11 Checkliste IV:
Triebreaktionen, Härte, Lernfähigkeit

Merkmale	1. Welpe	2. Welpe	3. Welpe	4. Welpe	5. Welpe	6. Welpe	Bemerkungen
Soziale Rangordnung	Knochentest: 1 Knochen für alle Welpen. Nach 2 Minuten den jeweils knochenbesitzenden Welpen vom Testort entfernen (Reihenfolge).						a = beim Füttern b = beim Spielen a = beim Knochentest (Reihenfolge nach je 2 Minuten)
4. Woche							
5. Woche							
6. Woche							
7. Woche							
Beutetrieb							B = Ball L = Lappen S = Stock
4. Woche							
5. Woche							
6. Woche							
7. Woche							
Aggressivität							a = Knochentest b = im Spiel c = bei Belastung (ab der 6. Woche)
4. Woche							
5. Woche							
6. Woche							
7. Woche							
Lernfähigkeit/Härte	Lernfähigkeit z. B. Anzahl der Wiederholungen für eine bestimmte Übung						Härte z. B. Zeit der Regeneration nach 5 Sekunden fester, lautloser + körperlicher Zurückweisung
4. Woche							
5. Woche							
6. Woche							
7. Woche							
Bemerkung	1 = sicher; 6 = spielen; 9 = gleichgültig; 10 = aggressiv; 11 = kämpfen; 12 = unsicher; 20 = ängstlich; 21 = unterwürfig; 22 = läuft weg; 23 = beißt; 24 = hält fest; 25 = trägt; 26 = verteidigt; 27 = knabbert; 28 = lässt los; 29 = standfest; 30 = friedlich; 31 = ausgeprägt; 32 = groß; 33 = mittel; 34 = gering; 35 = keine. Sonst wie Tab.12/13						

**Tabelle 12 Checkliste IV:
Bewertung der einzelnen Prägetests 4.–7. Woche**

Merkmale	1. Welpe	2. Welpe	3. Welpe	4. Welpe	5. Welpe	6. Welpe	Bem.	Nr.
Körpergewicht								1
Verhalten gegenüber Personen							a	2
							b	
Verhalten in fremd. Umgebung							a	3
							b	
Führigkeit							a	4
							b	
							c	
Reaktionstest + Aktivität							a	5
							b	
							c	
akustische Einflüsse							a	6
							b	
optische Einflüsse							a	7
							b	
alltägliche Einflüsse							a	8
							b	
							c	
soziale Rangordnung							a	9
							b	
							c	
Beutetrieb							a	10
							b	
							c	
Aggressivität							a	11
							b	
							c	
Lernfähigkeit Härte							a	12
							b	
Summe Einzelwerte								
Gesamtwerte								
Bemerkung	Die Zahl der 4.–7. Woche pro Test und Welpe addieren. Die Summe der einzelnen Tests und Welpen miteinander vergleichen. Minimalwert = Note 1. Maximalwert = Note 5. Zwischenwerte wie Biotonustest ermitteln.							

Die *wichtigsten* Grundmuster und deren Ausbildung sind für den echten, führigen Schutzhund folgende:

1. Der Kontakt zum Meutegenossen

Die zwei *gewichtigsten* Voraussetzungen für das Leben in der Meutegemeinschaft sind, dass der Schutzhund

a) die *innere* Bereitschaft für das Zusammenleben in Meuten besitzt.
b) das *allgemeine* Aussehen seiner Meutegenossen sicher kennt.

Die Bereitschaft, sich in eine Gemeinschaft einzuordnen, ist dem Schutzhund angeboren und wird vom Sozialtrieb gelenkt. Das allgemeine Aussehen seiner Artgenossen ist dem Schutzhund *nicht* angeboren und muss vom Welpen in den *ersten* Lebenswochen erst erlernt werden.

Dieses Bild des Artgenossen für den Aufbau einer *festen* Bindungsfähigkeit vermitteln dem Welpen *automatisch* die Mutter, die Geschwister und die Spielgefährten.

Die Grundlage für den Aufbau einer *nahen* Beziehung zum menschlichen Meutegenossen entsteht im Welpen nur, wenn er auf diese andersartigen Rudelmitglieder *gezielt* geprägt wird.

Dabei ist darauf zu achten, dass die Prägung *nicht* zu eng (Einmannhund oder allzu hundebezogener Hund) oder zu weit (Allerweltskerl oder allzu menschenbezogener Hund) erfolgt. Denn dadurch entsteht *immer* ein mangelhaft angepasster, emotional gestörter oder allzu friedfertiger Schutzhund.

Der *größte* Fehler aber ist, wenn der Welpe *keinen* oder zu *wenig körperlichen* Kontakt mit Menschen hat. Denn dadurch zeigt er sich *zeitlebens* gegenüber Menschen scheu und versucht bei *jeder* Gelegenheit sich den menschlichen Einwirkungen zu entziehen. Dies ist z. B. auch ein bisher viel zu wenig beachteter Grund, warum ein Schutzhund nicht beißt bzw. im Schutzdienst versagt. Das *richtige* Gleichgewicht zwischen der innerartigen Hund-Hund-Beziehung und der zwischenartigen Hund-Mensch-Beziehung entsteht, wenn der Welpe *gleich stark* an Hunde und Menschen als Meutegenossen gewöhnt wird.

Die in *jeder* Hinsicht *richtige* Gewöhnung an die Menschen bedingt, dass der Züchter *unbedingt* folgende vier Punkte beachtet:

1. Die Stimulationszeit für Berührungsreize von *täglich* 30 Minuten ist auch in der 4. bis 7. Woche (Prägungsphase) beizubehalten. Dabei sind die Berührungskontakte zwischen Züchter und Welpen zu ver-

stärken und auszuweiten, vor allem in der Beschäftigung mit der menschlichen Hand in der 4. und 5. Woche.
Die gleichzeitig *jeden* Tag stattfindende Körperpflege des Welpen (Kämmen und Bürsten) sollte am besten erfolgen
a) nach der Nahrungsaufnahme des Welpen.
b) unter beruhigenden Worten auf einer Kiste, einem Stuhl oder einem kleinen Tisch.
2. Der *tägliche* Berührungskontakt ist *unbedingt* auf *verschiedene* Personen *beiderlei* Geschlechts und *unterschiedlichen* Alters auszudehnen. Dabei sollte die meist über den Tag verteilte Berührungszeit von 30 Minuten pro Welpe auf 60 Minuten erhöht werden. Denn die Prägung des Welpen von *dem* Menschen (Züchter, Betreuer) auf *die* Menschen (allgemein) ist auf *jeden* Fall sicherzustellen.
3. Der Welpe sollte in der Prägungszeit *keine starken* Unannehmlichkeiten durch *verschiedene* Menschen oder eine *bestimmte* Menschengruppe, z. B. Kinder, erfahren. Denn dadurch kann der Hund *zeitlebens* eine gewisse aggressive oder depressive Furcht gegenüber den Menschen allgemein oder dem speziellen Personenkreis zeigen.
4. Der in der 7. Woche von der Mutterhündin eingeleitete Lösungsprozess sollte vom Züchter dahingehend unterstützt werden, dass er den Welpen ab der 6. Woche *schrittweise* von der Mutter und den Geschwistern entwöhnt und sich immer länger *allein* mit ihm beschäftigt.

2. Der Kontakt zur Außenwelt

Die zwei *wichtigsten* Voraussetzungen für die Zusammenarbeit mit dem menschlichen Meutegenossen sind, dass der Schutzhund

a) über eine *gute* Assoziations- und Kombinationsbegabung verfügt.
b) möglichst *keine* objektbezogene Furcht besitzt.

Der Wert dieser Komponenten der Lern- und Reaktionsfähigkeit des Schutzhundes ist *sehr stark* abhängig von Art und Umfang der Nervenverknüpfungen in der 4. bis 7. Lebenswoche. Diese Tatsache bedeutet allgemein, dass der Schutzhund später umso

a) *neugieriger* und *unternehmungslustiger* ist, je *mehr* die Umwelt den Welpen in der Prägungsphase *anregt*.
b) *interessenloser* und *scheuer* ist, je *mehr* die Umwelt den Welpen in der Prägungsphase *abstumpft*.

Die *entscheidenden* Maßnahmen für die *optimale* Anregung und Absicherung des Schutzhundes sind folgende:

1. Der Welpe ist *niemals* übermäßig beschützt aufzuziehen, sondern *stets* so zu halten, dass er
   a) *ausreichend* Kontakt zur Außenwelt hat, z. B. hundgerechter Auslauf von mind. 50 m^2, Garten, Wiese, Wald.
   b) sich mit den *technischen* Dingen der Menschenwelt vertraut machen kann, z. B. Auto, Rasenmäher, Staubsauger, Fernsehen.
   c) die *vielen* alltäglichen und nicht alltäglichen Tonbandgeräusche auch in der Umwelt hört, z. B. Schießen, Hupen, Pfeifen, Schreien.
   d) sich an *verschiedene* Witterungs- und Windverhältnisse gewöhnt, z. B. Nässe, Kälte, Hitze, Sturm.
2. Die Außenwelt des Welpen ist *niemals* nach irgendwelchen menschlichen Gesichtspunkten zu gestalten oder auszuwählen, sondern *stets* so, dass sie für das Tier *viele* Anregungen enthält. Dabei ist *vor allem* darauf zu achten, dass die Auslauffläche
   a) *verschiedene* Bodenstrukturen und Pflanzen aufweist, z. B. Sand, Kies, Holz, Beton, Gras, Sträucher, Bäume.
   b) mit *verschiedenen* Gegenständen ausgestattet ist, z. B. Treppe, Stein- oder Zementrohre, Holzstücke, Spielzeug, Stofffetzen.
   c) einen *abwechslungsreichen* Ausblick in die weitere Umgebung gestattet, z. B. freie Natur, Verkehrsflächen, bewohnte Gebiete.
   d) *nicht* von unerwünschten Personen oder Tieren erreicht werden kann.
3. Das innere Gefühl der Stärke des Welpen ist durch *viele positive* Erfahrungen zu wecken und zu fördern. Dabei sind die Belastungsgrade *stets* dem seelischen Gleichgewicht des Welpen anzupassen, vor allem in der sehr sensiblen 4. und 7. Woche. Daneben sind dem Welpen zur Geschmacksentwicklung die *verschiedensten* Futtersorten anzubieten, vor allem in der 3. Woche.
4. Die Furcht des Welpen vor bestimmten Gegebenheiten oder vor unversehens auftretenden optischen oder akustischen Eindrücken ist *systematisch* bis zur Gleichgültigkeit zu verringern. Dabei ist besonders darauf zu achten, dass der Welpe in der Furchtphase *nicht* bedauert, beruhigt, getröstet usw. wird, weil die positive Zuwendung die negativen Anlagen noch verstärken würde, d. h., die Furcht vor etwas wird gefördert.
5. Die Gewöhnung an die furchtauslösenden Umweltreize kann dadurch gefördert werden, dass der Welpe öfter diesen Reizen ausgesetzt wird. Dabei ist jede *positive* Reaktion *sofort* zu bestätigen,

während jede negative Verhaltensweise *konsequent* zu missachten ist.
6. Der Welpe sollte ab der 6. Woche *systematisch* die weitere Umwelt kennen lernen. Dabei zeigen seine Erstreaktionen in der neuen Umgebung deutlich den *momentanen* Stand seiner Anlagenentwicklung. Dadurch kann der Züchter den Welpen gezielter fördern und absichern.

3. Die Abwandlung des Beutetriebes

Das in *jeder* Hinsicht *erfolgreiche* Zusammenleben in der bereits vorgebildeten menschlichen Gemeinschaft bedingt neben einem *optimalen* Kontakt zum Meutegenossen und zur Außenwelt, dass der Schutzhund seine Triebanlagen *richtig* einsetzt.

Die nach Befriedigung und Entspannung drängenden Triebe dürfen *nicht* hemmungslos und unerwünscht wirken, sondern sind *stets* in *ausreichendem* Maße *umweltfreundlich* und *zielgerichtet* abzureagieren.

Der die Entwicklung des Schutzhundes am *stärksten* fördernde Trieb ist der in der 4. Lebenswoche *deutlich* erkennbare Beutetrieb. Diese Triebform ist ein Teil des Selbsterhaltungstriebes und mit dem Jagdtrieb nahe verwandt.

Der von Natur aus auf lebende Beuteobjekte ausgerichtete Trieb ist *von Anfang an* so abzuwandeln, dass er den Aufbau des Hundes zum *echten* Schutzhund *unterstützt* und *nicht* fehlleitet.

Die für den Aufbau eines *echten, führigen* Schutzhundes *wichtigste* Übung ist das „Beutefang- und Festhalte-Spiel". Denn diese Spielart fördert nicht nur den Beutetrieb, sondern auch das *innere* Gefühl der Stärke, die Unerschrockenheit und die *natürliche* Aggression des Schutzhundes.

Da die letzten Anlagen für den *echten, führigen* Schutzhund wichtiger sind als der Beutetrieb, sollten diese Elemente auch wirklich *mehr* gefördert werden als der Beutetrieb. Leider zeigt die Praxis sehr oft das umgekehrte Verhältnis.

Der *größte* Lernerfolg wird während der Spielstunden des Schutzhundes am *frühen* Vormittag und am *späten* Nachmittag erzielt. Dabei ist zu beachten, dass sich die Spielstunden analog des jahreszeitlichen Tag- und Nachtrhythmus verschieben. Sie liegen im Sommer *früher* am Vormittag und *später* am Nachmittag und im Winter *später* am Vormittag und *früher* am Nachmittag.

Das „Beutefang- und Festhalte-Spiel" selbst wird wie folgt durchgeführt:

a) *Spielregeln*

1. Die Spielobjekte sind mehrere helle und dunkle Jute- und Leinenstücke, Größe etwa 20 × 20 cm bis 20 × 40 cm, und zwei gefütterte, leicht abstreifbare Lederhandschuhe.
2. Die Stoffstücke sind *öfter* zu wechseln und in ständig, leicht *zappelnder* Bewegung so vor den Welpen hin und her oder weg zu bewegen, dass er sie *nur* durch *Aktivität* bekommt.
3. Die Spielintensität ist *stets* der Triebstärke und dem momentanen geistigen, seelischen und körperlichen Zustand des Welpen anzupassen.
4. Das Kämpfen um die Beute ist *sofort* durch Loben und Beutemachen zu bestätigen, insbesondere, wenn der Welpe sich das Beuteobjekt durch *intensives* Ziehen, Rucken oder Schütteln aneignen will.
5. Das Beutespiel ist in Abwesenheit der Mutter und Geschwister *zielgerichtet* durchzuführen und muss für den Welpen *stets* lustbringend und erfolgreich sein, *niemals* frustrierend.

b) *Spielablauf*
Teil I: Erkämpfen einer *zappelnden* Beute

1. Der Welpe wird *anfangs* durch allgemeines Spielen lustvoll erregt. Dann wird das kleine Stoffstück *mehrmals* vor dem Welpen *ruckartig* hin und her oder weg bewegt, bis er sich *aktiv* dafür interessiert.
2. Der Welpe erhält erst dann die Gelegenheit, das ständig leicht zappelnde Beuteobjekt zu fassen, wenn sein Beutetrieb *optimal* erregt ist.
3. Die Triebstimmung des Welpen ist *nicht* ausreichend, wenn er *nur* passiv das Beuteobjekt beobachtet oder *nur* Ansätze zum Fangen der Beute zeigt.
4. Der Welpe erhält bei *niedrigem* Triebpotenzial *nicht* das Beutestück, sondern erst dann, wenn durch *äußere* Maßnahmen wie Außenreizverstärkung und/oder Beutewechsel sein Beutedrang *deutlich* angestiegen ist.
5. Der Welpe hat mangelhaften Beutetrieb oder das Beutespiel ist fehlerhaft, wenn es *nicht* nach zwei bis drei Wiederholungen gelingt, den Beutetrieb des Welpen *wunschgemäß* zu reizen.
6. Der Misserfolg beim Beutespiel ist *sofort* zu untersuchen und durch entsprechende Maßnahmen zu beseitigen, sonst entstehen Fehlverknüpfungen.

7. Die Beute ist dem Welpen nach dem Fassen und Festhalten *nicht* sofort zu überlassen, sondern erst nach einem durch Lob unterstützten *spürbaren* Ziehen, Rucken oder Schütteln der Beute.
8. Der Widerstand bei dieser Art „Tauziehen" ist *stets* so zu dosieren, dass der Welpe *immer* das Gefühl hat, der Stärkere zu sein.
9. Das Siegesgefühl und das „Stärkegefühl" des Welpen wird am *meisten* gefördert, wenn der Züchter seinen Widerstand mit *steigender* Aktivität des Welpen abbaut und sich die Beute *langsam* aus der Hand ziehen lässt.
10. Der Züchter sollte eine besonders *starke* Aktivität des Welpen dadurch belohnen, dass er seine „Niederlage" durch *dosiertes* Nachgeben des Armes und des Oberkörpers bis zur Liegestellung auch körperlich zeigt.
11. Der Welpe wird ausgiebig gelobt, wenn er das erkämpfte Jute- oder Leinenstück weiter festhält und es stolz herumträgt oder sogar schüttelt.
12. Dieser vorgenannte Spielteil wird so lange mit *individuell* steigender Intensität gespielt, bis der Welpe ihn *sicher* beherrscht.

Teil II: Erkämpfen einer *fliehenden* Beute

13. Der Züchter aktiviert den Beutetrieb des Welpen, läuft weg und zieht das *große* Jute- oder Leinenstück in *schüttelnden* Bewegungen hinter sich her.
14. Das Tempo des fliehenden Züchters darf weder zu langsam noch zu schnell sein, sondern hat *immer* geringfügig unter dem Laufvermögen des Welpen zu liegen.
15. Der Welpe ist anfangs *sofort* durch Beutemachen und später durch *schrittweisen* Tempoabbau und Beutemachen zu bestätigen, wenn er nach dem Anbiss die Beute *beharrlich* festhält.
16. Dem Welpen ist die Beute nach dem Anbiss seinem Wesen entsprechend *streitig* zu machen, wenn er das Stellen der fliehenden Beute *sicher* beherrscht.
17. Der fliehende Züchter dreht sich nach dem Anbiss zum Welpen, geht in die Hocke oder auf die Knie und achtet darauf, dass der Welpe die Beute voll und fest im Fang hält. Dann macht er dem Welpen durch dosiertes Anpusten und Anknurren die Beute streitig.
18. Der Züchter reagiert sofort entsprechend den Punkten 9 und 10, wenn der Welpe in verstärkter Form weiterkämpft und dabei sogar richtig „wütend" wird. Dann wird mit steigendem „Siegeswillen" des Welpen auch der Streit um die Beute verstärkt, z. B. durch

Schlagen auf den Boden, Schlagen auf die Beute, durch Anschreien usw.
19. Der Einsatz des Züchters ist jedoch fehlerhaft, wenn der Welpe sich im Zweikampf einschüchtern lässt und aufgibt. In der Regel entspricht dann die Aktivität des Züchters *nicht* der Triebhöhe oder der Unerschrockenheit des Welpen.
20. Die Kanalisierung des Beutetriebes ist richtig, wenn der Welpe die Beute gegenüber einem Rivalen verteidigt und nach dem Erhalt schüttelt, bewacht usw.

Der *wahre* Erfolg wird sich bei dem „Beutefang- und Festhalte-Spiel" wie bei *allen* Spielen mit dem Hund *nur* einstellen, wenn der Meutegenosse Mensch dieses Spiel ebenso *ehrlich* spielt wie der Welpe. Dies bedeutet, dass der Züchter

– mit „Leib *und* Seele" spielen sollte und *nicht* nur seelenlose äußere Handlungen vollzieht.
– sich *voll* auf den Welpen konzentrieren sollte und ihn *wirklich* fördern will.
– das Spiel spannend, lustig und gleichzeitig *fordernd* gestalten sollte.
– das Spiel *sofort* nach Erreichung des Spielziels beenden sollte.

4. Die Reaktion auf Belastung

Die *entscheidende* Voraussetzung für einen *wirklich echten* Schutzhund ist, dass er die *gegnerischen* Belastungen *richtig* abbauen lernt.

Diese Belastungen, die *immer* Stress verursachen, lösen beim Schutzhund wie bei *allen* Lebewesen *stets* eine der zwei Grundreaktionen aus: Abwehr oder Flucht.

Belastung = Stress = **Abwehr** oder **Flucht**

Die *primäre* Schutzreaktion auf eine bedrohliche Gefahr ist die Flucht, vor allem beim Welpen und Junghund. Diese bei *jedem* Hund *andersartig* ausgeprägte Ausdrucksform des Selbsterhaltungstriebes ist beim *echten* Schutzhund unerwünscht. Deshalb sollte der Schutzhund *zuerst* lernen, die Bedrohung durch einen Konkurrenten oder Feind *ausschließlich* mit Abwehr zu beantworten.

Die Grundlage der Auseinandersetzung mit einem Gegner ist die Aggression. Diese sollte beim Schutzhund in einer Mindesthöhe vorhanden sein und kann sich z. B. richten gegen die Beute (Beuteaggression), den Konkurrenten (soziale Aggression) oder den Feind (Schärfe). Die *rein* auf die Beute gerichtete Aggression, *nicht* der Beutetrieb, ist beim *echten* Schutzhund in *keiner* Weise erwünscht. Deshalb sollte er als *Zweites* lernen, seinen Stress am Verursacher der Belastung (Konkurrent oder Feind) abzureagieren.

Diese zwei *grundlegenden* Erfahrungen sind dem Schutzhund möglichst schon in der Prägungsphase zu vermitteln, weil diese

a) sich in der 4. bis 7. Woche *unwiderruflich* in sein Gehirn einprägen.
b) bei tierpsychologisch *richtiger* Haltung, Formung und Führung des Schutzhundes *zeitlebens* wirken.
c) den Aufbau zum *echten, führigen* Schutzhund *ungemein* erleichtern.
d) später oft nur mit *bedingtem* Erfolg nachgeholt werden können.

Die wichtigsten Maßnahmen zum Erlernen von Stressabbau durch gezielte Abwehr = *richtiges* Verhalten bei Belastung sind folgende:

1. Der Züchter sollte nur mit kopf- oder führhundveranlagten Hündinnen züchten, die *optimal* geprägt und *vorzüglich* aufgebaut sind sowie ein bestimmtes Maß an *innerer* Sicherheit und *sozialer* Aggression besitzen. Dabei sind besonders jene Hündinnen von *unschätzbarem* Wert, die dem Welpen die erwünschte Grundreaktion auf Belastung
   – als Vorbild im Rahmen des „Beobachtungslernens" (natürliches Lernen) vermitteln.
   Hierbei gilt: Je mehr die Mutterhündin dem Welpen die „Abwehr von Belastungen" zeigt, desto besser prägt der Welpe sich diese Verhaltensweise durch „Beobachten und Nachahmen" ein.
   – durch gezielte Forderungen im Rahmen der „Selbstverteidigung" (Stressabbau durch Abwehr) lehren.
   Hierbei gilt: Je mehr die Mutterhündin einen Welpen „traktiert", desto ausgeprägter sind seine ererbten Fluchtelemente wie Aufgeben, Ausweichen, Meiden, Weglaufen usw.
2. Der Züchter sollte die für menschliche Begriffe *scheinbar* harten Aktionen der Mutterhündin *niemals* in irgendeiner Form unterbinden, auch wenn die Welpen noch so schreien. Denn dadurch beraubt der Züchter sich nicht nur einer *natürlichen* Unterstützung bei der Aufzucht von *echten* Schutzhunden, sondern schafft obendrein noch Problemhunde. Die Sentimentalität ist bei der Zucht von *echten, führigen* Schutzhunden *völlig* fehl am Platz, weil eine *übermäßige* Bemutterung oder Verwöhnung seitens der Hündin

oder des Züchters *stets* abhängige, belastungsschwache und unterwürfige Tiere zur Folge hat.

Hierbei gilt: Je mehr ein Welpe verwöhnt wird, desto ungeeigneter wird er für die Aufgabe eines echten, führigen Schutzhundes.

3. Der Züchter sollte den Stärkegrad der Sozialtriebelemente eines jeden Welpen *genau* erforschen, indem er z. B. den Welpen in der Auslauffläche täglich mehrere Fleischknochen gibt. Dabei sollte *anfangs* der Welpenzahl entsprechend ein Knochen weniger gereicht werden.
4. Der Züchter sollte die Kampftriebelemente der Welpen *gezielt* wecken und fördern, indem er z. B. das „Beutefang- und Festhalte-Spiel" *täglich* mit zwei Welpen spielt. Dabei sollten *anfangs* stets *gleichgeschlechtliche* und trieblich *unterschiedlich* veranlagte Welpen zum Tauziehen mit dem Beutestück ausgewählt werden.
5. Der Züchter sollte den einzelnen Welpen mit wachsendem Sozialtrieb *wiederholt* das Jute- oder Leinenstück streitig machen und die Endhandlung des Beuteverhaltens verhindern. Dabei sollte er den Kampf so führen, dass der Welpe sich *gezielt* zur Wehr setzt und *immer* einen persönlichen Erfolg erringt.
6. Der Züchter sollte in der 6. bis 8. Woche die *bestveranlagten* Welpen von einer *qualifizierten* Fremdperson mit der geschützten Hand so lange *gezielt* ärgern und am Ausweichen hindern lassen, bis sie wie bei der Mutterhündin reagieren. Dabei sollte die Fremdperson nach der Wunschreaktion *sofort* starkes Meideverhalten zeigen und sich den einzelnen Welpen als klarer Verlierer präsentieren.

Bei der Förderung der Welpen im Bereich „Kontakt zur Außenwelt" (Punkt 2.6) sind die Erstreaktionen der Tiere für die Anlagenbeurteilung am informativsten.

Abb. 5: Die in den Abbildungen 5 bis 8 dargestellten 6 Wochen alten Welpen zeigen beim ersten großen Hindernis im Wald unter anderem drei klare Verhaltensunterschiede.

Abb. 6: Der schwarze Welpe bleibt in der Stresssituation ruhig und bewältigt gezielt den glatten Baumstamm = Stressabbau durch Überwindung.

Abb. 7: Der hellgraue Welpe wird in der Stresssituation nervös und kriecht nach einigen Überwindungsversuchen unter dem Stamm durch = Stressabbau durch Ausweichen.

Abb. 8: der dunkelgraue Welpe bleibt in der Stresssituation freudig-interessiert und klettert nach kurzer Zeit gezielt über den niedriger liegenden, noch berindeten Teil des Baumes = Stressabbau durch Intelligenz.

Abb. 9

Abb. 10

Die Abbildungen 9 bis 14 zeigen beispielhaft die unterschiedlichen „Reaktionen auf Belastung" (Punkt 4.6 der Prägung). Die von der Mutterhündin nicht trainierten drei Welpen der Abbildungen 5–8 werden im Alter von 9 Wochen durch eine qualifizierte Fremdperson einer gleich bleibenden sozialen Belastung ausgesetzt. Dabei werden die Verhaltensweisen des Umwelttests bestätigt.

Abb. 9 und 10: Der schwarze Welpe wehrt nach einiger Zeit die Belastung durch einen gezielten Biss in den Handschuh ab = Stressabbau durch direkte Abwehr.

Abb. 11 und 12: Der im Alter von 6 Wochen hellgraue Welpe weicht auch nach längerer Zeit den Handbelastungen geschickt aus = Stressabbau durch Meiden.

Abb. 13 und 14: Der dunkelgraue Welpe bewältigt nach einiger Zeit die Belastung durch ein Angriffsgehabe = Stressabbau durch Getue.

V. Der Verkauf der Welpen (8. Woche)

Der von der Mutterhündin und vom Züchter *bestens* auf die Sozialisierungsphase vorbereitete Welpe wird *allgemein* in der 8. Woche verkauft.

Diese Abgabe des Welpen sollte in erster Linie *nicht nach wirtschaftlichen Gesichtspunkten erfolgen, sondern stets* nach den *charakterlichen* Merkmalen von Mensch und Hund. Denn *alle* Bemühungen des Züchters sind letztlich vergebens, wenn der Welpe von seinen Anlagen her *nicht* zum künftigen Hundeführer passt oder dem Hundeführer die *richtige* Einstellung zum Hund fehlt. Dieser Tatsache sollte sich der Züchter *immer* bewusst sein, wenn er seine *gut* geprägten Welpen abgibt.

Damit nun *jeder* Welpe zum *richtigen* Hundeführer kommt, sollte der Züchter folgende Erkenntnisse beachten:

1. Der Verkauf eines Welpen sollte *stets* durch ein *ausführliches* Verkaufsgespräch vorbereitet und mit einem *eindeutigen* Kaufvertrag besiegelt werden. Dabei sollten Züchter und Käufer ihre Vorstellungen, Wünsche, Erwartungen und Gegebenheiten *offen* und *lückenlos* äußern, damit spätere Unstimmigkeiten und Enttäuschungen vermieden werden.
2. Das Verkaufsgespräch sollte *in erster Linie* dazu dienen, dass der Züchter
   a) den Käufer *umfassend* über die Hunde und deren Eigenschaften informiert.
   b) dem Käufer *ausreichend* Gelegenheit gibt, die Zuchtstätte zu besichtigen und die Welpen zu begutachten.
   c) die Verhältnisse, die geistige Einstellung, die Fachkenntnisse und die Führeigenschaften des Käufers sowie die spätere Verwendungsart des Hundes *genau* klärt.
   d) den *vorzüglich* geprägten Welpen an den *geeignetsten* Hundeführer abgibt.
3. Der Welpe sollte *niemals* an einen Interessenten verkauft werden, der *offensichtlich* bei seinen Ausführungen lügt, übertreibt oder den Welpen *stark* unter Wert erhalten will. Denn für diese Art Käufer ist der Welpe meist nur eine „Sache", die nach *rein* wirtschaftlichen Gesichtspunkten beurteilt wird.
4. Der leistungsorientierte Hundeführer sollte *stets* dem andersartig interessierten Käufer vorgezogen werden, weil der *echte* Schutzhund

a) ein Gebrauchshund ist und *kein* Spielgefährte, Seelentröster, Repräsentationsstück usw.
b) seinen *endgültigen* Wert erst bei der Arbeit zeigt.
c) als „Nichtstuer" *leicht* zu einer Gefahr für den Menschen werden kann.

5. Die Abgabe eines Welpen an einen so genannten „Spitzenleistungsmann" ist nur sinnvoll, wenn der Welpe *überdurchschnittlich* veranlagt ist und *wenig* gefördert werden muss. Denn das Spezialgebiet dieser oft *einseitig* arbeitenden Hundeführer ist in der Regel *nicht* der Aufbau, sondern die Dressur des Hundes.
6. Der Kaufvertrag sollte neben der sehr *genauen* Bezeichnung des Hundes und des Kaufpreises auch *alle* zusätzlichen Kaufvereinbarungen zwischen Züchter und Käufer enthalten. Dabei ist die Einschränkung der nach der Bezahlung des Welpen auf den Käufer übergehenden Verfügungsmacht über den Hund nichtig. Denn verkauft ist verkauft!
7. Der Züchter sollte den züchterisch wertvollen Welpen *nicht* verkaufen, sondern bis zur *endgültigen* Klärung seiner Zuchtverwendung in seinem Eigentum belassen. Dabei hat er die Möglichkeit, den Welpen selbst oder von einer Fremdperson aufziehen zu lassen oder den Käufer als Miteigentümer in die Ahnentafel einzutragen.
8. Die Abgabe des Welpen zur Aufzucht oder zu Miteigentum an eine Fremdperson oder Käufer sollte vertraglich *genau* geregelt werden. Dabei sollte *unbedingt* ein Besitzer ausgesucht werden, der den Welpen nicht nut gut hält, pflegt und füttert, sondern *vor allem* tierpsychologisch *richtig* behandelt und aufbaut.
9. Der Aufzuchtvertrag sollte zeitlich begrenzt sein, die Pflichten wie Haltung, Fütterung, ärztliche Betreuung, Haftung usw. sowie die Kostenaufteilung *genau* regeln, klare Anweisungen für den Aufbau des Welpen enthalten, dem Züchter ein *regelmäßiges* Kontrollrecht einräumen und die Konsequenzen bei Nichteinhaltung des Vertrages oder beim Tod des Hundes festlegen.
10. Der Miteigentumsvertrag am *billiger* verkauften Welpen sollte wie der Aufzuchtvertrag gestaltet sein, jedoch mit einer dem Eigentumsrecht angepassten Regelung.

_____, den _____

KAUFVERTRAG

Herr/Frau* _____ in _____
kauft von _____ in _____
einen Schutz- und Gebrauchshund als Welpe/Junghund/Hund*
zu dem vereinbarten Preis von Deutscher Mark: _____
in Worten: _____ Deutsche Mark
zur Probe auf _____ Tage, unwiderruflich, zu folgenden Bedingungen*:

Name: _____ Wurftag: _____
Haarart/Farbe: _____ ZB: _____ Ausb.-Kennz.: _____
Der Hund (Rüde/Hündin*) gehört der Rasse _____ an
und ist eingetragen im Zuchtbuch für _____
unter der Nr. _____ Tätowier-Nr. _____ „a"-zuerk. _____
angekört in Körklasse: _____ für die Zeit von: _____
Der Hund wird gekauft zu Zwecken der Ausstellung, der Zucht, der Leistung als Schutzhund, Begleithund, Familienhund, Wachhund, Blindenhund, Hütehund, Rettungshund.

Der Verkäufer versichert, daß ihm irgendwelche offensichtlichen oder verborgenen Mängel oder Krankheiten des Hundes bekannt/nicht bekannt* sind.
Mängel/Krankheiten*: _____
Der Hund ist geimpft oder behandelt gegen Hepatitis, Leptospirose, Staupe, Tollwut, Wurmbefall, Parasiten*.
Der Hund wurde einer Wesensbeurteilung unterzogen: ja/nein*.
Außer für Gesundheit, Rasse-Echtheit und die Richtigkeit der Angaben in der Ahnentafel wie der im Zuchtbuch erfolgten Eintragungen* wird

a) vom Verkäufer keine weitere Gewähr übernommen*;
b) vom Verkäufer zum Zeitpunkt des Verkaufs die vollständige Fehlerfreiheit des Hundes nach seiner Beschaffenheit und seinem Benehmen gewährleistet*;
c) vom Verkäufer zum Zeitpunkt des Verkaufs für folgende Eigenschaften die Gewähr übernommen: z. B. Veranlagung oder Tauglichkeit zu dem vom Käufer gewünschten Gebrauch, kinder- und geflügelfromm, wachsam, scharf, schußfest, wesenssicher, verkehrssicher, stubenrein, leinenführig, fahrfest, abgerichtet und Sonstiges*.

Die Probefrist beginnt mit der Übernahme bzw. mit dem Eintreffen des Hundes beim Käufer.
Der Kaufpreis wird bezahlt in bar/durch Hinterlegung beim _____
_____ / in Raten von _____ DM*.
Der Käufer bescheinigt, sämtliche wichtigen Unterlagen und Prüfungsergebnisse über den Hund empfangen, den Hund selbst besichtigt, alle seine Wünsche dem Verkäufer mitgeteilt und den Hund geprüft als auch für ihn passend richtig befunden zu haben. Der Käufer verzichtet darauf, später Ansprüche geltend zu machen, die sich auf Gebäude- oder Wesensentwicklung des Tieres oder auf evtl. auftretende Krankheiten oder Mängel (erworben wie auch erbgebunden) gründen.

_____   _____
(Verkäufer)   (Käufer)
* = Nichtzutreffendes streichen

B:
Der Hundeführer

Die *wichtigste* Aufgabe *jeder* verantwortungsbewussten und vernünftigen Hundeführertätigkeit besteht *allgemein* darin, den vom Züchter übernommenen Welpen *von Anfang an* lern- und tierpsychologisch *richtig* zu formen und zu führen.

Diese Tatsache bedeutet für den Führer eines Schutzhundes, dass er die Schutzhundanlagen dieses Hundetyps *optimal* weckt, fördert und ausbaut und sie z. B. *nicht* durch Vermenschlichung, Versachlichung, Versklavung, Perfektionierung oder Verwilderung fehlleitet, unterdrückt oder ruiniert.

Das Ziel dieser *erfolgsorientierten* Hundeführertätigkeit ist ein triebstarker, sicherer, arbeitsfreudiger und unbestechlicher Schutzhund, der dem Hundeführer in *allen* Situationen *sofort, willig* und *vollendet* gehorcht.

Die Qualität der Leistungen und Verhaltensweisen des Schutzhundes wird in *erster Linie* von folgenden Voraussetzungen bestimmt:

I. Die Eigenschaften des Hundeführers

Der *ideale* Hundeführer, den der Schutzhund *uneingeschränkt* liebt, respektiert und dem er gehorcht, unterscheidet sich von den *vielen* anderen Hundeführertypen besonders darin, dass er die *meisten* positiven Charaktermerkmale besitzt. Denn der *wahre* Leistungserfolg ist im Wesentlichen davon abhängig, dass der Hundeführer

1. gegenüber *allen* Angelegenheiten der Leistung aufgeschlossen ist und auch die verschiedenen Gesichtspunkte der Zucht zur Kenntnis nimmt (Aufgeschlossenheit).
2. auf seinem Gebiet ein *wirklicher* Fachmann ist (geistige Reife) und ein *genaues* Bild von seinem Aufgabenbereich besitzt (Vorstellungsvermögen).
3. seine Tätigkeit sicher beherrscht (Sicherheit), einen *nüchternen* Sinn für die *tatsächlichen* Verhältnisse besitzt (Realismus) und sein Wissen auf dem Gebiet der Leistung ständig erweitert und verbessert (Wissen).

4. seine Stärken und Schwächen (Selbsterkenntnis) und die Anlagen des Hundes (Beobachtungsgabe) *genau* erkennt und zwischen richtigem und falschem Verhalten *eindeutig* unterscheiden kann (Unterscheidungsgabe).
5. den Schutzhund aktiv (Aktivität), begeistert (Begeisterungsfähigkeit), geduldig (Geduld) und folgerichtig (Konsequenz) aufbaut und das Endziel entschlossen (Entschlossenheit) und drangvoll (Ehrgeiz) anstrebt.
6. sich auf seine Arbeit konzentriert (Aufmerksamkeit), diese *objektiv* auswertet (Denkfähigkeit) und die entsprechenden Schlussfolgerungen zieht (Schlussfolgerungen ziehen).
7. sich seiner Verantwortung gegenüber dem Schutzhund *voll* bewusst ist (Verantwortung), das Tier verständnisvoll behandelt (Einfühlungsvermögen) und sich *stets* in der Gewalt hat (Beherrschtheit).
8. auf die Aktionen und Reaktionen des Schutzhundes *sofort* (Reaktionsvermögen) und eindrucksvoll (Festigkeit) reagiert.
9. dem Schutzhund ein autoritäres Vorbild ist (Autorität), sich ihm gegenüber Geltung verschafft (Durchsetzungsvermögen) und ihn willensstark führt (Willensstärke).
10. mit dem Schutzhund regelmäßig (Regelmäßigkeit) und beständig (Ausdauer) arbeitet und die Hörzeichen im richtigen Tonfall gibt (richtiger Tonfall).

II. Der Kauf des Welpen

Der Ursprung *vieler* Probleme im Umgang mit dem Schutzhund liegt darin, dass der Hundeführer den *verkehrten* Welpen wählt. Diese *falsche* Entscheidung kommt in der Regel dadurch zu Stande, dass das „Kindchenschema" des Welpen den *klaren* Verstand des Käufers vorübergehend unterdrückt. Das aber darf bei der Auswahl eines *echten* Schutzhundes *niemals* passieren. Denn gerade bei diesem Hundetyp können sich sentimentale Anwandlungen und irgendwelche momentanen Gefühlsausbrüche später sehr *verheerend* auswirken.

Der Kauf eines *echten* Schutzhundes sollte *stets* nach kühler, gründlicher und sachlicher Erwägung erfolgen. Dabei sind die Zielsetzung und der Charakter des Hundeführers die *wichtigsten* Grundlagen.

Der *oberste* Grundsatz und gleichzeitig der „rote Faden" bei der *allgemeinen* tierpsychologisch *richtigen* Behandlung und Führung des Hundes ist beim Schutzhund ganz *besonders* zu beachten.

Zuerst denken und dann handeln!

Dieser Leitsatz, dessen Wirksamkeit in erster Linie von dem Grad der Objektivität, Klarsicht, Konsequenz und Ernsthaftigkeit des Hundeführers abhängt, bedeutet für den Kauf des Welpen Folgendes:

1. Die Haltungsbedingungen

Die Grundvoraussetzung für den *verantwortungsbewussten* Erwerb eines Welpen ist, dass der Käufer *sorgfältig* die Haltungsbedingungen klärt.

Diese Vorplanung ist zur Vermeidung späterer Unannehmlichkeiten unbedingt aufgeschlossen und realistisch durchzuführen. Dabei sollten vor allem folgende Fragen in *jeder* Hinsicht *objektiv* beantwortet werden:

1. Wofür soll der Schutzhund verwendet werden?
   a) Schutzhund
   b) Sporthund
   c) Wachhund
   d) Zuchthund
   e) Studienobjekt
   f) Spielgefährte für die Familie
   g) Trost in der Einsamkeit
   h) Repräsentationszweck
2. Welche Einwände haben die Mitmenschen gegen die Haltung eines Schutzhundes?
   a) Familie
   b) Nachbarn
   c) Vermieter
   d) Mitmieter
   e) sonstige Personen
3. Wo soll der Schutzhund überwiegend gehalten werden?
   a) in der Wohnung
   b) im Zwinger
   c) frei auf dem Grundstück
4. Werden die Anforderungen des Tierschutzgesetzes und/oder sonstiger Hundehaltungsvorschriften erfüllt?
   a) ja
   b) bedingt
   c) nein
5. Wie hoch sind die Anschaffungskosten?
   a) gut veranlagter Welpe
   b) Zwinger/Hundehütte usw.

c) Haltungs-, Futter- und Pflegeutensilien
   d) Ausbildungsmaterial
   e) Hundeführerkleidung
   f) Sonstiges
6. Wie hoch sind die laufenden Kosten der Hundehaltung?
   a) Haftpflichtversicherung
   b) Hundesteuer
   c) Mitgliedschaft im Verband/Verein
   d) Futter, Pflege usw.
   e) Arzt, Medikamente usw.
   f) Sonstiges
7. Wie groß ist die tägliche zur Verfügung stehende Zeit für den Schutzhund?
   a) mehr als 3 Stunden
   b) 3 Stunden
   c) 2 Stunden
   d) 1 Stunde
   e) weniger als 1 Stunde
8. Wie umfangreich ist das Fachwissen des Hundeführers?
   a) Auswahl
   b) Aufzucht
   c) Aufbau
   d) Ausbildung
   e) Führung
   f) Haltung
   g) Fütterung
   h) Pflege
   i) Anatomie
9. Welche Eigenschaften eines idealen Hundeführers sind vorhanden?
   a) beim Hundeführer
   b) beim Ehegatten
   c) sonstigen Familienangehörigen
10. Welche Schutzhundrasse entspricht am meisten den Wünschen und der Umwelt des Hundeführers?
    a) Deutscher Schäferhund
    b) Deutscher Boxer
    c) Rottweiler
    d) Dobermann
    e) Riesenschnauzer
    f) Airedale-Terrier
    g) Hovawart

    h) Bouvier des Flandres
    i) keine spezielle
11. Welches Geschlecht soll erworben werden?
    a) Rüde
    b) Hündin
12. Welcher Hundetyp passt am besten zum Charakter des Hundeführers?
    a) temperamentsmäßig gleich gelagerter Schutzhund
       = Resonanzhund
    b) temperamentsmäßig entgegengesetzt gelagerter Schutzhund
       = Komplementärhund
13. Von wem soll der Schutzhund gekauft werden?
    a) Leistungszüchter
    b) Schönheitszüchter
    c) sonstige Personen
    d) Tierheim
    e) Sonstige
14. Welche zusätzlichen Leistungen soll der Verkäufer erbringen?
    a) Schutzimpfungen gegen
       Hepatitis
       Leptospirose
       Staupe
       Parvovirus
       Tollwut
    b) Entwurmung
    c) Gewöhnung an das Autofahren
    d) Gewöhnung an die Leine
15. Welcher anerkannte Fachmann auf dem Gebiet der Leistung steht im Bedarfsfall mit Rat und Tat zur Verfügung?
    Name, Adresse, Telefonnummer...

Dem Erwerb des *echten* Schutzhundes steht allgemein *nichts* entgegen, wenn die einzelnen Fragen überwiegend *positiv* beantwortet werden.

Beispiel:
1 = a–d; 2 = keine; 3 = a; 4 = a; 5 + 6 = bezahlbar; 7 = a–c; 8 = c–e optimal; 9 = a alle; 10–12 = individuell; 13 = a; 14 = individuell; 15 = vorhanden.

Dagegen sollte auf den Kauf eines *echten* Schutzhundes verzichtet werden, wenn die Mehrzahl der Antworten *negativ* ist.

Beispiel:
1 = f–h; 2 = viele; 3 = d; 4 = c; 5 + 6 = zu hoch; 7 = d + 4; 8 = c–e wenig; 9 = a wenige; 10–12 = individuell; 13 = d–f; 14 = individuell; 15 = nicht vorhanden.

2. Die Auswahl

Das *Wichtigste* beim *verantwortungsbewussten* Erwerb eines Welpen ist die Auswahl. Dabei sollte der künftige Hundeführer wie beim Kauf eines Autos das Äußere (Gebäude), das Innere (Wesen), die diversen Extras (spezielle Anlagen) und das Preis-Waren-Verhältnis *sorgfältig* prüfen. Denn der Erwerb eines Hundes unterliegt allgemein denselben wirtschaftlichen Regeln wie der Kauf *jeder* anderen Ware. Dies gilt vor allem für das Prinzip von Angebot und Nachfrage. Das heißt:

Der Züchter braucht *keine* Zeit und Energie für Zuchtplanung, Auslese, Prägung und gezielten Verkauf der Welpen zu opfern, solange die Hundeführer ihm *jede* Art von Welpen *kritiklos* abkaufen.

Dagegen muss der Züchter einen *optimal* veranlagten und geprägten Welpen anbieten, wenn die Hundeführer die Schutzhunde *ausschließlich* nach *sachlichen* Gesichtspunkten auswählen.

Da *jede* Fehlentscheidung beim Welpenkauf *stets* für den Käufer von Nachteil ist, sollten bei der Auswahl des *echten* Schutzhundes *unbedingt* folgende Punkte beachtet werden:

1. Die Wahrscheinlichkeit, einen Welpen mit *überdurchschnittlichen* Schutzanlagen zu erwerben, ist bei *jenen* Züchtern von Schutzhunden am größten, die bei den Zuchttieren noch *großen* Wert auf *ausgeprägte* Schutzhundeigenschaften legen = Leistungszüchter. Dabei sollte die Zuchthündin als *wichtigster* Vererber möglichst
   a) *alle hohen* Prüfungsstufen der bestehenden nationalen und internationalen Prüfungsordnung besitzen.
   b) *jede* Prüfung in einem *anderen* Verein und unter einem *anderen* Richter abgelegt haben.
   c) *konstant hohe* Leistungen im Schutzdienst erbringen.
   d) *keine* abhängigen, belastungsschwachen und unterwürfigen Verhaltensweisen im Allgemeinen und gegenüber Fremdpersonen im Besonderen zeigen.
2. Die *notwendigen* Informationen über die Leistungen der Zuchttiere erhält der Hundeführer im Wesentlichen dadurch, dass er die
   a) vom Verband herausgegebenen Decknachrichten und die speziellen Leistungsmitteilungen liest.

b) Besitzer von leistungsstarken Deckrüden nach gedeckten leistungsstarken Hündinnen befragt.
c) Ahnentafeln und Leistungsbewertungen der Zuchttiere studiert.
d) Zuchttiere und deren früheren Nachkommen im täglichen Umgang und bei der Arbeit beobachtet.
3. Die Kaufabsicht sollte dem erwählten Züchter *rechtzeitig* mitgeteilt und mit ihm *klar* abgestimmt werden. Dabei sollte eine *allgemeine* Betrachtung der Hunde und Begehung der Zuchtstätte vereinbart werden. Lehnt der Züchter eine Besichtigung und Begutachtung der Welpen und deren Umwelt ab, ist *sofort* die Kaufabsicht aufzugeben, gleichgültig, welche Position der Züchter beruflich oder als Funktionär bekleidet. Denn ein *wirklich guter* Züchter hat *nichts* zu verbergen.
4. Die *allgemeine* Besichtigung der Welpen und deren Umwelt sollte *innerhalb* ihrer ständigen Aufenthaltsräume und in *Anwesenheit* der Mutterhündin und des Züchters erfolgen. Dabei sollte *besonders* auf folgende Gegebenheiten geachtet werden:
   a) Gesundheits-, Futter- und Pflegezustand der Welpen und der Hündin.
   Negative Merkmale: z. B. Husten, Ausfluss aus Augen und Nase, aufgedunsener Bauch, krumme und dünne oder angeschwollene Pfoten, stumpfes und hartes oder dünnes Fell, trüber Blick, tief hängende und wunde Zitzen, abgemagerter Körper.
   b) Verhalten und Gebäude der Welpen.
   Negative Merkmale: z. B. deutlich nervös, ängstlich, faul, nachgiebig, demütig, größer oder kleiner als die Geschwister.
   c) Verhalten der Mutterhündin gegenüber den Welpen.
   Negative Merkmale: z. B. aggressiv, befangen, gleichgültig, nachgiebig, nervös.
   d) Verhalten der Hunde gegenüber dem Züchter.
   Negative Merkmale: z. B. Interessenlosigkeit, Befangenheit, Passivität, Unterwerfung, Ängstlichkeit.
   e) Haltungsweise und Umwelteinflüsse.
   Negative Merkmale: z. B. Aufenthaltsraum stark verschmutzt, vollständig betoniert oder gefliest, zu klein, konstant temperiert, isoliert gelegen. Aufzucht in eintöniger Umgebung, übermäßig beschützt. Welpen verhätschelt, verwöhnt, vernachlässigt.
   f) Gesamtzahl der Hunde.
   Negative Merkmale: z. B. Massenzucht, Massenhaltung.

5. Die *allgemeine* Begutachtung der Welpen sollte *außerhalb* ihrer ständigen Aufenthaltsräume und in *Abwesenheit* der Mutterhündin erfolgen. Dabei sollte *besonders* auf folgende Gegebenheiten geachtet werden:
   a) Kontakt zum Menschen und zur Umwelt.
   Negative Merkmale: z. B. ausgesprochen freundlich, lästig, unterwürfig mit evtl. Urinabgabe, uninteressiert, zurückhaltend, misstrauisch, scheu, schreckhaft, furchtsam.
   b) Temperament und Sicherheit.
   Negative Merkmale: z. B. deutlich passiv, träge, unsicher, unselbstständig, reaktionsschwach, hektisch, überreizt, starke Fluchttendenz.
6. Der Käufer sollte dem Züchter seine Anforderungen an den Welpen sowie dessen spätere Verwendungsart *genau* erklären und ihn über die Welpen und deren Eigenschaften *eingehend* befragen. Dabei sollte er sich *unbedingt* die Zuchtplanung und die Ergebnisse der Biotonus- und Prägungstests zeigen und erläutern lassen.
7. Der künftige Hundeführer sollte im *eigenen* Interesse *gezielt* und *kompromisslos* einen Welpen aussuchen, der zu *seinem* Charakter und zu *seiner* Umwelt passt. Denn das spätere Leistungsniveau des Schutzhundes hängt *nicht* allein von seinen Schutzhundanlagen ab, sondern wird *sehr stark* von dem Mensch-Hund-Verhältnis beeinflusst. Deshalb ist z. B. der Erwerb eines Kopf- oder Leithundtyps *völlig* unsinnig, wenn der Hundeführer *nicht* die entsprechenden Führeigenschaften besitzt.
8. Die *wichtigsten* Faustregeln für die *richtige* Auswahl des Schutzhundes sind folgende:
   a) Je ausgeglichener, selbstständiger, selbstbewusster, selbstsicherer und selbstzufriedener der Hundeführer, desto geeigneter ein temperamentsmäßig gleich gelagerter Schutzhund (Resonanzhund), z. B. ein Kopf- oder Leithundtyp beiderlei Geschlechts.
   b) Je launenhafter, nervöser, reizbarer und zorniger der Hundeführer, desto geeigneter ein temperamentsmäßig entgegengesetzt gelagerter Schutzhund (Komplementärhund), z. B. ein gleichgültiger Hundetyp männlichen Geschlechts.
   c) Je draufgängerischer, energischer, entschlossener, härter und willensstärker der Hundeführer, desto ungeeigneter ein anschmiegsamer, komplizierter, sensibler, rangtiefer, unsicherer und wehleidiger Schutzhund, vor allem weiblichen Geschlechts.

d) Je gefühlsvoller, inkonsequenter, lascher, nachgiebiger und unsicherer der Hundeführer, desto ungeeigneter ein aggressiver, geltungssüchtiger, harter, schmerzunempfindlicher und unführiger Schutzhund, vor allem männlichen Geschlechts.

e) Je aktiver, ehrgeiziger, schneller, tatkräftiger und vielseitiger der Hundeführer, desto ungeeigneter ein fauler, gleichgültiger, langsamer und dummer Schutzhund beiderlei Geschlechts.

f) Je lustloser, fantasieloser, träger, unbeständiger und unbeweglicher der Hundeführer, desto ungeeigneter ein temperamentvoller, arbeitsfreudiger, triebstarker und intelligenter Schutzhund beiderlei Geschlechts.

g) Je stärker ein Welpe zum Leithundtyp tendiert, desto geeigneter ist er als echter, führiger Schutzhund und desto ungeeigneter als Sporthund.

9. Die in die *engere* Wahl gezogenen Welpen sollten an einem *neutralen* Ort mit einem später hinzukommenden *bestens* geprägten und veranlagten Althund konfrontiert werden. Dabei ist nicht nur das Verhalten der Welpen besonders aufschlussreich, sondern auch das des Althundes hinsichtlich der Bevorzugung eines Welpen. Denn: *Hündinnen bevorzugen von Natur aus mehr leithundtypische Welpen und Rüden mehr unterhundtypische Welpen.*

10. Der in die *engste* Wahl gezogene Welpe sollte einzeln und *eingehend* in einem *separaten* Raum oder an einem *ruhigen* Ort überprüft werden. Dabei sollte *besonders* auf folgende Gegebenheiten geachtet werden.

    a) *Gebäudeanlagen:* z. B. Anzahl der Hoden, Zähne und Zitzen; Wachstum und Stellung der Zähne; Zahnfleischfarbe; Ohren- und Rutenstellung; Krallen; Nabel- oder Leistenbruch; Schönheitsfehler.

    b) *Aufmerksamkeit:* z. B. gegenüber Umweltreizen, Züchter, Fremdpersonen.

    c) *Beuteverhalten:* z. B. gegenüber einem Lappen, Ball, Stöckchen.

    d) *Konzentrationsfähigkeit:* z. B. eine angefangene Aktion unbeirrt zu Ende führen.

    e) *Reaktion auf Belastung:* z. B. beim Anpustetest zurückweichen, beschwichtigen, verharren, angreifen.

    f) *Schlussgleichgültigkeit:* z. B. Verhalten bei verschieden starken Schussgeräuschen oder unterschiedlichen Abständen.

    g) *Temperament:* z. B. aktiv-dynamisch oder passiv-verhalten.

    h) *Gesamtaktivität inkl. Lautäußerungen:* z. B. sehr viel, viel, mittel, wenig, sehr wenig.

i) *Wehleidigkeit:* z. B. beim Kneifen, Hochheben am Fell, Umstoßen.
j) *Empfindlichkeit:* z. B. Reaktionen nach einer stärkeren körperlichen Einwirkung oder seelischen Belastung.

11. Der Kauf eines Welpen sollte *unbedingt* unterbleiben, wenn die allgemeine und spezielle Begutachtung der Welpen und der Zuchtstätte *überwiegend* negativ ist, der Züchter den Welpen *nicht* testen lässt oder die Fragen des Käufers in *keiner* Weise zufrieden stellend beantwortet.

3. Die Anschaffung

Der käufliche Erwerb des Schutzhundes ist ein Rechtsakt, bei dem sich grundsätzlich der

a) Züchter verpflichtet, dem Käufer den *näher* bezeichneten Welpen zu Eigentum und Besitz zu übergeben.
b) Käufer verpflichtet, dem Züchter den *genau* vereinbarten Kaufpreis für den gewählten Welpen zu bezahlen.

Dieser mündlich oder schriftlich geschlossene Vertrag ist grundsätzlich erfüllt, wenn der

a) Züchter dem Käufer den *gewünschten* Welpen übergeben hat.
b) Käufer dem Züchter den *festgelegten* Kaufpreis bezahlt hat.

Damit nun *nach* dem Erwerb *keine* Unstimmigkeiten zwischen Züchter und Käufer entstehen, sollte der Kaufvertrag *stets* in Schriftform erfolgen. Dabei ist *unbedingt* darauf zu achten, dass der Kaufvertrag

a) in den *entscheidenden* Punkten möglichst *genau* formuliert ist, z. B. genaue Bezeichnung des zu verkaufenden Welpen mit Angaben über Gewicht, Größe, Zähne, Hoden, Zitzen usw. und Zahlungsabwicklung.
b) *keine* Vereinbarungen enthält, die dem Sinn des Kaufvertrages entgegenstehen, z. B. Einschränkung des Eigentumsrechts.
c) mit Ort, Datum und Originalunterschrift von Züchter und Käufer versehen ist und *beide* Vertragspartner ein Exemplar erhalten.

Die *verantwortungsbewusste* Anschaffung eines Welpen selbst bedingt, dass der angehende Hundeführer folgende *wichtige* Punkte beachtet:

1. Der Kaufpreis sollte den Anlagen, der Prägung und dem Gesundheits-, Futter- und Pflegezustand des Welpen *angemessen* sein. Denn der Preis richtet sich *stets* nach der
   a) Beschaffenheit und den Fähigkeiten des Welpen.
   b) vom Züchter geleisteten Zucht-, Aufzucht- und Prägungsarbeit. Dies bedeutet allgemein, dass *gut* veranlagte und/oder betreute Welpen *mehr* und *schlecht* „vorprogrammierte" und/oder gehaltene Welpen *weniger* kosten.
2. Der Kauf eines Welpen *ausschließlich* nach seiner Abstammung ist ebenso wie der *ausnahmslose* Erwerb eines älteren Schutzhundes nach seinen Vorfahren der *größte* Unsinn beim Hundekauf. Denn den *wahren* Wert des Schutzhundes bestimmen *nicht* seine Ahnen, sondern *allein* seine Schutzhundanlagen und *fertigen* Schutzhundeigenschaften. Die Abstammung ist nur *richtungsweisend* für Schönheit und Leistung.
3. Der Käufer sollte möglichst einen Welpen erwerben, der bereits geimpft und entwurmt ist sowie ein ärztliches Gesundheitsattest besitzt. Die Kosten dieser ärztlichen Behandlung sind dem Züchter *auf Nachweis* zu erstatten und die unterlagen dem Käufer zu übergeben.
4. Der Kauf eines von einem einschlägigen Tierarzt *nicht* allgemein untersuchten, begutachteten und behandelten Welpen sollte *stets* auf Probe erfolgen. Dabei sollte vereinbart werden, dass der
   a) Züchter die Kosten für eine evtl. in der Entwicklung befindliche Erkrankung und für evtl. Folgezustände nach Beseitigung innerer und/oder äußerer Parasiten trägt.
   b) Käufer den Kaufpreis an einer bestimmten Stelle hinterlegt, z. B. Geldinstitut, neutrale Privatperson.
5. Der Kaufvertrag sollte eine Annullierungsfrist von mind. 24 Stunden enthalten, wenn dem Käufer die Angaben des Züchters oder die Besichtigungsbefunde zweifelhaft erscheinen und er sie erst von einem *neutralen* und *anerkannten* Fachmann überprüfen lassen will. Dies gilt *besonders* für das Wesen des Schutzhundes, weil für ein *optimales* Mensch-Hund-Verhältnis das Wesen wichtiger ist als die Schönheit.
6. Das Gebäude des Schutzhundes sollte beim Kauf aber *nicht gänzlich* unberücksichtigt bleiben. Dabei ist aber *exakt* zwischen leichten Schönheitsfehlern und gravierenden Gebäudemängeln zu unterscheiden. Dies gelingt am besten, wenn der Käufer den Standard der gewünschten Rasse *genau* kennt oder einen *neutralen* und *anerkannten* Fachmann zur Unterstützung mitnimmt.

7. Der künftige Hundeführer sollte *unbedingt* darauf achten, dass er den Welpen
   a) *selbst* vom Züchter abholt.
   b) *zuerst* beim Züchter begrüßt und sich mit ihm anfreundet.
   c) *selbst* auf die Heimreise vorbereitet.
   d) *selbst* während der Heimreise betreut.
   e) *allein* in sein neues Heim einführt.
   f) *von sich aus* mit den anderen Familienmitgliedern in Verbindung treten lässt.
8. Der Hundeführer sollte den Welpen zu einem Zeitpunkt in der Woche vom Züchter abholen, ab dem er sich *lange* mit ihm beschäftigen kann. Denn die ersten 24 Stunden im neuen Heim sind für die Mensch-Hund-Beziehung von *entscheidender* Bedeutung.
9. Der Hundeführer sollte den Welpen *am besten* an einem Vormittag übernehmen, damit er sich bis zum Abend einigermaßen in sein neues Heim eingewöhnt. Denn dadurch ist in der Regel keine Störung der Nachtruhe zu befürchten.
10. Der Hundeführer sollte den Welpen *sofort* in jenen Raum eingewöhnen, der später sein *wichtigster* Aufenthaltsort wird. Dies hat den Vorteil, dass der Welpe nicht eigens noch an diesen Ort gewöhnt werden muss. Der Welpe wird die neue Umgebung meist als sein „Heim erster Ordnung" betrachten, wenn er in diesem Raum gespielt, gefressen und geschlafen hat.

III. Die Belehrung des Welpen (8. bis 16. Woche)

Die Aufklärung des Welpen, wie er sich in der Menschenwelt im Allgemeinen und gegenüber dem Hundeführer im Besonderen zu verhalten hat, beginnt *sofort* nach seinem Erwerb und seiner Gewöhnung an den Hundeführer und dessen Umwelt.

Diese Gewöhnungszeit dauert in der Regel zwei bis drei Tage, wenn der Welpe vorher *keinen* näheren Kontakt zum Hundeführer hergestellt hat. Dagegen kann mit der Belehrung bereits am ersten Tag begonnen werden, wenn der Welpe schon beim Züchter eine *innige* Beziehung zum Hundeführer aufbauen und evtl. sogar schon sein neues Heim kennen lernen konnte.

Die Belehrung ist für das *spätere* Verhalten des Schutzhundes, das Ausmaß seiner Zusammenarbeit mit dem Hundeführer sowie dem Grad seiner Lern- und Arbeitsfreude von *ganz entscheidender* Bedeutung. Denn der Hundeführer hat *nur* in der 8. bis 16. Woche die Möglichkeit, das in dieser Zeit entstehende Weltbild des Schutzhundes zu *seinen* Gunsten zu beeinflussen und die in der Prägungsphase begonnene Weichenstellung in Richtung *echten, führigen* Schutzhund entsprechend *seinen* Vorstellungen zu vollenden oder zu korrigieren. Danach ist die „Vorprogrammierung" des Schutzhundes abgeschlossen und die „Wegweiser" für die folgenden Bahnen, Kontaktstellen und weiteren Verknüpfungen im Gehirn des Schutzhundes liegen *zeitlebens* fest.

Diese Tatsache und deren Auswirkung auf das spätere Verhalten und das Leistungsniveau des Schutzhundes sollten in ihrer tieferen Bedeutung *unbedingt* erkannt werden. Denn diese Wahrheit wurde durch wissenschaftliche Experimente in Amerika einwandfrei bestätigt. Ebenso zeigen Vergleichsuntersuchungen an Kindern in Deutschland, England und der Schweiz die Ähnlichkeit der Entwicklung von Mensch und Hund. So unterliegen z. B. die Hunde im Alter von 2–4 Monaten den gleichen Lebensprinzipien wie die Kleinkinder im Alter von 3–6 Jahren. Dies bedeutet, dass z. B. in dieser Zeitspanne die Weite und der Umfang der sozialen Partnerschaft festgelegt wird. Näheres s. Buch „Der leistungsstarke Fährtenhund", I. Teil. *Fazit:* Der Welpe sollte ebenso wie das Kleinkind *bestens* für das Leben geschult werden.

Diesen Missstand im Umgang mit dem Schutzhund wird *jeder* einigermaßen *vernünftig* denkende Hundeführer auf Grund des Leistungsprinzips *sofort* erkennen:

Das aus der Leistungsfähigkeit des Schutzhundes resultierende *spätere* Leistungsniveau wird *allgemein* beeinflusst von dem Lernerfolg und der Arbeitsfreude des Schutzhundes. Formelartig ausgedrückt:

Leistungsniveau = Lernerfolg + Arbeitsfreude

Die zwei *wichtigsten* Komponenten des „Summanden" *Lernerfolg* sind:

1. Das Lernvermögen
Die Lernbegabung des Schutzhundes wird gefördert durch eine *gezielte* Zucht auf Intelligenz und eine in *jeder* Hinsicht *anregende* Umwelt in den ersten *zwölf* Wochen nach seiner Geburt. Dabei ist die Beschäftigungsart in der 8. bis 12. Woche der *größte* Einflussfaktor.

2. Die Prägung
Die *grundlegenden* umweltabhängigen Verknüpfungen der Hirnrinde des Schutzhundes entstehen in den ersten *acht Wochen* nach seiner Geburt. Dabei ist die Beschäftigungsart in der 4. bis 7. Woche der *größte* Einflussfaktor. Formelartig ausgedrückt:

Lernerfolg = Lernvermögen + Prägung

Die zwei *wichtigsten* Komponenten des „Summanden" *Arbeitsfreude* sind:

1. **Die Lernmethode**
Die Aufnahme, Einspeicherung und Aufbewahrung des Lernstoffs, seine Abrufung im „Bedarfsfall" und sein Vergessen bei längerer Nichtbenutzung erfolgt *am besten* durch eine tierpsychologisch *richtige* Aufbauweise. Dabei wird die Neugierde als Grundtrieb des Lernens und die Lernfreude am *stärksten* in der 8. bis 16. Woche gefördert.

2. **Die Motivation**
Die innere Bereitschaft des Schutzhundes zur Ausführung bestimmter Handlungen ist von einer *Vielzahl* äußerer und innerer Faktoren abhängig, die ihre Wirkung in *verschiedenartiger* Wechselbeziehung zueinander ausüben. Dabei wird die Arbeitsfreude des Schutzhundes am *stärksten* in der 8. bis 16. Woche gefördert. Formelartig ausgedrückt:

Arbeitsfreude = Lernmethode + Motivation

Das grafische Bild der Bestandteile des Leistungsniveaus des Schutzhundes ergibt folgendes Leistungsmodell.

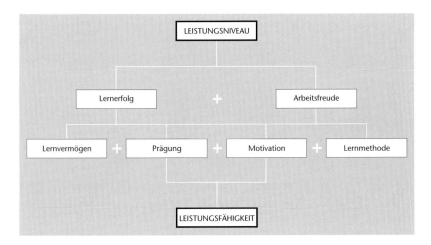

Die Belehrung selbst wird in *zwei* Stufen durchgeführt, wobei *jede* Stufe eine *andere* Zielsetzung und Arbeitsweise hat.

1. Die Sozialisierungsphase (8. bis 12. Woche):

Das Hauptziel in der Sozialisierungsphase besteht darin, den bisher *rein* egoistisch veranlagten Welpen in ein *Sozialwesen* umzuwandeln. Dieser *Abbau* der Ichbezogenheit und *Aufbau* der Hinnahme eines Lebens *für* die Gemeinschaft mit den damit verbundenen *disziplinarischen* Maßnahmen wird *nur* durch eine *eingehende* Beschäftigung mit dem Welpen erreicht. Dabei sind das Spiel und die Abwechslung die *wichtigsten* Gestaltungskräfte, weil sie die Gruppenbindung, die Neugierde und die Lernfreude am *meisten* fördern. Außerdem entfacht eine *abwechslungsreiche* und *geschickte* Kombination von gruppenbindendem Spiel und spielerischer Belehrung *immer* wieder die Arbeitsfreude und den Eifer des Welpen.

Die Befriedigung des in diesem Entwicklungsabschnitt fast *unerschöpflichen* Betätigungsdrangs des Welpen erfordert sehr viel Geduld, Einfühlungsvermögen und einen *täglichen* Zeitaufwand von drei Stunden. Denn in diesem Alter soll der Welpe nicht nur *große* Freude an der Zusammenarbeit mit dem Hundeführer entwickeln, sondern auch die „Hunde-Etiketten" von *gut* sozialisierten erwachsenen Hunden lernen.

Der Welpe wird das *gemeinsame* Tun aber nur dann als *höchstes* Glück empfinden, wenn der Hundeführer

a) wie der Züchter absolut *ehrlich* spielt und *nicht* nur seelenlose äußere Handlungen vollzieht.
b) das Spiel *spannend, lustig* und gleichzeitig *fordernd* gestaltet.
c) seine spielerisch-belehrende Maßnahmen dem Spielbedürfnis und der Konzentrationsfähigkeit des Welpen anpasst.
d) das Spiel *abwechslungsreich* gestaltet und dem Welpen *viele* Erfolgserlebnisse vermittelt.
e) im *spannendsten* Augenblick das Spiel *stressfrei* beendet und damit die „Spiel-Spannung" des Welpen für das nächste Spiel erhält.

Jedoch sollte der Hundeführer mit dem Welpen nicht nur *konzentriert* und *gezielt* spielen, sondern *gleichzeitig* auch seine Beobachtungsgabe schulen.

Dabei steht die Beurteilung der *Konzentrationsfähigkeit* des Welpen an *erster* Stelle. Denn der Hundeführer erspart sich später *viel* Energie und Zeit, wenn er *jeden* Rückgang der hundlichen Konzentration *rechtzeitig* erkennt und bei der Arbeit beachtet.

Die Anzeichen für das Nachlassen der *höchsten* Aufmerksamkeit sind z. B. leichte Ablenkbarkeit, Hektik, Ermüdung, Meiden usw.
Die *wichtigsten* Gruppenspiele für den heranwachsenden *echten, führigen* Schutzhund sind

1. die Fortsetzung oder der Beginn des in der Prägungsphase beschriebenen „Beutefang- und Festhalte-Spiels".
2. das nachfolgend aufgeführte „Beutefang- und Bring-Spiel".

Diese *zweite* Spielart erfüllt *in erster Linie* die Funktion, den Bringtrieb des Welpen *gezielt* zu kanalisieren und seinen Bewegungsdrang *sinnvoll* abreagieren zu lassen.

Das „Beutefang- und Bring-Spiel" selbst wird wie folgt durchgeführt:

a) *Spielregeln*

1. Die Spielobjekte sind *drei verschiedenfarbige* Hartgummibälle von 4–6 cm Durchmesser und *drei* etwa 15 cm lange Rundhölzer von 2–4 cm Durchmesser.
2. Die Spielart und die bewegten Bringsel sind *öfter* zu wechseln. Dabei dürfen die fortgeworfenen Gegenstände *niemals* selbst geholt werden, weil durch das „Selbst-Apportieren" der Welpe nur das „Warten am Spielobjekt" und das „Nicht-Apportieren" lernt.
3. Die Spielintensität ist *stets* der Triebstärke und dem momentanen geistigen, seelischen und körperlichen Zustand des Welpen anzupassen. Dabei ist das Apportieren *sofort* durch *intensives* Lob zu bestätigen.
4. Die Anzahl der Wiederholungen hängt *ausschließlich* von dem Spielbedürfnis und der Apportierfreudigkeit des Welpen ab. Dabei gilt: Es wird *nur* so lange gespielt, wie der Welpe sich zum Spiel anbietet!
5. Die Abgabe des apportieren Spielobjekts ist *niemals* zu erzwingen. Denn der Welpe soll lernen, dass die Spielfortsetzung von der *Übergabe* des Bringsels an den Hundeführer abhängt.
6. Das Spiel ist in Anpassung an den Lebensrhythmus des Hundeführers sowie die Spielstunden des Welpen *täglich* durchzuführen und *stets* richtig zu beenden.

b) *Spielablauf*

1. Der Welpe ist *anfangs* durch allgemeines Spielen lustvoll zu erregen. Dann wird sein Beutetrieb durch eines der zwei Verfahren geweckt:
   a) Der Hartgummiball wird so lange *vor* dem Welpen hin und her oder weg gerollt, bis er sich *aktiv* dafür interessiert.
   b) Das Rundholz wird so lange mit der Hand *vor* dem Welpen *ruckartig* hin und her oder weg bewegt, bis er es *gezielt* zu fassen versucht.
2. Der Welpe erhält erst dann die Gelegenheit, das rollende oder ruckende Beuteobjekt zu ergreifen, wenn sein Beutetrieb *optimal* erregt ist, *niemals* vorher.
3. Die Triebstimmung des Welpen ist *nicht* ausreichend, wenn er *nur* passiv das bewegte Bringsel beobachtet oder *nur* Ansätze zum Fangen des Gegenstandes zeigt.
4. Das Triebpotenzial des Welpen ist ebenfalls zu *niedrig*, wenn der Welpe dem
   a) wegrollenden oder weggeworfenen Bringsel *nicht* hinterherläuft.
   b) sich entfernenden Beutestück folgt, aber *gleich* wieder zurückkommt.
   c) wegbewegenden Gegenstand folgt, aber das Spielobjekt *nicht* aufnimmt.
5. Der Beutetrieb des Welpen ist *sofort* mit dem *zweiten* Gegenstand und stärkeren Außenreizen zu erhöhen, wenn der Welpe für das gleiche oder andersartige erste Bringsel *nicht* das gewünschte Interesse zeigt.
6. Das Spiel ist für mindestens 10 Minuten zu unterbrechen und von vorn zu beginnen, wenn der Welpe auch beim 3. Beutestück dasselbe *negative* Verhalten wie beim ersten Gegenstand zeigt.
7. Der Welpe hat mangelhaften Beutetrieb oder das Beutespiel ist fehlerhaft, wenn der Welpe auch *nach* den nächsten drei Versuchen *keine* abgeschlossene Handlungsfolge (Nachlaufen, Aufnehmen und Tragen der Beute) ausführt.
8. Der Misserfolg beim Beute-Bring-Spiel ist *sofort* zu untersuchen und durch entsprechende Maßnahmen zu beseitigen, sonst entstehen Fehlverknüpfungen.
9. Der Welpe ist durch Mitspielen und Ermunterungen zum Aufnehmen des Gegenstandes zu veranlassen, wenn er dem wegrollenden oder weggeworfenen Bringsel folgt und mit diesem *nur* intensiv spielt. Dabei ist ihm das Beuteobjekt *nicht* in den Fang zu geben.

10. Das Bringsel ist liegen zu lassen und das Spiel mit einem neuen Gegenstand zu wiederholen, wenn der Welpe das Spielobjekt *nicht* nach *kurzer* Zeit aufnimmt oder das Interesse daran verliert.
11. Der Welpe ist *sofort* innig zu loben, wenn er mit oder ohne Zusatzreize das Beuteobjekt aufnimmt und es stolz herumträgt. Dabei ist er *gleichzeitig* durch Rückwärtsgehen des Hundeführers zum Bringen zu animieren.
12. Der Hundeführer hat sich *sofort* passiv zu verhalten, wenn der Welpe mit dem Ball oder Stöckchen wegläuft, liegend oder stehend wartet oder den Gegenstand vorzeitig fallen lässt.
13. Das Spiel ist abzubrechen und zu einem anderen Zeitpunkt in einer anderen Version zu wiederholen, wenn der Welpe den aufgenommenen oder einen anderen weggeworfenen Gegenstand *nicht* nach einigen Minuten heranbringt.
14. Der Welpe ist *sofort* ausgiebig zu loben, wenn er das Beutestück apportiert. Dabei ist das Bringsel *immer* wieder mit der Hand anzufassen, *ohne* es ihm gleich wegzunehmen. Denn die *primär* zu bestätigende Handlung ist das Heranbringen und das Festhalten des Spielobjekts.
15. Der Welpe ist *sofort* intensiv zu loben *oder* mit einem Leckerbissen zu belohnen, wenn er den Gegenstand *freiwillig* hergibt. Danach kann bei entsprechender Triebhöhe das Apportieren mit einem anderen Bringsel wiederholt werden.
16. Der Hundeführer ignoriert den Welpen *sofort* durch *absolute* Passivität, wenn dieser den Gegenstand eisern festhält, mit dem Bringsel im Fang wieder wegrennt oder mit dem Beuteobjekt herumspielt.
17. Das *freiwillige* Auslassen des Beuteobjekts sollte *von Anfang an* mit dem Hörzeichen „Aus" gekoppelt werden. Dabei ist das Wort „Aus" *stets* in einem freundlichen, deutlichen Ton und *genau* im Augenblick des Auslassens zu geben, jedoch *niemals vor* dem Öffnen des Fangs.
18. Das Spiel ist abzubrechen und zu einem anderen Zeitpunkt zu wiederholen, wenn der Welpe mit dem Beuteobjekt *nicht* nach einigen Minuten wieder zurückkommt. Der Abbruch erfolgt durch Weggehen des Hundeführers.
19. Das Spiel ist *allgemein* so zu gestalten, dass *vor allem* die *harmonische* Zusammenarbeit gefördert wird. Denn in dieser Zeit wird durch das gemeinsame Spiel und die gemeinsamen Aktivitäten die Grundlage gelegt für die spätere Harmonie im Mensch-Hund-Team.

20. Der Hundeführer sollte das Spiel *stets* dann beenden, wenn es am spannensten ist und der Welpe noch weiterspielen will.

Die fünf *wichtigsten* Maßnahmen bei der Belehrung des Welpen sind die im 4. Abschnitt des Buches: „Vom Welpen zum idealen Schutzhund" beschriebenen Übungen: Leinenführigkeit, Stubenreinheit, Nichtanspringen, Sitz und Kommen auf Ruf. Dabei ist das *sofortige, von Herzen kommende* Loben oder Bestätigen des *richtigen* Verhaltens von *entscheidender* Bedeutung, egal was vorher passiert ist.

2. Die Rangordnungsphase (13. bis 16. Woche)

Das Hauptziel in der Rangordnungsphase besteht darin, das *spätere* Verhalten des Schutzhundes gegenüber dem Hundeführer in die *richtige* Richtung zu lenken. Denn in dieser Zeit, in welcher die angeborenen Lerndispositionen den jungen Hund nach einer *Autorität* im Sinne eines *Vorbildes* suchen lässt, wird der Grundstein für die Rangordnung gelegt.

Der seinen Instinkten folgende Junghund respektiert *nicht* mehr *allein* die *körperliche* Überlegenheit des Hundeführers, sondern berücksichtigt bei seiner Anerkennung *zum ersten Mal* die *psychischen* Kräfte des menschlichen Meutegenossen.

Diese für den Junghund so *wichtigen* Führeigenschaften des Hundeführers wie Autorität, Durchsetzungsvermögen, Entschlossenheit, Festigkeit, Geduld, Konsequenz, Reaktionsvermögen, Sicherheit, Willensstärke usw. werden von ihm in diesem Alter *immer wieder* getestet. Dabei entsteht im Hund ein ganz *bestimmtes* Bild von den Stärken und Schwächen des Hundeführers, das die Grundlage seiner weiteren Verhaltensweisen gegenüber dem Hundeführer bildet.

Damit dieses *erste* Führerbild kein „Fehldruck" wird, sollte der Hundeführer unbedingt darauf achten, dass er sich dem Junghund als *echte* Autorität präsentiert.

Dieses Ziel erreicht der Hundeführer am *besten*, wenn er den *ständigen* Herausforderungen des Junghundes *in erster Linie* mit geistig-seelischen Mitteln begegnet. Dabei sollte er das Band des Vertrauens in die menschliche Überlegenheit durch viel Geduld und eine *klare* disziplinarische Belehrung knüpfen.

Die *wichtigsten* Maßnahmen sind neben der Fortsetzung des Ausbaus des Beute- und Bringtriebs und des Hörzeichens „Aus" die im 4. Abschnitt des Buches: „Vom Welpen zum idealen Schutzhund" beschriebenen Übungen: Folgen ohne Leine, Betteln, Stehlen, Unrat fressen, Bleib da, Platz, Alleinsein und Knabbern und Kauen. Dabei ist jedoch darauf zu achten, dass mit Beginn des Zahnwechsels das „Beutefang- und Festhalte-Spiel" entsprechend dem Zahnausfall des Junghundes eingeschränkt wird.

Damit nun in der Zeit zwischen etwa der 15. und 20. Woche die Entwicklung des Beutetriebs *nicht* gehemmt wird, sollte dem Junghund *gleichzeitig* mit dem Abbau des „Beutefang- und Festhalte-Spiels" das von seinen Zähnen unabhängige „Verbellspiel" angeboten werden. Denn diese Spielart hat den Vorteil, dass der Schutzhund auf das spätere Verhalten beim „Stellen und Verbellen" *bestens* vorbereitet werden kann.

Dieses „Verbellspiel", das *nur* bei genügend gewecktem Beutetrieb gelingt, wird dem Junghund in folgenden Schritten gelehrt:

1. Der Junghund wird *anfangs* durch allgemeines Spielen lustvoll erregt. Dann wird sein Beutetrieb durch ein *nicht* zu großes Stoffstück *richtig* geweckt. Dabei ist *unbedingt* darauf zu achten, dass der Junghund seinen Triebstau *nicht* allein durch Bewegung abreagiert.
2. Das *ständig, leicht zappelnde* Beutestück ist dem unangeleinten, angebundenen oder von einer bekannten Person gehaltenen Junghund beim *optimal* erregten Beutetrieb *sichtbar* vorzuenthalten. Dabei steht der Hundeführer mit *angespannter, nicht* drohender Körperhaltung *vor* dem Schutzhund und hält das Beuteobjekt *immer* nahe vor den Junghund.
3. Der Hundeführer gibt dem Junghund *sofort* das Stoffstück und lobt ihn, wenn er bei seinen „Ersatzhandlungen" auch einmal bellt. Dabei ist es zunächst *völlig* unwichtig, ob der Schutzhund schon beim Anreizen des Beutetriebes oder erst nach dem Vorenthalten der Beute bellt. Die *entscheidende* Verhaltensweise ist *nur* das Bellen.
4. Der Junghund ist *immer während* oder eine halbe Sekunde *nach* dem Belllaut zu bestätigen. Denn *jedes* spätere Erfolgserlebnis bekräftigt *nicht* mehr das Bellen, sondern irgendeine andere Verhaltensweise.
5. Das Beutestück ist dem Junghund so lange zu belassen, wie er es *fest* und *sicher* hält, trägt oder schüttelt. Dagegen ist die Beute dem Junghund durch *geschicktes* Ablenkungsmanöver *sofort* wegzunehmen, wenn er auf ihr herumbeißt oder sie fallen lässt. Dabei ist *jede* Art von Zwang zu vermeiden.
6. Die Reihenfolge – Beutetrieb anreizen, Beute sichtbar vorenthalten, Beute beim ersten Belllaut sofort geben und den Junghund loben – ist *täglich mehrmals* zu wiederholen. Dabei sollte der Hundeführer *während* des Bellens aufmunternd das Hörzeichen „Gib Laut" geben.

7. Die Verbelldauer ist sofort *systematisch* bis zum anhaltenden Lautgeben zu steigern, wenn der unangeleinte oder angeleinte Junghund von den vielen „Ersatzhandlungen" in *erster Linie* das Bellen als „Mittel zum Zweck" einsetzt. Dabei ist das Hörzeichen „Gib Laut" *fest* mit dem Bellen zu verbinden.
8. Das Beuteobjekt ist dem Junghund *abwechselnd* sichtbar und unsichtbar vorzuenthalten. Dabei sollte der Schutzhund das für ihn *nicht* sichtbare Stoffstück *stets* von oben und *nur* dann erhalten, wenn er den Hundeführer *in die Augen blickend* anbellt.
9. Der Hundeführer hat den Junghund mit *steigender* Verbellintensität daran zu gewöhnen, beim Verbellen *ruhig* und *dicht* vorzusitzen und ihm *in die Augen* zu blicken. Dabei hat er selbst *ruhig* vor dem Hund zu verharren, damit dieser *nicht* zu anderen „Ersatzhandlungen" angeregt wird wie Springen, Zurückgehen usw.
10. Der Junghund beherrscht das „Verbellspiel", wenn er gelernt hat, dass Vorsitzen und Bellen *vor* dem *ruhig* stehenden Hundeführer *eine* Einheit bilden und er *nur* in dieser Situation sein Beuteobjekt erhält. Dabei sollte das Bellen ein *intensives* „Aufforderungsbellen" sein, kein „Bettelbellen".

Dieses „Verbellspiel" können schwer verbellende oder triebschwache Junghunde auch *indirekt* über das Futter lernen analog der Übung „Gib Laut" im 4. Abschnitt des Buches: „Vom Welpen zum idealen Schutzhund".

Die für Hundeführer und Schutzhund *nützlichste* und oft *stark* unterbewertete Übung ist die Auslassübung. Denn sie ist in dieser Entwicklungsphase nicht nur ein *vorzügliches* Mittel, sich dem Junghund als *echte* Autorität zu präsentieren, sondern fördert gleichzeitig *ungemein* und *nachhaltig* die psychische Voraussetzung seiner späteren Führigkeit.

Die beim „Beutefang- und Bring-Spiel" begonnene Kopplung des Hörzeichens „Aus" mit dem Öffnen des Fangs wird jetzt *zielgerichtet* und *konsequent* zu einer *reinen* Gehorsamsübung ausgebaut. Dabei bestimmt der Junghund den Beginn dieser Arbeit.

Der *richtige* Zeitpunkt ist gekommen, wenn der Junghund einen Gegenstand weder freiwillig noch durch Ablenkung auslässt, sondern ihn „trotzig" mit den Zähnen festhält und den Hundeführer evtl. noch „herausfordernd" anblickt.

Diese „passive" Auflehnung darf nun *nicht* einfach hingenommen oder gebrochen werden, weil sonst *unweigerlich* ein falsches Führerbild im Junghund entsteht.

Die einzige *richtige* Reaktion besteht darin, der Herausforderung des Junghundes *ruhig, fest* und *kompromisslos* wie folgt zu begegnen:

1. Der Hundeführer ruft den Junghund in *freundlichem* Ton zu sich heran, lässt ihn vorsitzen und lobt ihn. Dabei kann er durch Rückwärtsgehen oder Hinhocken das Herankommen unterstützen.
2. Der Hundeführer entfernt sich *anfangs* nach *kurzer* Zeit und geht *nicht* zum Junghund, wenn dieser auch das Herankommen verweigert. Dann wird gewartet, bis der Junghund das Beutestück freiwillig fallen lässt. Anschließend wird mit *angeleintem* Schutzhund weitergespielt. Dabei ist der Junghund zu derselben *unerwünschten* Verhaltensweise zu reizen.
3. Der Hundeführer handelt *sofort* analog der im 4. Abschnitt des Buches: „Vom Welpen zum idealen Schutzhund" beschriebenen Übung „Kommen auf Ruf", wenn der Junghund *nicht* herankommt. Dabei sind die kurzen, scharfen Leinenrucks so zu dosieren, dass der Schutzhund den Gegenstand *nicht* fallen lässt.
4. Der Hundeführer stellt Blickkontakt her, fasst mit dem Daumen und Zeigefinger der *rechten* Hand den Gegenstand an und prüft den Griff des Junghundes. Dabei wird der Schutzhund *sofort* gelobt und mit der *linken* Hand an Kehle und Unterkiefer gestreichelt, wenn er das Beutestück *eisern* festhält.
5. Der Hundeführer umfasst beim Streicheln auch den Fang des Junghundes und sagt aus dem Loben heraus *plötzlich* in einem klaren Befehlston das Hörzeichen „Aus". Dabei drückt er die Lefzen des Schutzhundes *kurz* und *fest* gegen die Zähne.
6. Der Hundeführer lobt und streichelt den Junghund *sofort* weiter an Kehle und Unterkiefer, wenn er den Gegenstand loslässt. Dabei gibt er ihm zur Belohnung das eben erhaltene Beutestück.
7. Der Hundeführer hat bei dieser Aktion vor allem darauf zu achten, dass er weder dem Junghund das Beutestück aus dem Fang reißt noch der Schutzhund ausweichen kann oder frustriert wird.
8. Der Hundeführer übt das Auslassen in *unregelmäßigen* Abständen so lange, bis der Junghund *sicher* verknüpft hat, dass er beim Hörzeichen „Aus" das Beutestück herzugeben hat. Dabei ist *unbedingt* darauf zu achten, dass der Schutzhund den Gegenstand *vor* dem Auslassen *ruhig* festhält und ihn *nicht* vorzeitig fallen lässt, z. B. beim Herankommen, beim Vorsitzen oder beim Anfassen des Gegenstandes.
9. Der Hundeführer unterbindet das vorzeitige Auslassen, Lockern oder Knautschen der Beute im Wesentlichen dadurch, dass er

a) den Junghund öfter nach dem Bringen und Anfassen des Beutestücks nur lobt und wieder wegschickt.
b) jedes Öffnen des Fanges durch dosiertes Zusammendrücken der Kiefer mit den Händen unterbindet oder aufhebt. Dabei ist das Hörzeichen „Halt fest" zu verwenden.
c) mit dem Junghund eine Art Tauziehen mit der Beute veranstaltet und ihn zusammen mit dem Beuteobjekt hochhebt.
10. Der Hundeführer übt das Auslassen auf Hörzeichen „Aus" auch auf Entfernung, wenn der Junghund in der Nähe *wunschgemäß* reagiert. Dabei wird der Schutzhund *anfangs* angeleint, damit er die Beute *nicht* wegtragen kann.

Der Junghund sollte außerdem in der Rangordnungsphase immer öfter die Gelegenheit erhalten, die „weite Welt" kennen zu lernen. Dies geschieht am *besten* dadurch, dass der Hundeführer den Junghund *allerorten* mitnimmt und *unter Aufsicht* in der freien Natur laufen lässt.

Abb. 15

Abb. 16

Ein nach diesem Buch aufgebauter Schutzhund zeigt hier im Alter von 4 Monaten, was er beim „Beutefang- und Bring-Spiel" und beim „Verbellspiel" gelernt hat.

Abb. 15 und 16: Der vom Hundeführer geworfene Tennisball wird vom Welpen sicher, schnell und freudig apportiert.

Abb. 17 und 18: Der Welpe hält den Tennisball sowohl im Stehen wie im Vorsitzen ruhig im Fang und fordert den Hundeführer vertrauensvoll zum Weiterspielen auf.

Abb. 19 und 20: Der Hundeführer animiert den vorsitzenden Welpen mit dem Tennisball zum Verbellen und bestätigt ihn anschließend lobend mit dem Beuteobjekt.

Abb. 21

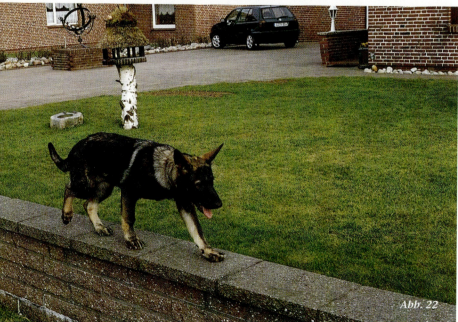

Abb. 22

Der Hundeführer sollte den jungen Hund allerorten mitnehmen und jede Gelegenheit nutzen, ihn in seiner Entwicklung zu fördern.

Abb. 21 bis 26: Der 4 Monate alte Welpe zeigt auf einem Spaziergang in den verschiedensten Erst-Situationen eine für sein Alter optimale Konzentrationsfähigkeit, innere Sicherheit und Vertrauensbasis zum Hundeführer.

Abb. 23

Abb. 24

Abb. 25

Abb. 26

IV. Die Erziehung des Junghundes (5. bis 10. Monat)

Die disziplinierte Belehrung des jungen Schutzhundes sollte diesen so weit vorgeformt haben, dass er die nun folgende, von Natur aus *notwendige* disziplinierte Erziehung *problemlos* verkraftet. Dabei darf die vom Hundeführer *energisch* zu fordernde Disziplin die Persönlichkeitsentwicklung des Junghundes *nicht* behindern, aufhalten oder fehlleiten, sondern *nur* auf das *optimale* Zusammenleben und Zusammenwirken im Mensch-Hund-Rudel *unabdingbar* ausrichten.

Dieses Ziel ist *nicht* leicht zu erreichen und erfordert vom Hundeführer ein *Höchstmaß* an Führvermögen. Denn das seelische Gleichgewicht des Schutzhundes unterliegt in der Zeit zwischen dem 5. und 10. Monat *starken* Schwankungen.

Den Auftakt dieser *kritischen* Periode des Schutzhundes bildet ein Tief, das durch die Entwicklung seines *Umgebungsbewusstseins* verursacht wird. Die Folge dieser *oft* schon in der 16. Woche beginnenden *inneren* Unsicherheit ist eine Art Platzangst an *fremden* Orten oder gegenüber Veränderungen in der gewohnten Umgebung, die sich z. B. ausdrückt in: Geräuschempfindlichkeit, Schreckhaftigkeit, Scheuheit, starker Unterwürfigkeit usw.

Danach steigt die Belastbarkeit des Junghundes sehr schnell wieder an und findet ihren Höhepunkt in dem mehr oder weniger ausgeprägten „Rüpel- oder Flegelalter" der Rudelordnungsphase. Dies ist die Zeit, in der

a) der Junghund *immer* wieder die Autorität des Hundeführers in *höchstem* Maße testet, indem er z. B. erlernte Anweisungen, Befehle oder Tabus bewusst *nicht* befolgt.
b) *viele* Hundeführer als Autorität versagen, weil sie z. B. *schnell* resignieren oder die Behandlungsmethode *nicht* rechtzeitig umstellen.

Diesem Hoch in der Entwicklung des Junghundes folgt das mit inneren Spannungen *zusätzlich* belastete Tief der Pubertät. Diese Phase der *höchsten* Labilität ist jene Zeit, in der die *meisten* Schutzhunde seelisch und leistungsmäßig ruiniert werden.

Die von Höhen und Tiefen gekennzeichnete *kritische* Periode im Leben des Schutzhundes wird vom Hundeführer am *besten* gemeistert, wenn er den Junghund

1. *oft* in freier Natur *unangeleint* und *ungezwungen* toben lässt und mit ihm *zielgerichtet* spielt.
2. *verschiedene* und möglichst *neue* Orte zeigt und kennen lernen lässt.

3. *viele* Objekte in bekannter und fremder Umgebung untersuchen lässt.
4. *niemals* zu einer Entscheidung drängt, vor der er *große* Angst hat.
5. *nur* jene Übungen lehrt, die der Junghund *gern* ausführt.
6. *nicht* durch Unter- oder Überforderung sowie *unklare* Verhaltensweisen verunsichert oder in seiner Entwicklung blockiert.
7. *immer* wieder durch autoritäre Führweise innerlich *optimal* absichert.
8. *stets* konsequent behandelt und seiner Tagesform entsprechend individuell *dosiert* lobt oder tadelt, belohnt oder bestraft.

Die Erziehung selbst wird in *zwei* Stufen durchgeführt:

1. Die Rudelordnungsphase (5. und 6. Monat)

Die Rudelordnungsphase ist der *wichtigste* Lebensabschnitt des Junghundes und der *entscheidende* Zeitraum für das Mensch-Hund-Verhältnis. Denn zwischen der 17. und 24. Woche wird

a) das Entwicklungs- und Lernstadium des Junghundes seinen Höhepunkt erreichen, *vor allem* in dem Rangstreit, dem Beobachtungslernen und der Umwelterkundung.
b) die Einstellung des Junghundes zu seinem Führer und die damit verbundene Art der Bindung und Gefolgschaftstreue *endgültig* festgelegt.

Diese Phase der *höchsten* Belastbarkeit des Junghundes ist *gleichzeitig* der *härteste, schwierigste* und *gefährlichste* Zeitabschnitt für den Hundeführer. Denn der Junghund

a) überprüft *immer* wieder sein in der Rangordnung entstandenes Bild von den Eigenschaften des Hundeführers. Dabei testet der Junghund den Hundeführer umso *eingehender*, je *unklarer* sein Führerbild ist.
b) versucht mit „allen Mitteln" seine *eigene* Rangstellung innerhalb des Mensch-Hund-Rudels zu erhöhen. Dabei rebelliert der Junghund umso *intensiver*, je *größer* sein ererbtes und entwickeltes Trieb- und Intelligenzpotenzial ist und je *weniger* er den Hundeführer als Autorität anerkennt und respektiert.
c) prägt sich das vom Hundeführer gemachte Führerbild so ein, dass es von diesem *später kaum* mehr retuschiert werden kann. Der Hundeführer kann z. B. den auf seine Person *stark* fehl-

geprägten Schutzhund höchstens noch durch *starken* Zwang gefügig machen.
d) verursacht gegenüber einem *unqualifizierten* Hundeführer künftig *immer* Dominanzprobleme, vor allem bei zu *nachgiebigen* Menschen. Denn der echte Schutzhund interpretiert Nachgiebigkeit als Unterwürfigkeit und zeigt dem Hundeführer *immer* wieder seine Überlegenheit.

Die für das *optimale* Zusammenleben und Zusammenwirken notwendige *sehr enge* Bindung und *unverbrüchliche* Gefolgschaftstreue entwickelt der Junghund am *besten* durch eine *konsequente* disziplinierte Erziehung. Dabei sollte der 5. Monat *vorwiegend* dafür genutzt werden, das bisher Gelehrte zu vervollkommnen und zu festigen, Nichtgelehrtes nachzuholen und Belehrungsfehler zu beseitigen.

Die *wichtigsten* Maßnahmen der *disziplinierten* Erziehung sind die im 5. Abschnitt des Buches: „Vom Welpen zum idealen Schutzhund" beschriebenen Übungen: Methodische Förderung des Bringtriebes, Sitz – Bleib da, Fuß an der Leine, Steh – Bleib da und Platz – Bleib da.

Die bisher durchgeführte *spielerische* Förderung und Absicherung des Junghundes im Beutetrieb wird abgeschlossen. Das „Beutefang- und Festhalte-Spiel" und das „Verbellspiel" werden *schrittweise* in eine *klare* Beutearbeit übergeleitet. Dabei besteht der Unterschied zwischen dem *allgemeinen* Beutespiel und der *speziellen* Beutearbeit im Wesentlichen darin, dass der Beutetrieb bei

a) dem Beutespiel überwiegend *ohne* Belastung des Schutzhundes genutzt wird.
b) der Beutearbeit überwiegend *mit* Belastung des Schutzhundes genutzt wird.

Die Grundvoraussetzung für die *systematische* Umwandlung des Beutespiels in eine Beutearbeit ist jedoch, dass

a) das vorangegangene *tägliche* „Beutefang- und Festhalte-Spiel" und das „Verbellspiel" den Beutetrieb des Junghundes *optimal* gestärkt haben. Dabei ist der Ausprägungsgrad des Beutetriebes vom Hundeführer *öfter* durch *dosierte* Belastungen zu prüfen.
b) der Zahnwechsel des Junghundes im Wesentlichen abgeschlossen ist und er das Beutestück wieder *problemlos* festhalten kann.

Der erste Schritt in Richtung Beutearbeit bildet die im 5. Abschnitt des Buches: „Vom Welpen zum idealen Schutzhund" aufgezeigte Verbellübung mit dem Helfer. Dagegen hängen die weiteren Schritte *vor allem* davon ab, ob der Schutzhund die

a) für eine *gezielte* Beutearbeit *notwendigen* Anlagen besitzt.
b) fremden Menschen *mehr* für Artgenossen oder Gegner hält.
c) Belastungen nach *vorn* umzusetzen gelernt hat.
d) entsprechende Unterstützung durch den Hundeführer bekommt.

Die Umstellung auf die Beutearbeit sollte auf *jeden* Fall bei jenen Schutzhunden erfolgen, die *alle* Voraussetzungen zum *echten, führigen* Schutzhund mitbringen. Denn gerade bei diesem Hundetyp sind die folgenden *allgemeinen* Negativeffekte unerwünscht, die *unweigerlich* durch die Nichtgewöhnung an die *notwendigen* äußeren Einwirkungen entstehen:

1. Der Beutetrieb wird durch die *ständige* spielerische Nutzung *nicht* gefordert und gesteigert, sondern unterfordert und langsam abgebaut.
2. Der Beutetrieb ist durch die Unterforderung *immer* schwieriger auszulösen und die aktionsspezifische Ermüdung tritt *immer* schneller und länger auf.
3. Der Schutzhund verliert *immer* mehr das Interesse an der Beute und wird mit *großer* Sicherheit bei *belastenden Kampfhandlungen versagen*.
4. Der Schutzhund wird die späteren starken Belastungen in der Regel *nicht* verkraften und *zeitlebens* für Schutzzwecke untauglich sein.
5. Der Hundeführer sucht die Ursachen der fehlerhaften Schutzarbeit *nicht* bei sich, sondern macht *allgemein* den Schutzhund, die „Beutearbeit" oder den Helfer für den Misserfolg verantwortlich.

Das Hauptziel bei der Beutearbeit besteht im 6. Lebensmonat darin, die Aufmerksamkeit des künftigen *echten, führigen* Schutzhundes von der Beute weg auf den Helfer zu lenken. Denn der *echte, führige* Schutzhund soll so früh wie möglich lernen, dass *nicht* die Beute der wichtigste Teil bei der Auseinandersetzung mit dem Helfer ist, *sondern* der Helfer selbst. Diese frühe Erfahrung hat den *entscheidenden* Vorteil, das sie *zeitlebens* nachwirkt und dem Schutzhund später erheblich stärkere Unannehmlichkeiten erspart bleiben.

Das Ziel selbst kann auf *direktem* oder *indirektem* Weg erreicht werden:

1. Die direkte Lernart

Dieses Verfahren ist zweispurig durchführbar, indem der Helfer bei dem

a) *umfassend* sozialisierten Junghund als Beutekonkurrent auftritt.
b) *mangelhaft* sozialisierten Junghund als Feind den sich entwickelnden Wehrtrieb anspricht.

Die Arbeit beginnt damit, dass der Helfer dem Junghund die nach dem Bellen im ersten Lernschritt überlassene Beute *sofort* wieder streitig macht. Dies kann z. B. dadurch geschehen, dass der Helfer den Junghund *individuell dosiert*

a) auf den Fang schlägt, wenn er sich *nach* dem Fallenlassen der Beute wieder auf diese konzentriert.
b) in die Flankengegend kneift, wenn er sich *nach* dem Erhalt der Beute von ihm wegdreht.
c) seitlich am Kopf festhält, wenn er die *erhaltene* Beute trägt oder sich auf der Erde mit ihr beschäftigt.

Dabei hat der Helfer *immer* mit *fluchtbereiter, unsicherer* Körperhaltung zu handeln und sich *sofort sichtbar* beeindrucken zu lassen, wenn der Junghund von der Beute ablässt und eine *gezielte* Abwehrreaktion zeigt.

Der Hundeführer hat bei dieser Beutearbeit *von Anfang an* zwei *wichtige* Aufgaben zu erfüllen:

a) die Kopplung der hundlichen Aggression an ein *bestimmtes* Hörzeichen, welches dann später zum Auslösereiz für die Aggression im Schutzdienst wird, z. B. „Pass auf" oder ein Einzelwort oder ein Zischlaut usw. Dies geschieht dadurch, dass der Hundeführer das Hörzeichen *in dem Augenblick* gibt, wenn der Helfer die Aggression des Junghundes durch Schmerzen beim „Streitigmachen" auslöst. Dagegen hat das gewählte Hörzeichen in *allen* anderen Situationen zu unterbleiben.
b) die Bestätigung der hundlichen Kampf-Aktion gegenüber dem Helfer. Dies geschieht dadurch, dass der Hundeführer den Junghund *sofort* und *eindrucksvoll* lobt, wenn dieser die Herausforderung des Helfers annimmt.

Dagegen hat der Hundeführer *jede* Art von Meidereaktionen des Junghundes wie Ausweichen, Zurückziehen usw. *klar* und *konsequent* zu unterbinden.

Diese Taktik führt jedoch nur dann zu dem gewünschten Erfolg, wenn Hundeführer und Helfer *sehr viel* Aufmerksamkeit, Beobachtungsgabe, Einfühlungsvermögen, Geschicklichkeit, Konsequenz, Reaktionsfähigkeit und Schnelligkeit besitzen. Denn der Junghund darf von Hundeführer und Helfer *nicht* nachhaltig *negativ* beeindruckt werden.

2. Die indirekte Lernart

Diese Methode baut auf der *allgemeinen* Tatsache auf, dass Junghunde beim Zusehen *häufig* mehr lernen als bei den *oft* unbeholfenen Bemühungen von Hundeführer und Helfer. Dabei ist der Junghund durch das in diesem Alter sehr *ausgeprägte* „Beobachtungslernen" für diese Lernart *besonders* geeignet.

Das Lernen selbst beginnt damit, dass der Hundeführer schon in der Rangordnungsphase des Schutzhundes *jede* Gelegenheit nutzt, den Junghund bei der Arbeit von *hervorragend* ausgebildeten und kampfstarken Althunden zusehen zu lassen. Dann wird in der Rudelordnungsphase ein *vorzüglich* reagierender, *gut* sozialisierter und *kampfstarker* Althund ausgewählt, der dem Junghund als *spezielles* Vorbild dient.

Der Junghund und Althund werden schon mehrere Tage *vor* dem Spezialtraining miteinander bekannt gemacht und erst bei *vorhandener* Sympathie vom Helfer zusammen gearbeitet. Dabei werden beide Schutzhunde so nebeneinander angebunden, dass sie sich *nicht* behindern und losreißen können.

Der Helfer löst nun das vom Junghund zu lernende Verhalten zunächst *nur* beim Althund aus. Danach wird das Verhalten des Althundes dem Junghund so lange in Abständen vorgeführt, bis der Junghund das Wunschverhalten *deutlich* nachahmt. Dabei darf der Althund aber *niemals* überfordert werden.

Der Helfer überprüft anschließend die gezeigte Reaktion des Junghundes, indem er *beiden* Schutzhunden ein Beuteobjekt gibt. Das Ziel ist erreicht und der Junghund wird *schrittweise* allein weitergearbeitet, wenn er nach dem Erhalt der Beute seine Aufmerksamkeit *sofort* dem Helfer zuwendet.

Die durch den Artgenossen gesteuerte Übernahme des *neuen* Verhaltens verläuft beim Junghund in drei Stufen:

1. Der Junghund folgt den Verhaltensweisen des älteren Artgenossen mit den Blicken.
2. Die Blicke des Junghundes gehen anschließend dem Verhalten des anderen Schutzhundes voraus.

3. Der Junghund vollführt nach einer bestimmten Zeit das beim Althund beobachtete Verhalten auf genau die gleiche Weise.

Diese indirekte Lernart, die z. B. grundsätzlich bei *allen* Schutzdienstübungen der Prüfungsordnung (PO) des Verbandes für das deutsche Hundewesen (VDH) eingesetzt werden kann, hat aber einen *gravierenden* Nachteil: Der Junghund lernt von dem Althund *alle* Verhaltensweisen, *auch* die Fehler!

Deshalb sollte beim Lernen durch „Beobachtung und Nachahmung" *niemals* ein Althund als Vorbild genommen werden, der *negative* Gewohnheiten, Wesens- oder Ausbildungsmängel hat. Vor allem aber darf es *kein* beuteorientierter Althund sein. Dieser Tatsache sollten sich *alle* Hundeführer *unbedingt* bewusst sein, die einen Welpen zusammen mit einem Althund aufziehen. Die Schuld erhält dann fast *immer* der junge Schutzhund, wenn er eines Tages dieselben „Allüren" zeigt wie der Althund. Deshalb sollte sich *jeder* Hundeführer folgende „Faustregel" merken:

Kein noch so gut veranlagter und geprägter Welpe wird seine Fähigkeiten jemals richtig entwickeln und zeigen, wenn er zusammen mit einem wesens- und leistungsschwachen Althund aufwächst oder arbeitet – egal welcher Rasse der ältere Artgenosse angehört!

Die ebenfalls viel zu *wenig* beachtete Tatsache besteht darin, dass die Beutearbeit von dem Junghund *mehr* fordert als das Beutespiel. Diese Mehrleistung im seelischen (Ernsthaftigkeit) und körperlichen (Anstrengung) Bereich kann der Schutzhund aber nur erbringen, wenn seine Konstitution *gezielt* verbessert wird.

Die rasche psychische oder/und physische Ermüdung und die damit verbundene Unlust, Interessenlosigkeit, Lernschwäche, Verkrampfung usw. ist am *besten* durch ein *regelmäßiges* Belastungstraining zu verhindern.

So sind z. B. die bis zum 6. Monat mehr oder weniger spielerischen Bewegungsübungen langsam in ein *systematisches* Training umzuwandeln analog dem 7. Abschnitt, I. Kapitel des Buches „Vom Welpen zum idealen Schutzhund".

2. Die Pubertätsphase (7. bis 10. Monat)

Die Pubertätsphase ist der *schwierigste* und *gefährlichste* Entwicklungsabschnitt im Leben des Junghundes. Denn die zwischen dem 7. und 10. Monat eintretende Geschlechtsreife des Schutzhundes verursacht für die Dauer von etwa vier bis acht Wochen beim Junghund mehr oder weniger ausgeprägte *innere* Unsicherheit und Spannungen. Die Folge davon ist, dass der Junghund

a) *sehr* empfindlich, unbeständig, ungehorsam, vergesslich usw. ist.
b) *nicht* durch noch so starke Maßnahmen *optimal* gelenkt werden kann.
c) *sehr* leicht durch unbeherrschte Aktionen *auf Dauer* verdorben wird oder zerbricht.

Die bei *jedem* Schutzhund zeitlich *unterschiedlich* verlaufende kritische Übergangsperiode in die Erwachsenenphase wird am *besten* überbrückt, wenn der Hundeführer den Junghund

a) *sehr* beherrscht, einfühlsam, konsequent, ruhig und verständnisvoll behandelt.
b) *äußerst* geduldig in seiner Reifung unterstützt.
c) *nicht* zu streng korrigiert und führt.
d) *vorwiegend* Verhaltensweisen ausführen lässt, die er gerne tut.

Die *wichtigsten* Maßnahmen der *disziplinierten* Erziehung und der *gezielten* Triebförderung sollten bis zum 7. Monat abgeschlossen und im Junghund fest verankert sein. Denn diese Erfahrungen bilden die Grundverknüpfungen für *alle* weiteren Lernschritte.

Dagegen sind die in der Pubertätsphase *neu* erlernten Verhaltensweisen selten von Dauer.

Aus diesem Grund sollte der Hundeführer den Schutzhund in dieser *kritischen* Entwicklungsphase insofern beschäftigen, dass *bereits erlernte* Verhaltensweisen erhalten und *begonnene* Verhaltensformungen wie die *allgemeine* Beutearbeit abgeschlossen werden.

Der Kernpunkt dieser Zeitspanne ist jedoch, dass der Schutzhund im Hundeführer eine *absolut* feste und klare Stütze sieht, in ihm *immer* wieder Halt findet und ihm *bedingungslos* vertrauen kann. Dies zuvor aufgebaute Vertrauensverhältnis sollte auf *keinen Fall* durch *unbedachte* Maßnahmen erschüttert oder sogar zerstört werden.

V. Die Abrichtung des erwachsenen Hundes (ab 11. Monat)

Die *konsequente* und *systematische* Förderung des Junghundes sollte bis zu seinem 11. Lebensmonat so weit fortgeschritten sein, dass er zu einem *korrekt* und *zuverlässig* arbeitenden Schutzhund abgerichtet, abgeführt, ausgebildet oder dressiert werden kann.

Die Grundlage dieser *endgültigen* „Programmierung" des Schutzhundes auf seine spätere Aufgabe ist der Gehorsam. Denn *ohne* absolut sicheren Gehorsam verursacht der Schutzhund *nicht* nur Führprobleme, sondern ist *gleichzeitig* wie eine Waffe *ohne* Sicherung oder wie ein Auto *ohne* Bremse.

Die zwei *entscheidenden* äußeren Komponenten einer *optimalen* Führigkeit des *echten* Schutzhundes sind folgende:

1. Die Stopp-Gebote

Das A und O *aller* Gehorsamsübungen ist beim *echten* Schutzhund die „Platz-Übung" und die „Aus-Übung". Denn diese zwei Verhaltensweisen sind *nicht* nur *allgemein* gültige Gewandtheiten des Schutzhundes, sondern *gleichzeitig*

a) eine Art „Notbremse" und „Sicherung" für *unerwünschte* Angriffs- und Beißaktionen des Schutzhundes.
b) ein Mittel zur Förderung und Festigung der *aktiven* Mitarbeit des Schutzhundes.

Dieser Tatsache sollten sich alle Hundeführer *unbedingt* bewusst sein. Dabei ist gerade der *letzte* Punkt eine *wichtige* Komponente zur Regulierung der Führigkeit *und* der Kampfstärke des Schutzhundes. Denn durch die *richtige* Unterbrechung z. B. einer Folgehandlung durch die „Platz-Übung" entsteht bei *gleichzeitiger* Verhinderung *anderer* Bewegungsweisen (Ersatzhandlungen) im Schutzhund ein Triebstau, der ihn zu einer geradezu *explosionsartigen* Erledigung der nachfolgenden Verhaltensweisen veranlasst.

Dasselbe gilt für die „Aus-Übung". Jedoch sollte hierbei das *gezielte* Bellen als eine Art „Überdruckventil" eingebaut werden, damit die Kampfintensität erhalten bleibt und der Schutzhund *nicht* durch Überbelastung ins Meideverhalten kippt. Da die Befreiung aus der *inneren* Zwangslage dem Schutzhund außerdem das Gefühl vermittelt, dass er die anschließende Verhaltensweise *nicht* zeigen *muss, sondern* zeigen *darf*, wird er mit der Zeit zum *aktiven* Mitarbeiter.

2. Die Autorität des Hundeführers

Die Wirksamkeit des Gehorsams wird beim *echten* Schutzhund wie bei allen Hunden von der Autorität des Hundeführers geregelt. Denn diese Führeigenschaft ist das *wichtigste* Steuerelement des hundlichen Meutetriebs und wird *primär* von folgenden Hundeführermerkmalen beeinflusst: der Denkfähigkeit; dem Durchsetzungsvermögen; der geistigen Reife; dem Realismus; der Fähigkeit Schlussfolgerungen zu ziehen; der Sicherheit; der Verantwortung; der Willensstärke und dem Wissen. Dabei bewirkt die unterschiedliche Stärke des Meutetriebs, dass fast *jeder* Schutzhund einen *anderen* Ausprägungsgrad der Autorität zu seiner *optimalen* Führigkeit benötigt.

Diese Tatsache sollte ebenfalls kein Hundeführer vernachlässigen. Dabei verursacht vor allem ein Mangel an Durchsetzungsvermögen, Klarheit, Sicherheit und Willensstärke das *größte* Führungsproblem.

Der in Bezug auf das Führerbild fehlgeprägte Schutzhund beginnt sich ab dem 9. Lebensmonat langsam und sicher gegen den Hundeführer aufzulehnen. Diese kontinuierlich ansteigende *aktive* oder *passive* Auflehnung, die *allgemein* von den Hundeführern als Bissigkeit, Dickfelligkeit, Dickköpfigkeit, Allüren usw. des Schutzhundes abgetan wird, führt durch diese *absurde* Fehldeutung *stets* zu demselben Ergebnis:

Der *echte* Schutzhund kündigt wie alle „Oberhunde" ab dem 18. Lebensmonat bei der ersten besten Gelegenheit *endgültig* den Gehorsam auf und zeigt der Umwelt *unmissverständlich*, wie er seinen Führer einschätzt. Da dieser „Aufstand" des *echten* Schutzhundes für den *unreifen* Hundeführer fast *immer* überraschend kommt, verliert er in der Regel diese von vornherein *vermeidbare* Kraftprobe und der Schutzhund wird bei diesem Hundeführer *zeitlebens* zum Problemhund. Denn der zum Rudelführer aufgestiegene Schutzhund wird den eroberten Führungsposten künftig mit *allen* Mitteln verteidigen und sich in *keiner* Weise mehr *optimal* führen lassen.

Der einzige *vernünftige* Ausweg aus diesem Dilemma besteht darin, dass der Hundeführer den für ihn „unreparierbar" gewordenen Schutzhund an einen *besseren* Hundeführer verkauft. Denn der Schutzhund richtet sein *feiner* abgestuftes individuelles Verhaltens- und Leistungsbild *stets* nach der Gesellschaft seines jeweiligen Sozialpartners.

1. Die Anpassungsphase (11. und 12. Monat)

Die Anpassungsphase ist eine Zeitspanne, in der die *bisherige* Aufbauarbeit insoweit abgeschlossen wird, als die gelehrten Übungen überprüft, vollendet und gefestigt werden. Außerdem werden evtl. vorhandene Aufbaufehler mit *unerschütterlicher* Autorität, Aufgeschlossenheit, Beherrschtheit und Konsequenz beseitigt. Dabei werden die Gehorsamsübungen ergänzt durch die im

- 5. Abschnitt des Buches: „Vom Welpen zum idealen Schutzhund" beschriebenen Übungen: Platz – hier und Fuß ohne Leine.
- 6. Abschnitt des vorgenannten Buches beschriebenen Übungen: Hopp – Bring und Voraus – Platz.

2. Die Erwachsenenphase (ab 13. Monat)

Der in *jeder* Hinsicht *optimal* aufgebaute Schutzhund wird ab dem 13. Lebensmonat *konsequent* auf die einzelnen Schutzhund- oder Internationale-Prüfungen vorbereitet. Dabei werden zunächst die Gehorsamsübungen „Hopp – Bring" und „Voraus – Platz" bis zur Vollkommenheit ausgebaut. Danach werden *alle* Gehorsamsübungen durch ein *regelmäßiges*, in der Regel *einmaliges wöchentliches* Auffrischungstraining so stabilisiert, dass der Schutzhund in *jeder* Situation *aufmerksam, gezielt, korrekt, schnell* und *willig* arbeitet.

Die *wichtigsten* Verhaltensweisen des *sportlichen* Schutzdienstes lernt der *echte* Schutzhund *grundsätzlich* nach den im 6. Abschnitt des Buches: „Vom Welpen zum idealen Schutzhund" beschriebenen Richtlinien der Übungen: Stellen und Verbellen, Streifen nach dem Helfer, Auslassen und Transport mit Überfall, Flucht und Abwehr sowie Einholen und Mutprobe.

Damit sind die *entscheidenden* Grundlagen für einen *optimalen* Aufbau des echten, führigen Schutzhundes beschrieben. Die für ein *optimales* Schutzverhalten *wichtigen* Erkenntnisse werden im III. Teil dieses Buches *ausführlich* behandelt und bildlich dargestellt.

C:
Der Helfer

Die Tätigkeit des Helfers besteht *allgemein* darin, dem Schutzhund im Schutzdienst tierpsychologisch *richtig* zu helfen, ihn zu fördern, zu stärken und abzusichern (Aufbauarbeit), *gezielt* zu prüfen (Prüfungsarbeit) und evtl. seiner späteren Aufgabe entsprechend *systematisch* weiter- oder umzuarbeiten (Zivilarbeit). Formelartig ausgedrückt:

Schutzdienstarbeit = Aufbauarbeit + Prüfungsarbeit + Zivilarbeit

Diese Tatsache bedeutet, dass der Helfer *gleichzeitig* ein

a) *unterstützender* Lehrmeister für den Schutzhund ist.
b) *nützlicher* Partner für Züchter und Hundeführer ist.
c) *korrekter* Mitarbeiter des Richters zu sein hat.

Die Grundvoraussetzung für die *erfolgreiche* Bewältigung dieser *schwierigen* Aufgabe ist, dass der Helfer als *wirklicher* Verbündeter auftritt und *nicht* als Figurant = Lückenbüßer, Statist usw. oder als Hetzer = Unruhestifter, Aufwiegler usw. Das Ausmaß des Erfolges wird bei der Helferarbeit *in erster Linie* von folgenden Faktoren beeinflusst:

I. Die Eigenschaften des Helfers

Der Helfer im *wahrsten* Sinne des Wortes unterscheidet sich von dem Figuranten, Hetzer usw. vor allem durch das *große* Übergewicht an *positiven* körperlichen und geistig-seelischen Merkmalen. Denn die Qualität der Schutzdienstarbeit hängt *primär* davon ab, dass der Helfer

1. organisch gesund ist und eine *gute* Kondition besitzt. Dabei ist eine besondere körperliche Stärke *nicht* erforderlich und sogar schädlich, wenn sie über die geistig-seelischen Anlagen des Helfers dominiert.
2. für *neue* Ideen und gegenüber *allen* Neuerungen in der Schutzdienstarbeit aufgeschlossen ist (Aufgeschlossenheit) und vernünftig handelt (Intelligenz).

3. seine Arbeit *objektiv* auswertet (Denkfähigkeit) und die entsprechenden Schlussfolgerungen zieht (Schlussfolgerungen ziehen).
4. auf dem Schutzdienstsektor ein *wirklicher* Fachmann ist (geistige Reife), ein *genaues* Bild von seiner Arbeitsweise besitzt (Vorstellungsvermögen) und sein Fachwissen *ständig* erweitert (Wissen).
5. seine Aufgabe *sicher* beherrscht und erfüllt (Sicherheit), einen *nüchternen* Sinn für die tatsächlichen Verhältnisse hat (Realismus) und seine Fähigkeiten *genau* kennt (Selbsterkenntnis).
6. sich auf seine Arbeit *genau* konzentriert (Aufmerksamkeit), das Mensch-Hund-Team *richtig* einschätzt (Beobachtungsgabe) und zwischen richtigem und falschem Verhalten *sorgfältig* unterscheidet (Unterscheidungsgabe).
7. in *jeder* Hinsicht zielstrebig (Aktivität), begeistert (Begeisterungsfähigkeit), energisch (Tatkraft), folgerichtig (Konsequenz), schnell (Schnelligkeit) und verantwortungsbewusst (Verantwortung) arbeitet.
8. sich *stets* in der Gewalt hat (Beherrschtheit), den Schutzhund *verständnisvoll* behandelt (Einfühlungsvermögen) und *geschickt* mit ihm kämpft (Geschicklichkeit).
9. seine Arbeit *vielseitig* gestaltet (Vielseitigkeit) sowie auf die Aktionen und Reaktionen des Schutzhundes *sofort* (Reaktionsvermögen) und *eindrucksvoll* (Festigkeit) reagiert.
10. mit dem Schutzhund regelmäßig (Regelmäßigkeit) und beständig (Ausdauer) arbeitet und das Endziel entschlossen (Entschlossenheit) und drangvoll (Ehrgeiz) anstrebt.

II. Die wichtigsten Helfertypen

Der Helfer meistert seinen *gesamten* Aufgabenbereich nur dann *optimal*, wenn seine Eigenschaftskonstellation *alle* für das Fach *notwendigen* Anlagen in *ausgeprägter* Form umfasst.

Dieser *ideale* Universalhelfer ist aber eine Rarität, weil nachweislich die *wenigsten* Menschen *allen* Anforderungen im *erwünschten* Maße gerecht werden. Deshalb besteht der einzig *richtige* und *erfolgversprechende* Einsatz von Helfern darin, diese entsprechend ihren Begabungen und Fähigkeiten zu schulen und arbeiten zu lassen.

Die Aufgliederung der Helfer erfolgt am *besten* analog den drei Aufgabenbereichen im Schutzdienst. Dies ergibt folgende drei Helfertypen:

1. Die Aufbauarbeit – Aufbauhelfer

Der Kern dieser Tätigkeit besteht *allgemein* darin, die in den einzelnen Schutzhunden schlummernden Schutzhundanlagen *individuell* und *gezielt* zu wecken und sie im Hinblick auf die spätere Verwendungsart des Schutzhundes *optimal* zu fördern, auszubauen und zu festigen.

Diese Grundlagenarbeit erfordert ein *hohes* Maß an Kunstfertigkeit und Kondition, *umfangreiches* Fachwissen und besonders *ausgeprägte* Fähigkeiten wie Aufgeschlossenheit, Begeisterungsfähigkeit, Beobachtungsgabe, Denkfähigkeit, Einfühlungsvermögen, geistige Reife, Geschicklichkeit, Konsequenz, Reaktionsvermögen, Schlussfolgerungen ziehen, Unterscheidungsgabe und Vielseitigkeit. Denn die *ersten* Erfahrungen setzen sich im Schutzhund sehr *tief* und *nachhaltig* fest.

Demnach sollte der „Künstler" unter den Helfern *keine* Charakterschwächen besitzen wie Engstirnigkeit, Gleichgültigkeit, Scharfblicklosigkeit, Urteilsunfähigkeit, Verständnislosigkeit, Unvollkommenheit, Unbeholfenheit, Inkonsequenz, Trägheit, Unsachlichkeit, Voreingenommenheit und Einseitigkeit.

2. Die Prüfungsarbeit – Prüfungshelfer

Der Kern dieser Tätigkeit besteht *allgemein* darin, die aufgebauten Schutzhunde auf die Anforderungen der einzelnen Schutzhund- oder Internationale Prüfungen *systematisch* vorzubereiten und sie während der Prüfung *fair, korrekt* und *konstant* zu arbeiten.

Diese Routinearbeit erfordert eine *gute* handwerkliche Gewandtheit, *prüfungsmäßiges* Fachwissen und besonders *ausgeprägte* Fähigkeiten wie Aktivität, Ausdauer, Schnelligkeit und Verantwortung. Denn diese Betätigung ist in *erster Linie* ein Sport. Demnach sollte der „Handwerker" unter den Helfern *keine* Charakterschwächen besitzen wie Passivität, Unbeständigkeit, Langsamkeit und Verantwortungslosigkeit.

3. Die Zivilarbeit – Scheintäter

Der Kern dieser Tätigkeit besteht *allgemein* darin, in dem aufgebauten oder im Aufbau befindlichen Schutzhund

a) die *feindbezogene* Aggression auszulösen.
b) die Reizbarkeit der hundlichen Hemmzentren gegenüber einem Feindbild zu erhöhen.

c) das Durchsetzungsvermögen gegenüber *existenziellen* Bedrohungen zu steigern.

Daneben ist der Schutzhund an möglichst *viele* alltägliche Beißsituationen zu gewöhnen. Diese Spezialarbeit erfordert einen *starken,* wagemutigen und kämpferischen Einsatz, *geringe* Schmerzempfindlichkeit und besonders *ausgeprägte* Fähigkeiten wie Aufmerksamkeit, Entschlossenheit, Realismus und Tatkraft. Denn durch diese Arbeit wird der Schutzhund erst zum wirklichen Schutzhund.

Demnach sollte der „Recke" unter den Helfern *keine* Charakterschwächen besitzen wie Unaufmerksamkeit, Unentschlossenheit, Schwärmerei und Energielosigkeit.

Diese Abstimmung der Helfereigenschaften auf die einzelnen Wirkungsbereiche des Schutzdienstes ergibt formelartig ausgedrückt folgendes Bild:

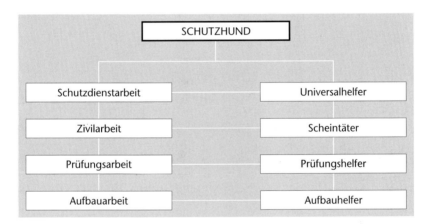

III. Die Ausbildung des Helfers

Die Schulung eines Helfers beginnt mit dessen Auswahl. Dabei sind die *oft* zu hörenden Gesichtspunkte wie Körperstärke, Größe, Alter, Sympathie usw. in *keiner* Weise *primäre* Auswahlkriterien.
Die *richtige* Form bei der Suche nach einem *guten* Helfer besteht *allgemein* in der Beantwortung von gezielten Fragen. Diese können z. B. lauten:
Ist der angehende Helfer

1. ein *aktiver* Hundesportler oder
   ein Mensch, der seinen Schutzhund *mehr* an der Theke als in der Praxis ausbildet?
2. ein Hundeführer, der den Schutzhund lern- und tierpsychologisch *richtig* formt, oder
   ein Hundeführer, der den Schutzhund *mehr* vermenschlicht, versachlicht, versklavt usw.?
3. eine selbstsichere, intelligente, beherrschte und ehrgeizige Persönlichkeit, die ihre Stärken und Schwächen genau kennt, oder
   ein *mehr* unsicherer, dummer, unbeherrschter und drangloser Mensch?
4. ein Mensch, der *wirklich* an der Helfertätigkeit interessiert ist, oder
   eine Person, die *mehr* ihren Geltungsdrang, ihre Überheblichkeit oder andere negative Eigenschaften befriedigen möchte?
5. ein solider, hilfsbereiter, uneigennütziger und standhafter Erdenbürger oder
   ein trunksüchtiger, rechthaberischer, missgünstiger und nachlässiger Zeitgenosse?
6. ein Menschenkenner und eine erfahrene Persönlichkeit im *richtigen* Umgang mit Menschen oder
   ein Sonderling, Choleriker, Krimineller usw.?

Die auf diesem Weg gefundene Person ist als Nächstes für den ausgewählten Aufgabenbereich *intensiv* zu schulen. Dabei sollten der künftige Helfer und sein Verein oder Verband *keine* Mühen und Kosten scheuen, den für das jeweilige Fach *besten* Lehrmeister zu verpflichten bzw. den Helfer auf einen entsprechenden Lehrgang zu schicken. Denn dieser Aufwand ist im Verhältnis zu dem späteren Nutzen *völlig* unbedeutend, **besonders beim Aufbauhelfer.**
Die *erste* Voraussetzung für die *erfolgreiche* Beendigung einer *guten* Helferschulung ist, dass der Helfer bereits ein *theoretisches, wissenschaftlich fundiertes* Grundwissen über seine Tätigkeit besitzt. Denn

ohne sichere Grundlage und Kenntnis *allgemein* anwendbarer Gesetze ist auch bei der Helferarbeit *kein echter* Fortschritt zu erzielen.

Diese Tatsache gilt für *alle* Helfertypen, egal ob sie Anfänger, Fortgeschrittene oder Naturtalente sind. Dabei sollten vor allem die erfahrenen Helfer ihre veralteten oder falschen Einsichten durch *neuere* und *bessere* Erkenntnisse ersetzen bzw. ihr unvollständiges *richtiges* Wissen ergänzen. Denn Stillstand in der geistigen Entwicklung bedeutet arbeitsmäßig auf der „Stelle treten" und mit der Zeit ins Hintertreffen geraten.

Die *zweite* Voraussetzung für den Schulungserfolg ist, dass der Helfer die *praktische* Arbeit eines *idealen* Vorbildes *richtig* beobachtet und die Eindrücke mit seinem Wissen gedanklich *richtig* verarbeitet. Dabei bildet die Bereitschaft des Helfers, die sichtbaren und lautlichen Eindrücke

a) *unbefangen* aufzunehmen,
b) *unvoreingenommen* zu überdenken,
c) *objektiv* mit den eigenen Erfahrungen zu vergleichen und
d) *gezielt* seine Gewohnheiten im Bedarfsfall zu ändern,

die geistig-seelische Grundlage dieses Lernaktes.

Der Helfer, der diesen Lernschritt *nicht* vollzieht oder aus irgendwelchen Gründen *nicht* vollziehen *kann*, wird *niemals* ein in *jeder* Hinsicht *erfolgreich* arbeitender Helfer. Denn der Scharfblick und das bildliche Vorstellungsvermögen sind die *entscheidenden* Bindeglieder zwischen Theorie und Praxis.

Die *dritte* Voraussetzung und gleichzeitig die *letzte* und *schwierigste* Lernstufe für eine *durchschlagende* Unterweisung und Arbeitsweise des Helfers ist die Verwirklichung des Lernstoffs. Dabei besteht die Schwierigkeit *in erster Linie* darin das Erlernte so in die Praxis umzusetzen, dass *jeder* gut veranlagte Schutzhund *optimal* aufgebaut wird.

Diese *individuelle*, der Persönlichkeit eines *jeden* Schutzhundes *angepasste* Helferarbeit bedingt aber ein *gefühlvolles, sicheres* und *korrektes* Helferverhalten.

Das Ziel wird erreicht, wenn der Helfer *ausreichend* Gelegenheit erhält, sein Gefühl, seine innere Sicherheit und seinen Bewegungsablauf an *erfahrenen, sauber* arbeitenden *älteren* Schutzhunden zu trainieren. Deshalb ist *jedem* neuen *und* umschulenden Helfer ein gewisser Einarbeitungszeitraum zuzubilligen, der *in erster Linie* seiner Erfahrungsbildung dient. Dabei muss der Helfer *ungezwungen* arbeiten und sich *eigenverantwortlich* entfalten können, sonst wird er *niemals* die gewünschten Leistungen in *vollem* Umfang erbringen.

IV. Die Arbeitsgrundlagen

Die *wichtigsten* Arbeitsgrundlagen für *alle* Helfertypen sind *allgemein* Gesundheit, Kondition und Charakterstärke sowie ein *umfangreiches* Sach- und Fachwissen. Dabei ist das Spezialgebiet des Aufbauhelfers und Scheintäters das hundliche Wesen und die Lernpsychologie, während der Prüfungshelfer besonders die sportlichen Regeln der einzelnen Prüfungsordnungen kennen muss. Daneben sind von *allen* Helfern noch folgende *wichtige* Punkte *bedingungslos* zu berücksichtigen:

1. Der genaue Arbeitsablauf

Der Helfer sollte *niemals* unvorbereitet mit seiner Tätigkeit beginnen, sondern hat *vor* Beginn *jeder* Schutzdienstarbeit *eindeutig* das Arbeitsziel und die dafür notwendigen Maßnahmen festzulegen. Diese Planung ist *genau* mit dem Hundeführer zu besprechen, weil *ohne* dessen Unterstützung der Schutzhund kaum *optimal* geformt werden kann.

Dabei wird *zusätzlich* die Tagesform von Helfer, Hundeführer und Schutzhund bestimmt sowie die von Helfer und Hundeführer zu erbringenden Leistungen.

Die *notwendige* Absprache ist jedoch nur dann für *alle* Beteiligten vorteilhaft, wenn Helfer und Hundeführer

a) *konsequent* und *reibungslos* zusammenarbeiten.
b) *alle* ihre Aufgaben *bestens* erfüllen.
c) in *keiner* Weise einen vorhandenen oder aufkommenden Ärger am Schutzhund abreagieren.
d) auf *keinen* Fall ein evtl. Versagen des Schutzhundes dem Hund anlasten.

Die *richtige* und *erfolgreiche* Zusammenarbeit zwischen Helfer und Hundeführer verläuft *stets* nach folgendem Grundmuster:

a) Der Helfer löst zunächst die *allgemeine* Kampfbereitschaft des Schutzhundes aus und bringt ihn dann durch *gezielte* Reizgestaltung trieblich auf *volle* „Touren".
b) Der Helfer gibt dem Schutzhund *nach* dem Anbiss durch *ruhige* Arbeit die Chance, aus sich herauszugehen und zu kontern bzw. sich im Beißen abzureagieren. Dabei vermittelt er dem Schutzhund das Gefühl der Überlegenheit.

c) Der Hundeführer veranlasst den Schutzhund *konsequent* zu einer *korrekten* Arbeitsweise, *ohne* dass der Meutetrieb den Kampftrieb des Schutzhundes zu stark beeinflusst.
d) Der Helfer unterstützt die Gehorsamsarbeit des Hundeführers *nicht* durch Schläge oder andere *harte* Einwirkungen, sondern *in erster Linie* durch Schnelligkeit, Schocken und Körperausstrahlung.
e) Der Helfer und der Hundeführer lehren den Schutzhund *unmissverständlich*, dass die Aus-Phasen *nur* Überleitungen zu den einzelnen Beißphasen sind und *nicht* die Auseinandersetzung mit dem Helfer beenden. Dabei ist darauf zu achten, dass die Unterbrechungen die Triebe des Schutzhundes stärken und den Kampfstress mindern.
f) Der Helfer und der Hundeführer nehmen bei den einzelnen Verhaltensweisen des Schutzhundes eine *exakte* Körperhaltung ein, sodass für den Schutzhund eine *deutliche* Verknüpfungsmöglichkeit und eine *klare* Verhaltensituation entsteht.
g) Der Helfer und der Hundeführer lehren den Schutzhund *von Anfang an*, dass er Belastungen *standzuhalten* hat und diesen nicht durch Meideverhalten entgehen, sondern sie *nur* durch Angriff beseitigen kann. Dabei ist der Einwirkungsgrad *genau* auf den Hundetyp abzustimmen und von *keinem* Gestalter *unvermittelt* und *übertrieben* zu erhöhen.

2. Die sichere Körperbeherrschung

Der Helfer erreicht eine sichere Kontrolle seiner Bewegungen am *besten* durch ein *gezieltes* Training und eine Bekleidung, die ihn bei seiner Tätigkeit zwar *gut* schützt, aber in *keiner* Weise behindert. Dabei sind Schuhe oder Stiefel mit *starker* Profilsohle die *wichtigsten* Kleidungsstücke, weil

a) ein *schlechtes* Schuhwerk eine *unsichere* Standfestigkeit bedeutet.
b) eine *unsichere* Standfestigkeit eine *mangelnde* Körperbeherrschung zur Folge hat.
c) eine *mangelnde* Körperbeherrschung *fehlerhafte* Reaktionen hervorruft.
d) *fehlerhafte* Reaktionen *falsche* Verknüpfungen bewirken.
e) *falsche* Verknüpfungen einen *Problemhund* ergeben.
f) ein *Problemhund* zu einer *zweifelhaften* Zusammenarbeit führt.
g) eine *zweifelhafte* Zusammenarbeit *unweigerlich* mit einem Misserfolg endet.

3. Die richtige Reizgestaltung

Die *wichtigsten* Reizmittel sind die Körperspannung, die Bewegungsformen und die Lautäußerungen des Helfers sowie das Beuteobjekt, die Peitsche und der Stock.

Diese *triebsteigernden* Mittel hat der Helfer während des Schutzdienstes so *geschickt* einzusetzen, dass der Schutzhund *ständig* auf einem *hohen* Triebniveau bleibt. Dabei hängt der Erfolg dieser Arbeit *entscheidend* davon ab, dass die

a) Art, Stärke und Wiederwahl der Reize *genau* dem jeweiligen Hundetyp entsprechen.

Denn die Reaktionsweisen des Schutzhundes werden *primär* beeinflusst von den Erfahrungs-, Gewöhnungs- und Ermüdungswerten, die der Schutzhund gegenüber dieser Reizgestaltung oder den Einzelreizen besitzt oder aufbaut.

b) Reize die einzelnen Kampftriebkomponenten des Schutzhundes *wirkungsvoll* auslösen.

Denn die Reaktionsstärken des Schutzhundes werden *primär* beeinflusst von dem Ausprägungsgrad der einzelnen Triebelemente und der Empfindlichkeit gegenüber der speziellen Reizgestaltung oder den Einzelreizen.

c) Reizmittel auch *wirklich* als solche eingesetzt werden und *nicht* zu abstumpfenden Mitteln ausarten.

Denn die Reaktionsqualitäten des Schutzhundes werden *primär* beeinflusst durch gezieltes Reizen und *nicht* z. B. durch obligatorisch regelmäßiges Schlagen mit Peitsche oder Stock.

4. Das Aktions-Reaktions-Schema

Die Schutzdienstarbeit ist *generell* ein Wechselspiel zwischen Aktion und Reaktion von Helfer, Schutzhund *und* Hundeführer. Dabei haben Helfer und Hundeführer die Verhaltensweisen des Schutzhundes

a) *ständig* zu beobachten. Denn diese zeigen den Gestaltern, ob ihre Aktionen und Reaktionen richtig oder falsch sind. Dabei sind die feinfühliger reagierenden Hündinnen die besseren Anzeiger.

b) *immer* zu beantworten. Denn *jede* unbeachtete Verhaltensweise wirkt sich auf das Kampfverhalten des Schutzhundes *negativ* aus. Dabei erzeugen besonders die unbestätigten *positiven* Handlungen des Schutzhundes eine *kampftriebsenkende* Wirkung.

Das Aktions-Reaktions-Spiel selbst verläuft *stets* nach demselben Schema:

a) Der Helfer versucht durch eine *gezielte* Reizgestaltung eine *bestimmte* Kampftriebkomponente beim Schutzhund zu aktivieren.

Beispiel:
Helfer droht = Versuch zur Auslösung der hundlichen Aggression.

b) Die Verhaltensweise des Helfers zeigt je nach Gestaltungsart sowie Anlage und Verfassung des Schutzhundes eine *bestimmte* Wirkung.

Beispiel:
Helfer droht = Hund wehrt ab = richtige Aktion + Reaktion.
Helfer droht = Hund zeigt nur Interesse = ungenügende Aktion + Reaktion.
Helfer droht = Hund meidet = falsche Aktion + Reaktion.

c) Die Reaktion des Schutzhundes löst bei Helfer und Hundeführer eine Erwiderung aus.

Beispiel:
Hund wehrt ab = Helfer meidet = Hundeführer lobt Hund.
Hund zeigt nur Interesse = Helfer verstärkt Drohung = Hundeführer ist neutral.
Hund meidet = Helfer droht mit verringerter Intensität weiter
= Hundeführer greift mit Hund Helfer an – Helfer meidet.

d) Die Maßnahmen des Helfers *und* Hundeführers beeinflussen rückwirkend das weitere Verhalten von Schutzhund, Helfer und Hundeführer.

Beispiel:
Helfer droht erneut = Hund verstärkt die Abwehr = Hundeführer lobt Hund intensiver.
Helfer droht verstärkt = Hund wehrt ab = Hundeführer lobt Hund oder
= Hund meidet = Hundeführer reagiert wie unter Punkt c).

Helfer droht schwächer = Hund zeigt Abwehrverhalten = Hundeführer lobt Hund oder
= Hund hält Drohung stand = Hundeführer ist neutral oder
= Hund meidet erneut = Hundeführer reagiert in verstärkter Form wie unter Punkt c).

5. Die korrekte Abwehr des Schutzhundes

Die Brauchbarkeit des Helfers wird am *deutlichsten* sichtbar bei der Abwehr des Schutzhundes. Denn trotz schützender Bekleidung entsteht im Augenblick der *direkten* Konfrontation mit dem Schutzhund bei den meisten Helfern ein kurzes, meist unbewusstes Angstgefühl, das zu den *verschiedensten* Fehlreaktionen führt, z. B. Verkrampfung, Nervosität, Wut, Fluchttendenz usw. Die Folge davon ist, dass diese körperlichen und seelischen Anspannungen *oft* in *unfairer* Weise am Schutzhund abreagiert werden.

Dieses *unsachliche* und *unsinnige* Gebaren wie den Schutzhund *hart* auflaufen zu lassen, *sinnlos* am sauberen Beißen zu hindern, *unsachgemäß* zu verprügeln, *ausweichend* anzunehmen usw. ist in der Regel bei Prüfungshelfern zu beobachten. Dabei ist die Neigung zu unsportlichem Verhalten vor allem bei jenen Helfern am größten, die

a) noch *geringe* oder *falsche* Kenntnisse und Erfahrungen besitzen oder eine *unrealistische* Einstellung zum Schutzhund haben.
b) ihre *negativen* Anlagen wie Eigenwilligkeit, Gewalt, Leichtsinn, Nervosität, Reizbarkeit und Unversöhnlichkeit *nicht* beherrschen.
c) unter verschiedenartigen Komplexen leiden.

Da die Regeln des „Fairplay" nicht nur für Hundeführer und Schutzhund gelten, sondern *auch* für den Helfer, sind solche unqualifizierten Helfer bis zur entsprechenden Besserung abzulehnen. Dies gilt besonders für „Personen im Schutzanzug", die auf Wettkämpfen, Prüfungen und Körungen tätig sind.

Die Annahme des angreifenden Schutzhundes hat beim Aufbau und auf Prüfungen *grundsätzlich* mit etwas *vorgestrecktem*, in *Brusthöhe* gehaltenem Schutzarm zu erfolgen. Dabei hat der vorwärts oder rückwärts gehende Helfer den anspringenden Schutzhund *federnd* über die zwischen Brust und Schutzarm liegende „Knautschzone" abzufangen. Gleichzeitig hat der Helfer sich um 180 Grad *geschickt* und *schnell* zu drehen und den Schutzhund *gefühlvoll* wieder abzusetzen. Danach hat der Helfer den Schutzarm *sofort* wieder an seine Brust zu ziehen und mit dem Schutzhund *angemessen* weiterzukämpfen. Der *direkt* auf den angreifenden Schutzhund zulaufende Helfer hat den anspringenden Schutzhund durch ein *kurzes* Verweilen aufzufangen.

Der ohne sichtbaren Armschutz arbeitende Scheintäter hat den angreifenden Schutzhund entweder wie vorher beschrieben oder frontal mit dem Oberkörper *federnd* anzunehmen.

6. Die gezielten Einwirkungen auf den Schutzhund

Die Bestätigungen und Bestrafungen des Schutzhundes stärken oder schwächen *grundsätzlich alle* Verhaltensweisen, egal ob sie erwünscht oder unerwünscht sind. Deshalb sollten Helfer und Hundeführer ihre belohnenden, lobenden und strafenden Maßnahmen *niemals* unkontrolliert einsetzen, sondern *ausschließlich* und *eindrucksvoll* bei *deutlich* sichtbar erwünschtem und unerwünschtem Verhalten des Schutzhundes.

Dabei liegt der *richtige* Zeitpunkt für die

a) *positiven* Einwirkungen *stets* zu Beginn oder *beim* Ablauf des Wunschverhaltens.

Beispiel 1
Der Hundeführer lobt den Schutzhund *sofort*, wenn er bei der Helferdrohung nach *vorn* in die Aggression geht. Dagegen wird der Schutzhund z. B. *nicht* gelobt, wenn er nur Interesse zeigt. Denn dadurch wird *nicht* die erwünschte Angriffshandlung ausgelöst, sondern nur die *neutrale* Standhaftigkeit bestätigt. Die Folge davon ist eine Zunahme des *passiven* Verhaltens des Schutzhundes.

Beispiel 2
Der Helfer belohnt den Schutzhund beim Verbellen nur *während* des Lautgebens durch Beißenlassen. Dagegen wird dem Schutzhund der Schutzarm *nicht* nach dem Belllaut angeboten. Denn dadurch wird *nicht* das erwünschte Bellen bestätigt, sondern die Bellpause. Die Folge davon ist, dass der Schutzhund zum „Pausenbeller" wird.

b) *negativen* Einwirkungen stets eine *halbe* Sekunde *nach* Beginn des Fehlverhaltens.
Beispiel:
Der Hundeführer versetzt dem Schutzhund *sofort* einen Strafreiz, wenn er den Ansatz zum Nachbeißen zeigt. Dagegen wird von *keinem* Gestalter auf den Schutzhund eingewirkt, wenn er schon gebissen hat. Denn dadurch wird *nicht* der Vorgang des Nachbeißens bestraft, sondern das ansonsten *richtige* Beißverhalten. Die Folge davon ist, dass der Schutzhund mit der Zeit ein unsicheres Beißverhalten und schlechten Griff zeigt.

Die für den Lernerfolg des Schutzhundes *entscheidenden* Bestätigungsarten im Schutzdienst sind folgende:

a) Das *körperliche* und *lautliche* Lob des Hundeführers und Helfers, das der Schutzhund *stets* zu Beginn oder während der erwünschten Verhaltensweise erhält. Dabei ist zu beachten, dass das Lob des Hundeführers *nur* dann unterstützend und leistungsfördernd wirkt, wenn der Schutzhund *vollstes* Vertrauen zum Hundeführer hat. Dieses Vertrauen ist durch das *ehrliche* Spiel *von Anfang an* aufzubauen und *primär* in der Fährtenarbeit zu festigen.
b) Die Erlösung aus einem Triebstau durch die Aufhebung einer Gehorsamsübung seitens des Hundeführers (z. B. Revieren nach der Einnahme einer *korrekten* Sitzposition) oder des Helfers (z. B. Flucht nach der Einnahme einer *korrekten* Liegeposition).
c) Der Erhalt des Beuteobjekts *während* des Ablaufes einer *erwünschten* Verhaltensweise (z. B. während des Bellens oder Konterns.
d) Die Fortsetzung des vom Hundeführer unterbrochenen *aktiven* Kampfverhaltens, z. B. nach *korrektem* Transport oder *fehlerfreier* Aus-Phase.
e) Das Meideverhalten des Helfers, z. B. bei *aggressivem* Abwehrverhalten des Schutzhundes.

Die bei der Schutzdienstarbeit unumgänglichen *negativen* Einwirkungen sind folgende:

1. Die *körperlichen* und *lautlichen* Strafreize des Hundeführers, die der Schutzhund *stets* eine *halbe* Sekunde *nach* Beginn der unerwünschten Verhaltensweise erhält. Dabei ist jedoch *genau* zu unterscheiden zwischen

a) der Korrektur
Das sind *alle* individuell *dosierten* Maßnahmen, die eine *unrichtige* Ausführung eines *erlernten* Wunschverhaltens *sofort* unterbinden und den Schutzhund zur *richtigen* Handlungsweise veranlassen, z. B. leichte Leinenrucks, unwillige Worte, Drohbewegungen.

b) dem Zwang
Das sind *alle* individuell *dosierten* Maßnahmen, die den Schutzhund dazu veranlassen, ein *erwünschtes* und *erlerntes* Verhalten *absolut* zuverlässig auszuführen. Dabei wird *nach* einem Fehler so lange mit *dosiertem* Zwang auf den Schutzhund eingewirkt, bis er das Wunschverhalten wieder zu zeigen beginnt. Dann hört sofort der Zwang auf und das *richtige* Verhalten wird bestätigt.

c) der Bestrafung
Das sind *alle* stärker *dosierten* Maßnahmen, die den Schutzhund dazu veranlassen, ein *unerwünschtes* Verhalten zu unterlassen, z. B. stärkere Leinenrucks, harte Einschüchterungslaute, blitzartiges, starkes Erschrecken oder Schocken.

d) dem Starkzwang
Das sind *alle* stark *dosierten* Maßnahmen, die den Schutzhund dazu veranlassen, ein gravierendes oder gefährliches Fehlverhalten *absolut* zuverlässig zu unterlassen, z. B. Auflehnung gegen den Hundeführer. Dabei bewirkt wie unter Punkt 2 der *Abbruch* des Störreizes den Lernerfolg und *nicht* den Zwang selbst.

2. Die *körperlichen* Strafreize des Helfers, die er dem Schutzhund beim Versagen des Hundeführers notfalls geben muss. Dabei ist jedoch *unbedingt* darauf zu achten, dass diese *negativen* Helfereinwirkungen auch *wirklich* Notaktionen bleiben. Denn ist der Helfer *öfter* gezwungen, den Schutzhund zur „Räson" zu bringen, besteht die *akute* Gefahr der „Helferabhängigkeit".

Dies hat zur Folge, dass der von den Strafreizen des Helfers oder von dem strafenden Helfer abhängige Schutzhund z. B.

a) *selten* ein echter, führiger Schutzhund wird.
b) *meist* nur nach Erhalt der Strafreize oder aus Furcht vor dem strafenden Helfer gut arbeitet.
c) *allgemein* bissig, bösartig, unberechenbar und unsicher wird.
d) *mit der Zeit* im Schutzdienst versagt oder ausartet.

Da die "disziplinarischen" Maßnahmen des Helfers dem Schutzhund *und* dem Hundeführer *letztlich* mehr schaden als nutzen, sollte *jeder* vernünftige und verantwortungsbewusste Helfer es ablehnen, die *ungenügende* Hundeführertätigkeit durch eigene Aktionen auszugleichen.

7. Die Steuerung des Kampfantriebes

Der Kampfantrieb des Schutzhundes wird im Schutzdienst *grundsätzlich* durch das Verhalten des Helfers gesteuert. Dabei bestimmt die Richtung der Bewegung und der Intensitätsgrad der Gebärden, welcher Grundtrieb *vorrangig* in welcher Form wirkt.

Diese Tatsache bedeutet primär Folgendes:

a) Der Helfer kann durch seine körperliche Ausdrucksweise das Leistungsbild des Schutzhundes manipulieren und ihn z. B. gut oder schlecht aussehen lassen. Dabei ist die Möglichkeit der Manipulation umso *größer*, je dümmer, empfindlicher, nervenschwächer, unsicherer, unterordnungsbereiter, helferabhängiger und beutebesessener der Schutzhund ist. Dagegen kann der Helfer die Arbeitsweise des Schutzhundes umso *weniger* manipulieren, je mehr er anlage- und arbeitsmäßig ein *echter, führiger* Schutzhund ist. Da es für den Hundeführer ebenfalls *viel* leichter ist einen für Außenreize empfänglicheren als unzugänglicheren Schutzhund zu manipulieren, zeigt z. B. ein beutetriebbesessener Unterhund in der Regel eine *schönere* sportlichere Leistung als ein kampftriebmäßig *ausgeglichener* Kopfhund.

b) Der Helfer beeinflusst durch seine Arbeit *rückwirkend* die Zucht und das Verhalten des Schutzhundes im Alltag. Dabei wirkt sich die *übermäßige* Förderung und Nutzung des Beutetriebes besonders *schädlich* auf die Umwelt aus. Denn durch die *allgemeine* Ausweitung des *trainierbaren* Beutetriebs können

    1. viele *negative* Schutzhundanlagen so überdeckt werden, dass auch die weniger gut veranlagten Schutzhunde plötzlich züchterisch wertvoll erscheinen. Dieses trügerische Bild eines *echten* Schutzhundes ist meist sehr deutlich bei jenen Schutzhunden zu erkennen, die für den gehobenen Leistungssport *getrimmt* wurden.

    2. die Beutetriebreaktionen des Schutzhundes *ungewollt* ausarten, z. B. Beißen von weglaufenden oder hinstürzenden Kindern. Dabei ist die Gefahr umso *größer*, je *öfter* der Beutetrieb des Schutz-

hundes einer Befriedigung bedarf und je *weniger* der Schutzhund die innere Reizstauung abreagieren kann.

c) Der Helfer sollte *alle* Auslösefaktoren und Mischungsverhältnisse des Kampfverhaltens *genau* kennen und *bewusst* bei seiner Arbeit einsetzen. Dabei sollte er besonders folgende drei Punkte berücksichtigen:

1. Der Beutetrieb dominiert allgemein bei *ausweichenden* und *flüchtenden* Körperhaltungen des Helfers. Diese Erscheinung entsteht z. B. dann, wenn der Helfer
   a) dem angreifenden Schutzhund den Schutzarm *seitlich* mit weggedrehtem Oberkörper anbietet und *nicht* frontal vor der Brust.
   b) auf den angreifenden Schutzhund *nicht* frontal zuläuft, sondern sich von der Laufrichtung des Schutzhundes in einem spitzen Winkel entfernt.
   c) vom Schutzhund weggeht, wegrennt oder flüchtet.

2. Die Aggression ist wie die Fortbewegung ein Mehrzweckverhalten, das im Dienst verschiedener Antriebe ausgeführt wird und die gegnerische Auseinandersetzung zwischen Artgenossen und Vertretern anderer Lebewesen umfasst.
   Die Bereitschaft zur gegnerischen Auseinandersetzung (Aggressivität) kann z. B. ausgelöst werden durch
   a) Beutetiere oder bewegte Beuteobjekte (Beuteaggression).
   b) Rivalen, Eindringlinge oder Spielbereitschaft (soziale Aggression).
   c) Schreck, Schmerz oder Feind (aktiver Wehrtrieb).
   d) Überschreiten der kritischen Distanz (passiver Wehrtrieb oder Notwehrreaktion).
   e) Streitigmachen von Beute oder Lernüberforderung (Frustrations-Aggression).

3. Der Schutzdienst ist *stets* so zu gestalten, dass die drei Kampftriebkomponenten Beutetrieb, Sozialtrieb und Wehrtrieb sich in ihrer Vorherrschaft *situationsbedingt* ablösen und *nicht* ein bestimmter Trieb ständig überwiegt, z. B. Beutetrieb. Dabei ist die Aggression das tragende Element jeder *echten* Schutzdienstarbeit, der *aktive* Wehrtrieb die *kampfdruckerzeugende* spezielle Kraft des Selbsterhaltungstriebes und der Schutztrieb die *kampferzeugende* spezielle Kraft des Arterhaltungstriebes.

8. Der Gebrauch der Kampf-Komponenten

Die in *jeder* Hinsicht *richtige* und *erfolgreiche* Nutzung des Beutetriebes, der sozialen Aggression und des Wehrtriebes des Schutzhundes bedingt, dass der Helfer die Entwicklung, die Eigenart und die Auswirkung der einzelnen Kampf-Komponenten *genau* kennt.

Die für die Praxis *wichtigsten* Erkenntnisse sind folgende:

a) *Der Beutetrieb*

Der Beutetrieb ist beim Schutzhund *von Anfang an* vorhanden und kann ab der 4. Woche durch *spielerische* Übungen *gezielt* geweckt und gefördert werden.

Jedoch ist der Beutetrieb *umsichtig* zu trainieren, weil er zwiespältig wirkt. Dies bedeutet: Der Beutetrieb kann einerseits durch *ständiges* Beutespiel in Stärke und Auslösbarkeit bis zur Maßlosigkeit gesteigert werden, baut aber andererseits durch *ständige* Auslösung mit der Zeit ab.

Die *entscheidenden* Nachteile aus dieser Tatsache sind folgende:

1. Der Beutetrieb beeinträchtigt in *zunehmendem* Maße die Lernfähigkeit und die Führigkeit des Schutzhundes, wie er durch Beutespiele im Übermaß gesteigert wird. Dadurch ist der Schutzhund in der Aktivphase immer schwerer zu kontrollieren und reagiert nur noch auf die Beute = Beutebesessenheit.
2. Der Beutetrieb baut mit der Zeit *systematisch* in dem Maße ab, wie der Schutzhund an eine gleich bleibende, belastungsfreie Reizgestaltung und Ablaufart gewöhnt wird. Dadurch wird der Schutzhund mit zunehmendem Alter unterfordert und immer gleichgültiger im Schutzdienst = Beuteapathie.
3. Der Beutetrieb unterliegt auf Grund seiner natürlichen Funktion der reiz- und aktionsspezifischen Ermüdung und kann zu *größeren* Aktivitäten nur in bestimmten Zeitabständen oder mit entsprechend stärkerer Reizgestaltung veranlasst werden.

Demgegenüber besteht der *entscheidende* Vorteil einer *sinnvollen* Nutzung des Beutetriebs im Schutzdienst im Folgenden:

1. Der Beutetrieb verursacht grundsätzlich *keine* psychische Belastung und Lernhemmung und kann daher vorrangig zur Verhaltensformung genutzt werden.
2. Der Beutetrieb fördert bei *richtigem* Gebrauch bestens das Stärkegefühl und die Persönlichkeitsentwicklung des Schutzhundes.
3. Der Beutetrieb unterstützt *optimal* die Entwicklung der Kampfesfreude des Schutzhundes.

b) *Der Sozialtrieb*

Die zu dem Sozialtrieb gehörenden einzelnen Aggressionsformen sind beim Schutzhund teils ab der 6. Lebenswoche und teils erst spät erregbar. Dabei kann die ererbte Erregbarkeit zwar *nicht* universell gesteigert werden wie der Beutetrieb, aber die Empfindlichkeit des Schutzhundes gegenüber einer *bestimmten* Reizgestaltung kann durch *spezielles* Training erhöht werden (Beutearbeit).

Die *entscheidenden* Nachteile der Sozialaggressivität sind folgende:

1. Der Schutzhund wird einer *gewissen* seelischen Belastung ausgesetzt und ist dadurch etwas *schwerer* zu belehren und zu führen.
2. Der Schutzhund muss zuerst lernen, die Belastung *ausschließlich* durch Angriff und *nicht* durch Flucht abzureagieren.

Dagegen besteht der *entscheidende* Vorteil einer *sinnvollen* Nutzung des Sozialtriebes im Schutzdienst in Folgendem:

1. Die soziale Aggression unterliegt *nicht* der reiz- und aktionsspezifischen Ermüdung und kann *jederzeit* aktiviert werden.
2. Die soziale Aggression fördert *gleichzeitig* das innere Gefühl der Stärke des Schutzhundes wie der Beutetrieb.
3. Die soziale Aggression verleiht dem freudigen Kampfverhalten des Schutzhundes den *notwendigen* Ernst und bereitet die Wehrarbeit vor.

c) *Der Wehrtrieb*

Der Wehrtrieb ist beim Schutzhund erst ab etwa dem 6. Lebensmonat richtig erregbar und unterliegt in seiner Stärkung denselben Regeln wie die soziale Aggression.

Die *entscheidenden* Nachteile des Wehrtriebes sind folgende:

1. Der Schutzhund wird einer *starken* seelischen Belastung ausgesetzt, die das Lernvermögen und die Führigkeit des Schutzhundes *erheblich* einschränkt.
2. Der Schutzhund zeigt im Wesentlichen nur böse, taube und unsaubere Reaktionen.
3. Der Schutzhund muss zuvor die *richtige* Befreiung aus der Stresssituation *sicher* beherrschen.
4. Der Schutzhund erleidet durch eine *ständige* starke Belastung mit der Zeit körperlichen und seelischen Schaden.

Demgegenüber besteht der *entscheidende* Vorteil einer *sinnvollen* Nutzung des Wehrtriebes im Schutzdienst in Folgendem:

1. Der Wehrtrieb zeigt den Unterschied zwischen *echtem* und *unechtem* Schutzhund deutlich auf und bestimmt den *wahren* Wert des Schutzhundes.
2. Der Wehrtrieb unterliegt *nicht* der reiz- und aktionsspezifischen Ermüdung und kann *jederzeit* aktiviert werden.
3. Der Wehrtrieb führt dem Kampfverhalten des Schutzhundes die notwendige Intensität zu und fördert beim *echten* Schutzhund noch *mehr* das innere Gefühl der Stärke.

9. Die Verantwortung des Helfers

Der *wirklich* gute Helfer ist sich seiner Verantwortung gegenüber Verband, Verein, Züchter, Hundeführer, Schutzhund *und* Öffentlichkeit *voll* bewusst. Dies bedeutet primär, dass er

a) *kompromisslos* nach dem Motto handelt: „Der Schutzhund ist ein Gebrauchshund und kein Schaustück."
b) *systematisch* das Vereinsniveau durch *objektive* Arbeit anhebt und *nicht* zum Diener oder Lakai der Mitglieder wird.
c) *konsequent* die Züchter dazu veranlasst, die Schutzhundanlagen auf breiter Basis zu verbessern.
d) *ausschließlich* im Teamwork mit dem Hundeführer den Schutzhund formt und *nicht* zum Selbstzweck.
e) *konstant* den Schutzhund entsprechend seinen Anlagen, seiner Entwicklung und seinem Leistungsstand fair und gezielt arbeitet.

Dabei hat der Helfer die Kampf-Komponenten des Schutzhundes im Hinblick auf das Ausbildungsziel *und* die Führeigenschaften des Hundeführers voll auszulösen und zu leiten. Dagegen zeugt das Hemmen, Überziehen, Überdecken und Fehlleiten bestimmter Komponenten *nicht* von einer verantwortungsbewussten und unvoreingenommenen Einstellung und Arbeitsweise, egal welche persönlichen Leistungen der Helfer mit seinem Schutzhund oder im Privatbereich erbringt.

Der Aufbauhelfer, Prüfungshelfer und Scheintäter hat weiterhin die einmal begonnene Formung des Schutzhundes *konsequent* und *selbstständig* zu Ende zu führen. Dabei ist ein Helferwechsel nur dann zu verwirklichen, wenn der Schutzhund den Lernstoff *sicher* beherrscht und korrekt ausführt oder bei seinem „Lehrmeister" *keinen* Lernfortschritt mehr zeigt. Dagegen sollte der Helfer *jede* weitere Ausbildung des Schutzhundes ablehnen, wenn der Hundeführer während der Ausbildungszeit *willkürlich* den Helfer wechselt. Denn jeder *unbedacht* durchgeführte Helferwechsel beeinträchtigt *immer* die Arbeit des Stammhelfers, vor allem das „Herumdoktern" eines *unqualifizierten* „Mannes im Schutzanzug".

Das Ziel jeder *vernünftigen* Helfertätigkeit ist ein harter, mutiger, scharfer, sicherer, triebstarker und korrekt arbeitender Schutzhund, der seinem Hundeführer in *allen* Situationen absolut *zuverlässig* gehorcht. Also der *echte, führige* Schutzhund und *nicht* der beutetriebbesessene oder beuteaggressive Schutzhund.

10. Die Korrektur des Schutzhundes

Die zwei *wichtigsten* Voraussetzungen für eine *wirksame* und *länger* andauernde Korrektur eines hundlichen Fehlverhaltens sind der Charakter des Hundeführers und das Alter des Schutzhundes.

Dabei gelten allgemein folgende Erfahrungswerte:

a) Der Zeit- und Energieaufwand für die Verbesserung einer fehlerhaften Verhaltensweise des Schutzhundes ist von *vornherein* vergebens, wenn der Hundeführer *nicht* in die Korrektur mit einbezogen wird. Denn die Fehlverhalten des Schutzhundes im Schutzdienst werden in der Regel *mehr* durch die *falsche* Führweise des Hundeführers verursacht als durch das Versagen des Helfers. Dabei sollte der Helfer *jede* Berichtigung *sofort* ablehnen oder abbrechen, wenn der Hundeführer *nicht* mitwirken will oder seine Führeigenschaften und sein Führverhalten *nicht* deutlich verbessert.

b) Die *höchste* Erfolgsquote ist bei Schutzhunden zu erzielen, deren Lebensalter *unter* 18 Monaten liegt. Denn bis zu einem Alter von 1 1/2 Jahren sind die Schutzhunde noch *gut* zu korrigieren. Dabei wird das hundliche Verhalten in der Regel über die Lernart „Lernen am Erfolg" und „Differenzdressur" verbessert.

c) Die Erfolgsquote bei Schutzhunden ab dem 18. Lebensmonat nimmt mit fortschreitender psychischer Reifung ab und erreicht bei etwa vier Jahren den *niedrigsten* Wert. Dabei muss die anfangs vorherrschende Lernart der „Differenzdressur" mit zunehmendem Alter immer *mehr* durch die Lernart „Lernen durch Vermeiden" ersetzt werden. Daneben können traumatisch bedingte Fehlverhalten in der Regel nur noch durch entsprechende Gegentraumen *relativ* stabil überdeckt werden.

b) Das *nachhaltige* Umlernen von Schutzhunden über vier Jahre ist in der Regel *nicht* möglich, weil das Fehlverhalten zu sehr eingefahren und bereits zu einem festen Bestandteil des hundlichen Verhaltens geworden ist. Dies gilt besonders für Bewegungsabläufe. Der durch *starke* Einwirkung über das Vermeidungslernen erreichte Erfolg ist ein Scheinerfolg und wird in *kürzester* Zeit durch das zur Gewohnheit gewordene Fehlverhalten wieder überdeckt, wenn der Starkzwang *nicht* regelmäßig wiederholt wird.

V. Die Arbeitsweisen

Das Leistungsniveau und die Auslese des *echten* Schutzhundes sind *in erster Linie* das Resultat der Arbeitsweisen von Aufbauhelfer, Prüfungshelfer und Scheintäter. Dabei hängt der Erfolg *entscheidend* davon ab, dass die einzelnen Helfertypen die *speziellen* Anforderungen ihres Faches *genau* kennen, *sicher* beherrschen und *optimal* in die Praxis umsetzen.

Die neben den Arbeitsgrundlagen *wichtigsten* Spezialregeln der drei Arbeitsgebiete sind folgende:

1. Der Aufbauhelfer

Der Aufbau des Schutzhundes ist einerseits die *kreativste* und andererseits die *schwierigste* Tätigkeit der allgemeinen Helferarbeit. Denn diese Arbeitsweise unterliegt *keinen* starren, engen Regeln, sondern wird bis zur Prüfungsarbeit *ausschließlich* von folgenden Rahmenrichtlinien bestimmt:

a) den geistig-seelischen Anlagen, der Körperbeschaffenheit, der körperlichen Verfassung und dem Verhalten des Schutzhundes.
b) den lern- und tierpsychologischen Erkenntnissen und Gesetzmäßigkeiten im Umgang mit dem Schutzhund.

Die *optimale* Erfüllung dieser Richtlinien hängt unter anderem von der Beachtung folgender Merkpunkte ab:

a) Der Helfer sollte *vor* Beginn der Aufbauarbeit *unbedingt* folgende *allgemeine* Fragen klären:
   1. Welche Zielvorstellungen hat der Hundeführer und wie erfahren ist er in der Schutzarbeit?
   Die Antwort auf diese Frage ist deshalb wichtig, weil der Helfer *nicht* mehr Zeit und Energie in die Aufbauarbeit investieren sollte, als der Hundeführer *selbst* bereit ist zu geben. Denn der Auf-

wand von Hundeführer und Helfer sollte *gleich* sein, weil sonst unweigerlich vermeidbare Probleme, Schäden, Streitpunkte etc. entstehen.

Lösungsweg: Den Hundeführer *eingehend* befragen und das *richtige* Urteil bilden.

2. Welches Verhältnis besteht zwischen Hundeführer und Schutzhund und wie stark kann der Hundeführer auf Grund seiner Beziehung zum Hund die Aufbauarbeit unterstützen?

   Die Antwort auf diese Frage ist für den Helfer von höchster Brisanz, weil das Verhältnis zwischen Hundeführer und Schutzhund die Art, den Aufwand und das Resultat der Aufbauarbeit am *stärksten* beeinflusst. Dabei gilt die *Regel*: Je besser die Beziehung zwischen Führer und Hund ist, desto erfolgreicher läuft die Aufbauarbeit ab und desto höher ist das Ergebnis. Die Grundlage der Beziehung zwischen Hundeführer und Schutzhund bildet die Achtung und das Vertrauen des Hundes – *nicht* das Resultat aus der Achtung und dem Vertrauen des Hundes zum Führer oder die *sichtbare* Wirkung der zwei *unsichtbaren* Ursachen.

   Lösungsweg: Den Hundeführer mit Schutzhund in möglichst *vielen* Situationen *genau* beobachten, *richtig* beurteilen und die *notwendigen* Schlussfolgerungen ziehen.

3. Wie alt ist der Schutzhund und wie ist sein Naturell? Die Antwort auf diese Frage ist für die *allgemeine* Arbeitsweise des Helfers von Bedeutung.

   Lösungsweg: Den Hundeführer befragen und den *unangeleinten* Hund bei einem Spaziergang mit dem Hundeführer *genau* studieren.

4. Wie ausgeprägt sind die einzelnen Kampftriebelemente des Schutzhundes?

   Die Antwort auf diese Frage ist für die *spezielle* Arbeitsweise des Helfers von Bedeutung, vor allem im Hinblick auf den echten, führigen Schutzhund. Dabei gibt die Antwort *gleichzeitig* Aufschluss über die Art und den jeweiligen Grad der Ausdauer, der Belastbarkeit und der Aggression.

   Lösungsweg: Der Hund wird angeleint und unangeleint in An- und Abwesenheit des Hundeführers *gezielt* überprüft. Dabei sind die Stärken und Schwächen des Schutzhundes *konsequent* und *bedingungslos* aufzudecken, weil die Gewissheit über die Anlagen des Schutzhundes die Grundvoraussetzung für *jede* sinnvolle und erfolgreiche Schutzhundarbeit darstellt.

Der Helfer sollte den Aufbau des Schutzhundes *rigoros* ablehnen, wenn der Hundeführer diesen Test missbilligt oder gegen die *richtige* Durchführung Einwände erhebt. Denn dieser Hundeführer wird auch die spätere Arbeit mit dem Schutzhund mehr negativ als positiv beeinflussen und letztlich den *optimalen* Aufbau verhindern. Der Dank dieses *unreifen* Hundeführers besteht dann oft noch darin, beim Versagen des Schutzhundes *allein* dem Helfer die Schuld zu geben.

Testablauf als Beispiel:

a) *Beutetrieb und Ausdauer*

Der Schutzhund wird an einer Stelle mit einer kurzen, reißfesten Leine oder Kette so angeleint, dass er nach rückwärts und seitlich nicht weiter als eine Armlänge ausweichen kann, z. B. in einer Zaunecke, Gebäudeecke etc. Dann nimmt der Helfer in *Anwesenheit* des Hundeführers zuerst *freundlichen* Kontakt zum Schutzhund auf und schafft eine *angenehme* Testsituation. Anschließend reizt der Helfer den Beutetrieb des Hundes mit Lappen, Sack, Schutzarm-Manschette oder Schutzarm und animiert ihn, das Beuteobjekt zu fassen. Reagiert der Hund wunschgemäß, erhält er Gelegenheit zum Beutemachen und der Helfer beobachtet den weiteren Ablauf des Beutetriebes. Ist der Beutetrieb so weit ausgeprägt, dass der Schutzhund die Endhandlung (Beuteschütteln) zeigt, dann wird das *belastungsfreie* Beutespiel in *Abwesenheit* des Hundeführers *systematisch* gesteigert. Dabei werden der Triebgrad und die *gezielte* Ausdauer des Hundes festgestellt.

Falls die Anwesenheit des Hundeführers das Verhalten des Hundes in irgendeiner Form beeinträchtigt, wie Ablenkung, Absicherung, Befangenheit etc., wird der Schutzhund von Anfang an *allein* getestet. Gleichzeitig gibt das Verhalten des Hundes bei An- und Abwesenheit des Hundeführers einen *klaren* Hinweis auf das Verhältnis zwischen Hundeführer und Schutzhund sowie auf das Wesen des Hundes. Im Spiel sollte der Schutzhund locker, frei und freudig tätig sein.

b) *Sozialtrieb und Belastbarkeit*

Der Helfer leitet nach der Beurteilung des Beutetriebes die Spieltätigkeit *geschickt* in eine *fordernde* Beutearbeit über. Dabei wird der Schutzhund mit *langsam* zunehmender Intensität belastet, z. B. durch Streicheln, Tätscheln, Sprechen, Anpusten, Streitigmachen der Beute, Schreien, Schießen etc.

Die *genauen* Reaktionen bei den einzelnen Belastungsgraden geben einen *klaren* Hinweis auf die innere Sicherheit, das Stärkegefühl und die seelische Härte des Schutzhundes, vor allem in Verbindung mit der An- oder Abwesenheit des Hundeführers.

c) *Wehrtrieb und Aggression*
Der Helfer beginnt nach der Bewertung des Sozialtriebes dem Schutzhund *während* und *nach* dem Kampf zu drohen, z. B. durch Anknurren, am Körper oder Körperteilen festhalten etc. Dieses Drohverhalten wird *systematisch* gesteigert und derart *erweitert*, dass der Helfer dem Hund sowohl *vor* dem Kampf als auch *abrupt* aus der Ruhelage heraus droht. Dabei sollte der Schutzhund in *keiner* Weise in eine ausweglose Situation gedrängt werden, weil zunächst *nur* seine Unerschrockenheit und seine reizbare, feindselige Grundstimmung angesprochen werden sollen.

Verhält sich der Schutzhund wunschgemäß, wird er ab einem Alter von mindestens sechs Monaten *ohne* Beuteobjekt *stark* bedroht oder einer *offenen* Aggression ausgesetzt. Dabei sollte der Hund *nicht* zu stark in das Meideverhalten gedrängt werden. Denn es ist nur wichtig, dass der Grad und die Art der Selbstverteidigung ersichtlich wird.

Jedoch sollte hierbei *genau* unterschieden werden zwischen *erfahrungsbedingtem* und naturveranlagtem furchtsamem, unsicherem, schneidigem etc. Wehrverhalten, welches meist durch die An- und Abwesenheit des Hundeführers geregelt werden kann.

Die Aufteilung der getesteten Anlagen nach dem Gesichtspunkt „Förderung" ergibt für Hundeführer und Helfer folgende Erkenntnis für die Verwendungs- und Aufbauart des Schutzhundes:

trainierbare Anlagen	bedingt trainierbare Anlagen innerhalb einer bestimmten Merkmalsbreite			nicht trainierbare Anlagen
BEUTETRIEB	AUS-DAUER	SOZIAL-TRIEB	AGGRESSION	WEHRTRIEB
STÄRKEGEFÜHL	SEELISCHE HÄRTE	INNERE SICHERHEIT	UNER-SCHRO-CKENHEIT	REIZBARE, FEINDLICHE GRUNDSTIMMUNG

b) Der Helfer sollte den Lernstoff in möglichst *viele* Lernschritte zerlegen und den Schutzhund *von Anfang an* tierpsychologisch *richtig* aufbauen.
Dabei sollte der Helfer besonders auf folgende Punkte achten:
1. Der Helfer sollte *stets* Schritt für Schritt vorgehen. Dabei sollte er dem Schutzhund den nächsten Übungsteil erst dann lehren, wenn dieser den vorhergehenden *einwandfrei* beherrscht. Denn der Arbeitsfortschritt richtet sich *nicht* nach der Zeit oder irgendwelchen kühnen Plänen des Hundeführers, sondern *ausschließlich* nach dem Verhalten des Schutzhundes.
2. Der Helfer sollte den Schutzhund *stets* den Führeigenschaften des Hundeführers entsprechend *angepasst* stärken. Denn beim Schutzhund im Allgemeinen und beim *echten* Schutzhund im Besonderen müssen sich Kampfantrieb und Führigkeit die Waage halten, sonst ist der Schutzhund *falsch* gearbeitet und wird mit der Zeit zum Problemhund.
3. Der Helfer sollte mit Anfängerhunden *zuerst* nur kurz, belastungsfrei, etwas auf Distanz und erfolgreich arbeiten. Denn die Freude am Kämpfen und Siegen ist das *wichtigste* Erlebnis der sehr *tief* und *nachhaltig* wirkenden *ersten* Lernerfahrungen des Schutzhundes. Dabei hat der Helfer seine überlegen wirkende aufrechte Körperhaltung aufzugeben und den Schutzhund mit *vorgebeugtem* Oberkörper oder kniend *gezielt* anzusprechen.
4. Der Helfer sollte seine Aktivität *stets* dem jeweiligen Hundetyp anpassen. Dabei sollte er nervöse, temperamentvolle und triebstarke Schutzhunde allgemein *ruhig* und *sachlich* arbeiten, während er träge, ruhige und triebarme Schutzhunde grundsätzlich *lebhaft* und *energisch* fordern sollte.
5. Der Helfer sollte den Schutzhund *stets* am *höchsten* Triebpunkt, bei *richtigem* Anbiss und Griff sowie im Konterverhalten bestätigen. Dabei sollte er dem *echten* Schutzhund auf dem Höhepunkt seiner seelischen Widerstandskraft im Alter von etwa sechs Monaten ein existenzbedrohendes, *verkraftbares* traumatisches Erlebnis vermitteln. Denn diese Erfahrung stärk *ungemein* das existenzielle Kampfverhalten des Schutzhundes.
6. Der Helfer sollte die einzelnen Kampf-Komponenten des Schutzhundes *nicht* zu schnell hintereinander ansprechen. Denn der Schutzhund benötigt *immer* eine gewisse Zeit, um von einem Trieb in den anderen zu gelangen.
7. Der Helfer sollte *nach* Beginn der Beutearbeit dem *echten* Schutzhund *kein* Beutespiel mehr anbieten, sondern *immer* ein *individuell* dosiertes Mischungsverhältnis aus Beutetrieb

und einen der Aggressionstriebe. Dabei sollte der Helfer den Beutetrieb und die Aggression des Schutzhundes.
- *niemals* gleich stark auslösen, z. B. Beutereiz mit *gleichzeitiger* Bedrohung in *derselben* Stärke.
- *stets* so vermischen, dass in *jeder* Arbeitsphase eine Triebform überwiegt und *keine* Frustrationssituation entsteht. Dabei sollte besonders in der Endphase der Schutzdienstarbeit eine Triebform überwiegen, z. B. Beutetrieb durch das Tragen des Beuteobjekts oder Wehrtrieb durch eine existenzielle Bedrohung seitens des Helfers.

8. Der Helfer sollte den Schutzhund in der Aufbauphase *bevorzugt* an der Leine, *allein* oder zusammen mit einem *bestens* ausgebildeten Althund arbeiten. Dagegen ist die so genannte „Ringhetze" *unbedingt* abzulehnen, weil so eine *unreife* Gruppenarbeit mit vielen *verschiedenen* Hundetypen *jeder* erfolgreichen Aufbauarbeit entgegensteht. Die Nachteile dieser reinen Hetztätigkeit bestehen z. B. darin, dass der Schutzhund
   1. weder *richtig* lernt, noch *optimal* gearbeitet werden kann.
   2. seine Schwächen verdeckt und *nicht* gezielt erstarkt.
   3. *viele* Fehlverhalten von seinen Artgenossen erstarkt.
   4. sich *mehr* zum Gruppenkämpfer durch Gruppenaggression als zum Einzelkämpfer entwickelt.
9. Der Helfer sollte die Umgebung, den Ort, das Beuteobjekt, die Schutzarmseite, das Helferbild, die Stock- und Einwirkungsart usw. *öfter* wechseln und den Schutzhund an die *unterschiedlichsten* Verhaltensweisen gewöhnen. Dabei sollte er den Schutzhund vor, während und nach dem Kampf *ständig* beobachten, auf *sich* fixieren und ihn im richtigen Augenblick *gezielt* anreizen.
10. Der Helfer sollte den Schutzhund in der Pubertätsphase *vorwiegend* über den Beutetrieb arbeiten, weil der Hund durch die inneren Spannungen von sich aus *genug* Aggression in die Schutzdienstarbeit einbringt.

c) Der Helfer sollte den Hundeführer *stets* in die Aufbauarbeit mit einbeziehen und darauf achten, dass dieser seine Aufgabe als Führer des Schutzhundes *voll* erfüllt. Dabei sollten besonders die Führeigenschaften des Hundeführers und die Führigkeit des Schutzhundes *bedingungslos* gefördert werden.

2. Der Prüfungshelfer

Die Vorbereitung des Schutzhundes auf eine Schutzhund- oder Internationale Prüfung sowie das prüfungsmäßige Arbeiten am Tage der Prüfung ist *jener* Teilbereich der allgemeinen Helferarbeit, der dem Helfer die *größte* Objektivität und Korrektheit abverlangt. Denn diese Arbeitsweise unterliegt *nicht* nur speziellen Prüfungsregeln, sondern beeinflusst rückwirkend *auch* die Zucht. Diese wichtige Tatsache sollte kein Prüfungshelfer bei seiner Tätigkeit übersehen.

Damit nun aber der Richter die Leistungen des Schutzhundes in *jeder* Hinsicht *richtig* bewerten kann und der Züchter die genetisch bedingten Verhaltenselemente für die Schutzdienstarbeit *gezielt* verbessert, sollten bei der Prüfungsarbeit *unbedingt* folgende Punkte beachtet werden:

a) Der Helfer sollte die erlernten Verhaltenselemente des Schutzhundes entsprechend den Anforderungen der Prüfung zusammenstellen und den Schutzhund die *notwendigen* Verhaltensfolgen *schrittweise* und *fehlerlos* lehren. Dabei sollte er Hundeführer und Schutzhund ebenfalls zu einer *korrekten* Arbeitsweise veranlassen. Denn *grundsätzlich* zeigen Mensch und Hund bei der Prüfung *dieselben* Verhaltensweisen wie im Training.

Beispiel Überfall

Forderung: Der Helfer tritt erst dann in Aktion, wenn der Schutzhund *korrekt* und *aufmerksam* neben dem *sportlich* gehenden Hundeführer in Richtung Versteck läuft.

1. Schritt: Der Helfer verlässt zur Gehrichtung des Mensch-Hund-Gespanns das Versteck zuerst *schräg rückwärts*, dann *rechtwinklig* und zum Schluss *schräg vorwärts*. Dabei reizt er den Schutzhund *tüchtig* an und bestätigt ihn bei *richtigem* Verhalten. Der Hundeführer folgt *sofort* dem Schutzhund und bringt ihn *schnell* wieder unter Kontrolle.

2. Schritt: Der Helfer *springt* aus dem Versteck und nimmt den angreifenden Schutzhund zuerst *rückwärts gehend*, dann *stehen bleibend* und zum Schluss *vorwärts gehend* in *jeder* Hinsicht geschickt an. Dabei droht und touchiert er den Schutzhund mit Stock, Peitsche usw. Ansonsten gilt Punkt 1, jedoch mit *gelegentlichem* Auslassen.

3. Schritt: Der Helfer tritt *plötzlich* aus dem Versteck und greift das Mensch-Hund-Team *gezielt* an. Dabei wird der Schutzhund mit *zunehmender* Sicherheit und Abwehrbereitschaft *immer* schneller und stärker beim Kampf gefordert. Ansonsten gilt Punkt 2.

4. *Schritt:* Der Helfer trainiert mit dem Hundeführer und Schutzhund *sorgfältig* den prüfungsmäßigen Ablauf der Überfall-Übungen. Dabei bilden den Schwerpunkt der Helfertätigkeit *nicht* die geforderten Stockschläge, sondern *ausschließlich* Schnelligkeit und Ernsthaftigkeit.

b) Der Helfer sollte die Schutzhunde zwar *individuell* auf die Prüfung vorbereiten, aber das Prüfungsniveau *nicht* den Leistungen einzelner oder mehrerer Schutzhunde bzw. den Wünschen einzelner oder mehrerer Hundeführer oder Züchter anpassen. Dabei sollte der Helfer *verantwortungsbewusst* und *ohne* jede Zugeständnisse *alle* leistungsschwachen Schutzhunde aussortieren, egal welche körperlichen Vorzüge sie besitzen. Denn die *inneren* Anlagen des Gebrauchshundes „Schutzhund" sind *wichtiger* als das äußere Erscheinungsbild.

c) Der Helfer sollte *exakt* nach den Regeln der einzelnen Prüfungsordnungen arbeiten und diese *nicht* nur *vage* erfüllen. Dies gilt ganz *besonders* bei Prüfungen, Wettkämpfen und Körungen.

1. Beispiel: Stellen und Verbellen
Die nur das Bellverhalten des Schutzhundes regelnde Formulierung „Der Hund hat den Helfer anhaltend und energisch zu verbellen" beinhaltet zwei Tatsachen:
1. Der Schutzhund sollte *ohne* Unterbrechung den Helfer und *nicht* das Beuteobjekt Schutzarm verbellen.
2. Das Verbellen eines Gegners ist ein gereiztes, aggressives, tiefes Warnbellen und *kein* freudiges, freundliches, hohes Aufforderungsbellen oder beuteerwartendes Bettelbellen.

Die *uneingeschränkte* Verwirklichung dieser Schutzdienstregel ist dem Schutzhund aber *nur* möglich, wenn der Helfer das dafür *notwendige* Verhaltensbild zeigt. Dies wiederum entsteht nur, wenn der Helfer wie folgt handelt:
1. Der Helfer sollte den Schutzarm und den Schlaggegenstand so an seinen Körper halten, dass der Schutzhund *direkt* mit dem Helfer konfrontiert wird, ihn *ungehindert* und *gezielt* verbellen kann.
2. Der Helfer sollte in der Verbellstation dem Schutzhund *angespannt* gegenüber zu stehen und ihn *ruhig* mit den Augen betrachten.

Dagegen werden die Anforderungen *nicht* erfüllt und zeugen nur von einer *unqualifizierten* Helferarbeit, wenn der Helfer z. B. den Schutzarm vor den Bauch oder die Brust hält und/oder einen „Hans Guck-in-die-Luft" oder eine leblose Puppe darstellt.

2. Beispiel: Überfall – 1. Version

Die entscheidende Formulierung für den Vorgang des Überfalls lautet alt: „Der Hundeführer wird von dem *plötzlich* aus seinem Versteck hervortretenden Helfer von *vorn angegriffen.*" Diese Schutzdienstregel bedeutet für den Helfer Folgendes:
1. Der Helfer hat das Versteck *sprunghaft* und *überfallartig* zu verlassen.
2. Der Helfer hat *gegen* den Hundeführer in *feindlicher* Absicht vorzugehen; also mit *starken* Droh- und Angriffsbewegungen.
3. Der Helfer hat den Hundeführer *frontal* anzugreifen.

Da die Aussage *keine* Angaben über Zeitpunkt und Geschwindigkeit des Angriffs enthält wie „Der Hundeführer wird von dem plötzlich aus seinem Versteck hervortretenden Helfer *sofort* und *schnell* von vorn angegriffen", kann der Helfer diese Notwendigkeit vernachlässigen.

Dagegen verhält der Helfer sich *eindeutig* regelwidrig, wenn er z. B. langsam oder mit Ankündigung das Versteck verlässt, mehr Beutereize als Kampfbewegungen macht oder die Gehrichtung des Hundeführers mehr oder weniger stark anschert. Dabei gilt grundsätzlich:

Der Helfer handelt *falsch*, wenn dem Überfall der *notwendige* Ernst fehlt und beim Schutzhund *nicht* Aggression ausgelöst wird.

3. Beispiel: Abwehr eines Überfalls – 2. Version

Die entscheidende Formulierung für den Vorgang des Überfalls lautet *neu*: „Der Helfer unternimmt einen *Angriff* ohne Vertreibungslaute auf Hundeführer und Hund." Diese Schutzdienstregel ist allgemeiner gehalten und wie folgt auslegbar:
1. Der Helfer kann das Versteck nach seinem Ermessen verlassen.
2. Der Helfer braucht gegen Führer und Hund nur einen Scheinangriff zu führen.
3. Der Helfer kann die Gehrichtung des Hundeführers auch anscheren.

Somit genügt es im Gegensatz zur 1. Version, wenn der angreifende Helfer z. B. nur den Beutetrieb des Schutzhundes auslöst, also ein sportliches Schauspiel *ohne* jeden *ernsthaften* Bezug aufführt. Denn die Ernsthaftigkeit bedingt, dass das *äußere* Verhalten mit der *inneren* Schwingung übereinstimmt, der Helfer also auch gewillt ist den Hund zu vertreiben.

Die Folge dieser Helferfinte ist, dass z. B. auch belastungsschwache, aber beutestarke Schutzhunde diesen Prüfungsteil mit Erfolg absolvieren und damit den Anschein eines echten, führigen Schutzhundes erwecken.

Das Fazit aus dieser Gegenüberstellung der zwei Versionen ist unter anderem, dass der Helfer nur dann *exakt* nach den einzelnen Regeln der Prüfungsordnungen arbeiten kann, wenn diese auch *präzise* formuliert sind.

d) Der Helfer sollte bei Prüfungen, Wettkämpfen und *besonders* bei Körungen, Siegerprüfungen und Siegerschauen *stets alle* drei Kampf-Komponenten beim Schutzhund *deutlich* auslösen und z. B. *nicht* nur den Beutetrieb. Denn die *vorwiegende* Arbeit über den Beutetrieb sagt *nichts* über den *wahren* Wert des Schutzhundes aus und *degradiert* den Schutzdienst letztlich zum *nichts sagenden* Getue. Das aber ist eines *verantwortungsbewussten* Helfers *unwürdig* und schadet nur der Rasse.

3. Der Scheintäter

Dem Schutzhund zu dem *wahren* Prädikat *echter, führiger* Schutzhund zu verhelfen ist der *glanzvollste* Höhepunkt und gleichzeitig der *gefährlichste* Teil der allgemeinen Helferarbeit. Denn diese Tätigkeit verlangt einen *draufgängerischen, harten* Helfer, der *dennoch*

a) den Schutzhund in jeder Hinsicht *nüchtern* und *sachlich* betrachtet.
b) seine Handlungen *konsequent* auf die Gegebenheiten einstellt.
c) die *notwendigen* lern- und tierpsychologischen Kenntnisse besitzt.

Die Zivilarbeit selbst verläuft *grundsätzlich* nach denselben Rahmenrichtlinien wie die Aufbauarbeit. Dabei besteht der *entscheidende* Unterschied darin, dass der Scheintäter *in erster Linie* den Schutztrieb und der Aufbauhelfer *primär* das Kampfverhalten des Schutzhundes fördert und formt.

Der Ausbau des hundlichen Schutzverhaltens findet *ausschließlich* in der *normalen* Umwelt des Hundeführers statt und ist *lebensnah* durchzuführen. Dabei sind die Orte und die Umweltbedingungen *öfter* zu wechseln, z. B. Wohnung, Gebäude, Straße, Brücke, Wasser, Wald, Regen, Dämmerung, Nacht, Verkehr, Schüsse usw. Das Ziel der Zivilarbeit besteht *nicht* darin, den Schutzhund zu einer gefähr-

lichen Bissigkeit zu erziehen, sondern *einzig* in der Verwirklichung folgender zwei Punkte:
Der Schutzhund hat *sofort* und *nur* dann feindlich gegen Fremde zu reagieren, wenn

1. der Hundeführer oder ein Familienmitglied *ernsthaft* bedroht oder angegriffen wird.
2. der Hundeführer die feindliche Einstellung durch ein *bestimmtes* Signal *gezielt* auslöst.

Dabei hängt der Erfolg im Wesentlichen ab von der *engen* Zusammenarbeit mit dem Hundeführer und der *konsequenten* Beachtung folgender Punkte:

a) Der Scheintäter hat dem Schutzhund *stets* gut geschützt, in Zivilkleidung sowie *ohne* Beuteobjekt oder spezieller Reizgestaltung gegenüberzutreten. Dabei hat er sein Aussehen *öfter* zu verändern und *nicht* obligatorisch regelmäßig den Schutztrieb des Schutzhundes auszulösen.
b) Der Scheintäter hat seine Aktionen *nicht* geruchlich, akustisch oder sichtbar anzukündigen und *stets* den Hundeführer zu bedrohen oder anzugreifen. Dabei hat der Scheintäter *kurz, ernsthaft* und *ausdrucksreich* zu arbeiten.
c) Der Scheintäter hat seine Arbeitsweise dem Schutzverhalten des Schutzhundes *individuell* anzupassen. Dabei hat er den Schutzhund *anfangs* durch *deutliches* Meideverhalten und *später* durch *gelegentliches* Beißenlassen zu bestätigen.
d) Der Schutzhund ist von Scheintäter und Hundeführer so lange an *der Leine* zu arbeiten, bis er dem Hundeführer in *jeder* Situation *absolut* sicher und zuverlässig gehorcht. Dabei hat der Hundeführer dem Schutzhund die *unbedingt* notwendige Führigkeit *ausschließlich* während der Zivilarbeit zu lehren.
e) Der Schutztrieb des Schutzhundes ist von Scheintäter und Hundeführer so mit einem *bestimmten* Signal zu koppeln, dass später *allein* dieses Signal den Schutzhund *sofort* zu einer feindlichen Verhaltensweise veranlasst. Dabei hat die Verknüpfung *stets* aus der Ruhephase heraus und nach dem Prinzip zu erfolgen: Warnsignal – Helfereinwirkung innerhalb einer *halben* Sekunde.
f) Dem Schutzhund ist von Scheintäter und Hundeführer *unmissverständlich* zu lehren, dass er nur angreifen darf, wenn mindestens einer der unter Punkt 1. und 2. genannten Gründe erfüllt ist. Dabei hat der Hundeführer den Schutzhund nur zu loben, wenn er beim

ersten Punkt den Helfer *fest* gefasst hat und beim zweiten *sofort* mit Aggressivität reagiert.

g) Der Schutztrieb des Schutzhundes ist auch von *anderen* Zivilpersonen in den *unterschiedlichsten* Situationen auszulösen, wenn der Schutzhund seine beschützende Aufgabe *perfekt* beherrscht. Dabei sollte der Schutzhund vorwiegend mit Maulkorb gearbeitet werden.

h) Der Schutzhund sollte in diesem Spezialtraining auch lernen, seine Angriffshandlung auf ein bestimmtes Signal des Hundeführers *sofort* zu unterbrechen oder zu beenden.

4. Der Ideal-Helfer

Der „Ideal-Helfer" ist Vorbild oder Orientierungshilfe für *jeden*, der eine *optimale* Helferarbeit in der Schutzhundausbildung anstrebt. Denn dieses Ideal vereinigt die *wichtigsten* Voraussetzungen für *alle* Helfertypen.

Die nachfolgend aufgeführten Punkte bilden sozusagen den Maßstab, nach dem *jeder* Gestalter des Schutzhundes die jeweilige *Leistungsfähigkeit* eines Helfers beurteilen und der Helfer selbst sich verbessern kann.

1. Die offenkundige Gemeinsamkeit ist der Wortteil „Helfer" in der Bezeichnung. Denn auch der Ausdruck „Scheintäter" kann durch den Namen „Zivilhelfer" ersetzt werden.
Der *Helfer* ist ein Mensch, der einen anderen bei etwas unterstützt und damit fördert. Somit nützt der Helfer in der Schutzhundausbildung sowohl dem Schutzhund wie *allen* Gestaltern des Schutzhundes, also auch sich selbst.
Diese *edle* Aufgabe bedingt einen bestimmten Grad an geistig-seelischer Reife und Selbstlosigkeit. Denn diese Eigenschaften sind die Grundlage für die *notwendige* Ernsthaftigkeit, Klarheit, Offenheit, Solidarität, Verantwortung, Zuverlässigkeit usw. in dieser Funktion und für den *wahren* Erfolg.
Dagegen sind die Ergebnisse für *alle* Beteiligten umso unbefriedigender, je egoistischer, irrationaler usw. das Motiv für diese *gewissenhafte* Aufgabe ist, z. B. Eitelkeit, Gelderwerb, Geltungsbedürfnis usw.
Hierfür gilt: Je größer die Ich-Bezogenheit eines Menschen, desto ungeeigneter ist er für das *Helfer*-Amt.
2. Die nicht zu übersehende Gemeinsamkeit in der Praxis ist die theoretische Grundlage, vor allem beim Auftreten von Problemen.

Denn *jede* Problemsituation kann nur *optimal* gelöst werden, wenn ein ausreichendes theoretisches Wissen zur Erfassung der Hintergründe vorhanden ist.
Deshalb ist bei *allen* Helfertypen ein Minimum an *lern- und tierpsychologischem* Grundwissen erforderlich sowie *umfangreiche* Kenntnisse in seinem Spezialfach.
Da Hundeprobleme *immer* mit dem Hundeführer gekoppelt sind, benötigen *alle* Helfertypen noch einen gewissen Grad an Menschenkenntnis und Menschenführung sowie einen Einblick in die Hundeführerpflichten.

3. Die eng mit Punkt 2 verbundene Gemeinsamkeit ist die *konsequente* und *gezielte* Umsetzung der Theorie in die Praxis. Dabei ist die Selbstsicherheit des Helfers von *entscheidender* Bedeutung. Denn er sollte *stets* im Interesse des Schutzhundes arbeiten und *nicht* irgendwelchen Vorstellungen des Hundeführers. Dabei umfasst die *optimale* Förderung des Schutzhundes auch die Aufdeckung und Beseitigung von Fehlverhalten, Mängel, Schwächen usw. sowie die Nutzung der hundlichen Anlagen bis an die Belastungsgrenze. *Hierbei gilt:* Der Hundeführer macht die Zielvorgabe und der Helfer bestimmt die Art der Verwirklichung.

4. Die *intensive* Schulung des hundlichen Kampfverhaltens bedingt, dass *alle* drei Helfertypen eine *vorzügliche* Konstitution und Kondition besitzen bzw. durch *regelmäßiges* Training erwerben sollten. Denn Langsamkeit, Trägheit, Ungeschicklichkeit, Verkrampftheit, Wehleidigkeit usw. wirken sich beim Aufbau des echten, führigen Schutzhundes *stets* negativ aus.

5. Die ideale Helferarbeit beinhaltet auch einen bestimmten Arbeitsstil. Die entscheidenden Verhaltenselemente sind:

   a) Die einzelnen Arbeitsphasen sollten *kurz, intensiv* und *erfolgreich* sein, damit beim Schutzhund die „Kampf-Spannung" analog der „Spiel-Spannung" erhalten bleibt. Dabei gilt:

   QUALITÄT GEHT VOR QUANTITÄT!

   b) Die Anbissfläche „Armschutz" sollte *stets* von *oben* nach unten in die Anbissposition vor der Brust geführt werden und *nicht* umgekehrt. Denn der echte, führige Schutzhund soll den auf ihn zukommenden Arm abfangen und *nicht* dem hochziehenden Arm nachbeißen.

   c) Der Schutzarm sollte dem angreifenden Schutzhund erst *kurz vor* dem Helferkontakt *gezielt* angeboten werden. Dabei ist der Schutzarm *in Brusthöhe* so weit vom Körper entfernt zu halten, dass der Schutzhund über diese „Knautschzone" *geschickt* und *federnd* abgefangen werden kann.

d) Die Beinstellung des Helfers sollte *stets* eine *schnelle* Wendung mit den abgefangenen Schutzhund ermöglichen. Diese Drehung hat *stets* entsprechend der hundlichen Laufrichtung zu erfolgen und auf der *ganzen* Sohle ausgeführt werden. Dabei sollte die Kraft von den Knien ausgehen und das Körpergewicht auf das andere Bein verlagert werden.

Dieses „federnde Abfangen" und die „schnelle Drehung" sind *besonders* beim *Aufbau* des Schutzhundes von *entscheidender* Bedeutung. Denn diese so genannte „Ausweichtechnik" analog dem *weichen* System des Kung-Fu-Kampfsports hat u. a. folgende Vorteile:

1. Der Schutzhund kann *frontal* angenommen werden, *ohne* dass die Gefahr des so genannten „Auflaufens" besteht. Dadurch erfährt der Junghund keinen Schmerz im Fang-Kopf-Bereich, woraus in der Regel das Abbremsen des angreifenden Schutzhundes resultiert.
2. Der Helfer verliert nach dem *frontalen* Anbiss des Schutzhundes nicht seine Standfestigkeit durch das Umsetzen der Füße für den weiteren Bewegungsablauf.
3. Die Überbeanspruchung der Rückenmuskulatur für die Aufrechterhaltung des Gleichgewichts unterbleibt, wodurch der Helfer vor Rückenproblemen bewahrt wird.
4. Die Überbeanspruchung des Knies unterbleibt, wodurch der Helfer vor Knieproblemen bewahrt bleibt.

Linksdrehung
Standbein rechts

Grundstellung
Gem-Punkt 5 d)

Rechtsdrehung
Standbein links

Abb. 27 bis 34 zeigen beispielhaft den Bewegungsablauf des von oben nach unten geführten Schutzarm gem. Punkt 5 b) des Kapitels „Der Ideal-Helfer".

Abb. 31　Abb. 32
Abb. 33　Abb. 34

Abb. 35 bis 38 zeigen beispielhaft die Bein-Grundstellung und das Dreh-Prinzip in Laufrichtung des Schutzhundes gem. Punkt 53 d) des Kapitels „Der Ideal-Helfer".

Abb. 37

Abb. 38

III. Teil

Der Schutzdienst des echten, führigen Schutzhundes

A:
Die Aufbau-Grundlagen

Der Schutzdienst des echten, führigen Schutzhundes beginnt praktisch mit dem „Beutefang- und Festhalte-Spiel" und dem Erlernen der *richtigen* „Reaktion auf Belastung" in der Prägungsphase.

Werden diese *vorbereitenden* Kampfhandlungen dem Welpen nicht in diesem Entwicklungsabschnitt gelehrt, dann sind sie nach dem Erwerb des Welpen vom Hundeführer *sofort* nachzuholen. Denn hierbei ist der Prägungsvorgang von entscheidender Bedeutung und *nicht* der Lernvorgang. Die *eingeprägten* Voraussetzungen für eine *wahre* Schutzdienstleistung werden ergänzt durch das „Beutefang- und Bring-Spiel" in der Sozialisierungsphase und das „Verbellspiel" in der Rangordnungsphase des Welpen. Damit besitzt der angehende echte, führige Schutzhund eine *sichere* Grundverknüpfung für *alle* Lernelemente des Schutzdienstes.

I. Das Aufbau-Prinzip

Das Erlernen der Kampftechnik und der Führigkeit im Schutzdienst erfolgt beim echten, führigen Schutzhund ebenso über den Beutetrieb wie beim Sporthund. Denn diese Triebart gehört zu den *trainierbaren* Trieben und unterstützt am *besten* das Lernen des Schutzhundes im Schutzdienst.

Jedoch wird in dieser Lernphase *nicht* nur der Beutetrieb ausgelöst, sondern *gleichzeitig* die natürliche Aggression des echten, führigen Schutzhundes.

Die Folge dieser *Kopplung* von Aggression und Beutetrieb ist, dass

a) das Beutespiel zur Beutearbeit wird.
b) die Beutearbeit die notwendige Ernsthaftigkeit erhält.
c) die Ernsthaftigkeit die spätere Nutzung des Schutztriebes vorbereitet.

Das Arbeitsziel besteht *primär* in der Sensibilisierung der natürlichen Aggression und *nicht* in der Förderung des Beutetriebes.

Diese Zielsetzung ist von *entscheidender* Bedeutung für die Arbeitsweise des Helfers. Denn die Beute*arbeit* bedingt *immer* einen *bestimmten* Belastungsgrad zur Aktivierung der Aggression.
Jedoch ist andererseits *unbedingt* darauf zu achten, dass

1. die Stärke der Aggression den jeweiligen Grad des Beutetriebes *nicht* neutralisiert oder unterdrückt. Die natürliche Aggression soll nur *unterstützend* wirken, aber den Schutzhund in seiner Entwicklung *nicht* hemmen oder in die falsche Richtung leiten.
2. die Auslösung der Aggression in Verbindung mit dem Beutetrieb *nur* so lange erfolgt, bis der Schutzhund den Lernstoff *sicher* beherrscht oder *von sich aus* die *direkte* Auseinandersetzung mit dem Helfer sucht. Die natürliche Aggression soll sich durch *unnötige* Aktivierung *nicht* zur Beute-Aggression entwickeln, sondern sich mit dem Sozialtrieb verbinden. Denn der echte, führige Schutzhund benötigt für seine spätere Aufgabe die Sozial-Aggression und *nicht* die Beute-Aggression.

Da diese Triebregulierung *ausschließlich* dem Helfer obliegt, ist an dem Ergebnis auch die *Qualität* des Helfers zu erkennen.
Die logische Konsequenz aus diesen Tatsachen ist, dass

- *jede* auf den Schutzarm bezogene Arbeitsweise die Beute-Aggression fördert und in erster Linie einen Sporthund schafft.
- *jede* auf den Helfer bezogene Arbeitsweise die Sozial-Aggression fördert und in erster Linie den echten, führigen Schutzhund formt.

II. Die Aufbau-Umwelt

Der bevorzugte Ausbildungsort für Schutzhunde ist allgemein der Vereins-Übungsplatz. Dieser *begrenzte* Arbeitsbereich ist für die Ausbildung des *reinen* Sporthundes in der Regel ausreichend, jedoch *nicht* für den echten, führigen Schutzhund. Denn dieser Schutzhundtyp benötigt für seine spätere Aufgabe eine *umweltorientierte* Ausbildung. Diese Tatsache bedeutet, dass der echte, führige Schutzhund im Wesentlichen *außerhalb* des regulären Übungsgeländes ausgebildet wird. Dabei werden ihm in der „Grundausbildung" zwar auch *alle* Elemente des Schutzdienstes gelehrt, jedoch unter den *verschiedensten* Umweltbedingungen.
Die Vorteile dieser *realitätsbezogenen* Aufbauarbeit sind unter anderem, dass

- das Aggressionsverhalten, die Triebanlagen, die innere Sicherheit, die Widerstandskraft und die Führigkeit des Schutzhundes *optimal* ausgebaut werden.
- die Arbeitsfreude, die Auffassungsgabe, die Aufmerksamkeit, das Konzentrationsvermögen, die Motivation usw. des Schutzhundes *bestens* gefördert werden.
- die Aggression des Schutzhundes *anfangs* durch die Umweltbelastungen ausgelöst wird und der Helfer diese nur *richtig* zu kanalisieren braucht.
- das Training *nicht* obligatorisch regelmäßig stattfindet, sondern *intervallartig* je nach Bedarf. Dabei ist die Qualität der Arbeit *wichtiger* als die Quantität. Denn dem Schutzhund soll *kein* bestimmtes Verhaltensschema angewöhnt werden, sondern *situationsgerechte* Reaktionen.
- der Schutzhund die *notwendigen* Einwirkungen des Hundeführers *nicht* mit dem Übungsplatz, dem Arbeitsschema usw. verbindet. Dadurch wird der Übungsplatz zu einem *zwanglosen* Vorführ-Ort.
- der Hundeführer seine Arbeits- und Führweise *ständig* auf die *neuen* Umweltbedingungen abstimmen muss, z. B. Anpassung seiner Hör- und Sichtzeichen an die jeweiligen Gegebenheiten, effizienten Einsatz des Schutzhundes im Gelände usw. Damit entsteht auch *kein* Abstumpfungs-Effekt beim Hundeführer.

Der *größte* Gewinn für Führer und Schutzhund aber besteht darin, dass sich durch diese *intensive* Zusammenarbeit ein Mensch-Hund-Team entwickelt, in dem sich einer auf den anderen *bedingungslos* verlassen kann.

Diese aus der Erfahrung resultierende Gewissheit bewirkt aber nicht nur ein *harmonisches* Mensch-Hund-Verhältnis, sondern z. B. auch

- *starke* Eigenmotivation des Schutzhundes durch die ständig *anregende* Aktivität.
- *große* Sicherheit in außergewöhnlichen Stresssituationen wie Schutzhundprüfungen, Heimverteidigung usw.
- *hohe* Prüfungsergebnisse durch Gleichmut gegenüber *äußeren* Reizen oder Schwierigkeiten.
- *willige* Lernbarkeit *ohne* marionettenhafte Reaktionen oder Unterwürfigkeit.
- *bestes* hundliches Sozial- und Schutzverhalten in *allen* Situationen.
- *sehr gute* körperliche und seelische Gesundheit durch innere Ausgeglichenheit.

III. Die Aufbau-Kernpunkte

Der *optimale* Aufbau des echten, führigen Schutzhundes bedingt eine *konsequente* art- und wesensgerechte Arbeits- und Führweise des Hundeführers.
Die Forderung kann *nur* in der *autoritären* Struktur des Mensch-Hund-Rudels erfüllt werden, *niemals* im freundschaftlichen, tyrannischen, süchtigen usw. Umgang mit dem Schutzhund.
Die drei *wichtigsten* Grundlagen dieser *wahren* Mensch-Hund-Beziehung sind:

1. Der Hundeführer ist eine *echte* Autorität im Sinne eines *anerkannten, vorbildhaften* Rudelführers.
2. Der Hundeführer formt den Schutzhund mit *ehrlicher* Liebe und Disziplin gezielt zu einem *verlässlichen* Gehilfen nach lern- und tierpsychologischen Gesichtspunkten.
3. Der Hundeführer lebt mit dem Schutzhund in einer Wohngemeinschaft und nutzt den hundlichen Arterhaltungstrieb. Denn der echte, führige Schutzhund bedarf zur Entfaltung seiner Anlagen der Meutegemeinschaft.

Die für den *optimalen* Aufbau des Schutzhundes *unbedingt* zu beachtende Kernpunkte dieser *zwischenartigen* Rudelstruktur sind:

1. Der Gehorsam

Der *wichtigste* Kernpunkt für die *erfolgreiche* Formung und Führung des echten, führigen Schutzhundes ist der *willige* Gehorsam.
Dieser *positive* Gehorsam wird erreicht durch eine *klare* und *disziplinierte* Behandlung des Schutzhundes nach *lern- und tierpsychologischen* Gesichtspunkten *von Anfang an*. Dabei ist die *Qualität* der inneren Sicherheit des Schutzhundes und der Autorität des Hundeführers von *entscheidender* Bedeutung für die Willigkeit.
Den *willigen* Gehorsam lernt der Schutzhund vor allem durch *gezielte* Anforderungen im Privatbereich, die der Hundeführer *von Anfang an* mit *absoluter* Konsequenz durchsetzt.
Dabei sind Ruhe und Geduld die *wichtigsten* Führerqualitäten, weil ansonsten der willfährige oder unwillige Schutzhund entsteht.
Die Anforderungen selbst sind der jeweiligen Entwicklungsphase des Schutzhundes anzupassen. Dabei ist ein Schwierigkeitsgrad zu wählen, den der Schutzhund

- *anlagemäßig* schaffen *kann*.
- *nur* mit Anstrengung bezwingen *kann*.
- *erfolgreich* bewältigen *muss*.

Diese Anforderungen sind für den Lernfortschritt des Schutzhundes sehr wichtig, weil

a) analog der Lust-Unlust-Ökonomie ein Erfolg umso *positiver* wirkt, je *größer* davor die Anstrengung ist.
b) dadurch die Überwindung von Schwierigkeiten zu einer *Normalität* des Lebens wird.

2. Die Arbeitsmoral

Der sehr eng mit dem *willigen* Gehorsam verbundene Kernpunkt ist die Arbeitsmoral des echten, führigen Schutzhundes.

Dieses „innere Gebot" zur Durchführung einer bestimmten Tätigkeit ist diesem Schutzhundtyp *gezielt* über den Arterhaltungstrieb zu lehren und *nicht* über den Selbsterhaltungstrieb mittels Futter oder Beuteobjekt. Denn für den echten, führigen Schutzhund sollte der Rudelerhalt wie in der Natur *wichtiger* sein als der Selbsterhalt.

Dieses „Moralprinzip" verinnerlicht der Schutzhund am *besten*, wenn er *von Anfang an* lernt, sich in *allen* ernstbezogenen Situationen zu behaupten. Durch die Kopplung an den Gehorsam lernt der Schutzhund *gleichzeitig* auch unter ernsthaften Bedingungen in *jeder* Hinsicht *gehorsam, korrekt* und *zuverlässig* zu arbeiten.

Somit sind die Ernsthaftigkeit, das Durchsetzungsvermögen und der Gehorsam die Träger dieser im Grunde *natürlichen* Arbeitsmoral.

Die Folge dieses Lernschrittes ist, dass der echte, führige Schutzhund nicht nur auf Anweisung *willig* arbeiten *darf*, sondern auch *willig* tätig sein *muss* – unabhängig von seiner momentanen Gesamtverfassung.

Der *wahre* Wert dieser aus dem hundlichen Sozialleben resultierenden Arbeitsmoral zeigt sich am *deutlichsten* in der Kampfsituation, wo die Arbeitsmoral zur Kampfmoral wird. Denn dieses *bedingungslose* „Kämpfen-Müssen" schließt das Versagen von vornherein aus.

3. Die Beißtechnik

Der *wichtigste* Kernpunkt für das *optimale* Kampfverhalten des echten, führigen Schutzhundes ist die *richtige* Beißtechnik. Denn der Schutzhund sollte seine Zähne in *jeder* Hinsicht *richtig* einsetzen. Dabei ist der *ruhige, volle* und *feste* Anbiss und Griff von *entscheidender* Bedeutung. Die *natürliche* Voraussetzung für den *wahren* Anbiss und Griff ist der *angeborene* Grunddruck der Kiefer des Schutzhundes. Diese Kraft kann von Natur aus stark, mittel oder schwach sein. Der *beste* Erbfaktor für die *erwünschte* Beißtechnik ist der *gleichmäßig harte* Anbiss und Griff. Die *praktische* Grundlage für den *ruhigen, vollen* und *festen* Anbiss und Griff bilden die Spielerfahrungen beim „Beutefang- und Festhalte-Spiel". Denn die Funktion des Spielens besteht *in erster Linie* darin, die *späteren* Verhaltensweisen des Schutzhundes vorzubereiten und zu vervollkommnen.

Die *primären* Regulatoren der Beißtechnik sind der Beutetrieb, die Aggression und die innere Sicherheit des Schutzhundes. Dabei bestimmt das *Mischungsverhältnis* aus diesen drei Komponenten die Anbiss- und Griffart des Schutzhundes. Die *hauptsächlichen* Gestalter des *ruhigen, vollen* und *festen* hundlichen Anbiss und Griffs sind der Züchter und der Helfer. Denn ihre Ernsthaftigkeit und ihr Verantwortungsbewusstsein bestimmen letztlich die *Qualität* der Beißtechnik des Schutzhundes nach dem Motto:

ERBANLAGEN + PRÄGUNG + LEHRART = BEISSQUALITÄT

4. Die Angriffstechnik

Der sehr eng mit der *richtigen* Beißtechnik verbundene Kernpunkt ist die *richtige* Angriffstechnik des ersten, führigen Schutzhundes. Dabei besteht das Hauptziel beim Training des Angriffs darin, dass der Schutzhund lernt, *stets* den Helfer anzuvisieren und *niemals* das Beuteobjekt „Schutzarm". Denn die auf dem Arterhaltungstrieb basierende Sozialaggression bedingt einen Rivalen oder Gegner als Angriffsziel.

Diese Tatsache bedeutet im Umkehrschluss, dass beim Schutzhund so lange der Beutetrieb oder die Beuteaggression dominiert, wie er das Beuteobjekt bevorzugt.

Die *notwendige* Voraussetzung für den *richtigen* Anschluss des Angriffs ist die *richtige* Beiß- und Sprungtechnik. Dabei hängt die Qualität des Sprungverhaltens *ausschließlich* von der Qualität des Helfers ab. Das *beste* Ergebnis wird erreicht, wenn dem echten, führigen Schutzhund *von Anfang an* das Beuteobjekt von *oben* kommend so angeboten wird, dass er es *springend* erkämpfen muss. Denn dieser gem. Punk 5 b) des Kapitels „Der Ideal-Helfer" praktizierte Arbeitsstil fördert nicht nur die Sprungtechnik des Schutzhundes, sondern stärkt *gleichzeitig* den Anbiss und den Griff des Schutzhundes.

Damit sind die *wichtigsten* Kriterien für eine *optimale* Ausbildung des echten, führigen Schutzhundes im Schutzdienst genannt.

Die Aufgabe von Hundeführer und Helfer besteht nun darin, diese Erkenntnisse *sinnvoll* in der Praxis anzuwenden.

Die nachfolgenden Arbeitsanweisungen sollen hierfür als Orientierungshilfe dienen.

B:
Das Kampf-Training

Das Kampf-Training des echten, führigen Schutzhundes beginnt dann, wenn der Junghund *alle* vorbereitenden Kampfhandlungen sowie die Aus-Übung der Stopp-Gebote *absolut sicher* beherrscht. Dabei bildet der *erfolgreiche* Abschluss der *allgemeinen* Beutearbeit die Basis für die ersten Phase der *detaillierten* Beutearbeit.

Der Übergang von der *allgemeinen* in die *detaillierte* Beutearbeit liegt in der Regel am Ende der Pubertätsphase des Schutzhundes.

Die in dieser Phase eingesetzten Beuteobjekte sind *stets* dem Entwicklungsstand des Junghundes anzupassen, z. B. Schutzarm-Manschette, Junghund-Schutzarm usw.

I. Der Anbiss und Griff

Phase 1:

1. Der Hundeführer stellt sich mit seinem Junghund in die Mitte einer freien Fläche oder des Übungsplatzes und ermuntert ihn aufzupassen. Dabei hält er mit der *linken* Hand den Schutzhund im Halsband und mit der *rechten* Hand die *kurze* Leine fest.

   Der Helfer ist während dieser Aktion des Hundeführers *nicht* sichtbar.

2. Der Helfer macht den Junghund nach *kurzer* Zeit durch Geräusche oder Sichtzeichen *geschickt* auf sich aufmerksam. Dabei hat der Hundeführer den Junghund weiter zu stimulieren und das Halsband *sofort* loszulassen, wenn der Schutzhund nach *vorn* in den Trieb geht.

3. Der Helfer tritt *fluchtartig* hinter der Sichtdeckung hervor und nähert sich *zögernd* dem Mensch-Hund-Gespann, sobald der Junghund sich auf das Versteck konzentriert. Dabei reizt er *zuerst* den Beutetrieb des Schutzhundes, indem er das Beuteobjekt „Armschutz" in *ständiger, sichtbarer* zappelnder Bewegung hält.

4. Der Helfer zeigt *sofort* Meideverhalten und Fluchtreaktionen, wenn der Junghund das Näherkommen mit *gezieltem* Bellen und Vorwärtsziehen an der Leine beantwortet. Dann beginnt der Helfer, immer *enger* werdende Annäherungskreise zu ziehen und den Junghund immer stärker zu reizen. Dabei bleibt das Beuteobjekt *stets* dem Schutzhund zugewandt.

5. Der Hundeführer unterstützt dabei *alle* positiven Reaktionen des Junghundes auf die Helferaktionen, jedoch im *umgekehrten* Verhältnis zum Triebanstieg. *Also:* Je *stärker* der Trieb, desto geringer die Hilfe des Hundeführers. Dabei hat der Hundeführer weder dem Leinenzug in Richtung Helfer nachzugeben noch seine Position zu verändern. Gleichzeitig hat er *alle* seine Maßnahmen den Aktionen des Junghundes anzupassen.
6. Der Helfer bewegt nach Ankunft beim Junghund das Beuteobjekt so, dass dieser *gezielt* beißen kann. Dabei sollte der Helfer *unbedingt* darauf achten, dass er
   a) die Schutzarm-Manschette oder den Schutzarm von *oben* nach *unten* in Brusthöhe führt und *nicht* von unten nach oben.
   b) das Beuteobjekt in dieser Hochlage lässt und *nicht* dem anspringenden Junghund entgegenkommt.
   c) den Körper oder Oberkörper im Augenblick des Anbisses *frontal* zum Junghund dreht und *nicht* das Beuteobjekt seitlich hält.
   d) dem Junghund die Mitte der Schutzarm-Manschette oder des Schutzarmes zum Beißen anbietet und *nicht* den unteren oder oberen Teil.
   e) die Anbissfläche des Armschutzes schräg zum anspringenden Junghund hält und *nicht* nach oben oder unten verdreht.
   f) das Gesicht des Junghundes *genau* vor seinem Gesicht hat und Augenkontakt herstellt.

7. Der Helfer lässt sich *anfangs sofort* den Armschutz entreißen, wenn der Junghund einen *ruhigen, vollen* und *festen* Anbiss zeigt. Dabei hat der Helfer die Beute *nicht* mitsamt dem Junghund wegzustoßen, sondern *wirklich* zu verlieren.

8. Der Helfer tritt *sofort* nach dem Verlust des Beuteobjekts *beeindruckt* einige Schritte zurück und bleibt *ruhig* stehen. Dann richtet er seine weiteren Aktionen konsequent nach dem Verhalten des Junghundes.

Phase 2:

9. Die *erwünschte* Grundreaktion des echten, führigen Schutzhundes ist die *Helferorientierung* wie folgt:
   a) der Junghund beobachtet *nach* dem Erhalt der Beute *aufmerksam* den Helfer.
   b) der Hundeführer bestätigt *dosiert* das Verhalten des Junghundes.
   c) der Helfer bedroht den Junghund mit *steigender* Intensität, bis dieser den Armschutz auslässt und Angriffsverhalten zeigt. Dabei unterstützt ihn der Hundeführer mit dem *aggressionsauslösenden* Reizwort.
   Dieses Angriffsverhalten des Schutzhundes bestätigt der Helfer *sofort* durch Flucht und der Hundeführer durch Lob, Nachgeben der Leine und Wegtreten des Beuteobjekts oder Wechsel des Standorts.
10. Die *unerwünschte* Grundreaktion des echten, führigen Schutzhundes ist die *Beuteorientierung* wie folgt:
    a) der Junghund verliert nach dem Erhalt der Beute das Interesse am Helfer.
    b) der Hundeführer korrigiert *angemessen* das Verhalten des Junghundes in Richtung Helfer.
    c) der Helfer greift den Junghund *sofort* an und macht ihm die Beute so lange mit *steigender* Intensität streitig, bis dieser den Armschutz auslässt und *Abwehrverhalten* zeigt.
    Dieses Verhalten bestätigt der Helfer *anfangs sofort* durch Flucht und der Hundeführer durch Lob, Nachgeben der Leine und Wegtreten des Beuteobjekts oder Wechsel des Standorts. Später bestätigen Helfer und Hundeführer den Junghund *nur* wie beschrieben, wenn dieser *eindeutiges* Angriffsverhalten zeigt.
11. Der Helfer wird *sofort* nach dem „Wegkicken" der Beute oder des Standortwechsels wieder aktiv und beginnt erneut mit der Reizgestaltung. Dann wird die Anbissübung ca. 1–2-mal wiederholt, wobei die Anbissart des Junghundes das Ende bestimmt, *nicht* die Vorstellung des Helfers oder Hundeführers.

12. Der Helfer überlässt dem Junghund *sofort* das Beuteobjekt und flüchtet hinter eine Deckung, wenn der Junghund einen *optimalen* Anbiss zeigt und beibehält. Dann verlässt der Hundeführer mit dem Junghund den „Kampfplatz", wobei der Schutzhund *anfangs* die Beute als Belohnung wegtragen kann, *nicht* muss.

13. Der Hundeführer sollte beim „Rückzug" mit dem Schutzhund *unbedingt* darauf achten, dass
    – der Helfer *wirklich* außer Sicht ist.
    – Führer und Hund *nebeneinander* gehen, *nicht* hintereinander.
    – der Schutzhund das Beuteobjekt mit *erhobenem* Kopf trägt.
    – *jede* hundliche Widerstandsart gegen das Weggehen *sofort* durch *kurze* Leinenrucks unterbunden wird.
    – das Beute-Tragen eine Ausnahme und *besondere* Belohnung bleibt.
14. Die Anbissübung ist mit einem zeitlichen Abstand von mindestens zwei Tagen so lange zu wiederholen, bis der Junghund diesen Teil der Beißtechnik *sicher* beherrscht. Dabei ist mit zunehmender Sicherheit *systematisch* die Griffübung in die Beutearbeit einzubeziehen.

15. Der Helfer sollte die Konditionierung des Junghundes von dem Beutetrieb auf den Sozialtrieb *schrittweise* vollziehen. Dabei sollte der Helfer *stets* als Verlierer auftreten und sich von den *helferbezogenen* Aktionen des Junghundes beeindrucken, zurückdrängen usw. lassen.
16. Der Helfer erreicht das Ziel „*ruhiger, voller* und *fester* Anbiss und Griff" vor allem dadurch, dass er
    - den Beutetrieb, den Sozialtrieb und die Aggression des Schutzhundes *optimal* auslöst und mischt.
    - den Schutzhund *nur* und *sofort* beim *richtigen* Anbiss bestätigt.
    - den Kampf um die Beute *erst* dann beginnen, wenn der Schutzhund *richtig* zugepackt hat.
    - die Auseinandersetzung mit dem Schutzhund *stets* dann beendet, wenn dieser sein *Bestes* gibt.

II. Der Angriff

Phase 1:

1. Der Hundeführer stellt sich mit seinem *angeleinten* Junghund mitten auf die freie Fläche oder auf den Übungsplatz und bereitet ihn auf den Kampf mit dem Helfer vor. Dabei hält er das Ende der *ausgerollten* Führleine in der *rechten* Hand, während die *linke* Hand den Junghund *anfangs* auf halber Leinendistanz und *später* im Halsband festhält.

2. Der bisher für den Junghund *nicht* sichtbare Helfer tritt aus seinem Versteck hervor und nähert sich dem Mensch-Hund-Gespann in *zögernder* Gangart. Dabei reizt er zuerst den Junghund wieder tüchtig an.

3. Der Helfer schert nach *ausreichender* Anreizbewegung mit dem in Brusthöhe, *nicht* unten oder seitlich gehaltenen Armschutz so auf Leinendistanz an dem Junghund *frontal* vorbei, dass dieser eine *gute* Anbissmöglichkeit hat.

4. Der Hundeführer lässt den *kurz* gehaltenen Junghund auf ein vorher vereinbartes Zeichen hin los und bleibt *fest* auf seinem Platz stehen. Dabei kann er ein Angriffssignal verwenden.

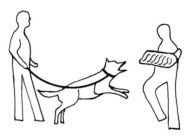

5. Der Helfer fängt den Angriff des Junghundes *geschickt* ab, indem er die Schutzarm-Manschette oder den Schutzarm *nicht* fest am Körper anlegt, sondern zwischen Brust und Armschutz eine Art Knautschzone schafft. Dabei hat er *unbedingt* darauf zu achten, dass die Leine sich *nicht vor* oder *beim* Anbiss strafft und der Schutzhund das Beuteobjekt *richtig* zu fassen bekommt.

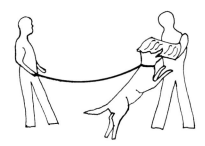

6. Der Helfer verliert *anfangs sofort* den Armschutz, wenn der Junghund einen *ruhigen, vollen* und *festen* Anbiss und Griff zeigt.
7. Der Helfer tritt *sofort* nach dem Verlust der Beute *beeindruckt* einige Schritte zurück und bleibt *ruhig* stehen. Dann richtet er seine weiteren Aktionen *konsequent* nach dem Verhalten des Junghundes.
8. Die Fortsetzung des Schutzdienstes erfolgt analog den Ausführungen der Phase 2 der Beißtechnik, *modifiziert* auf den Angriff.

Phase 2:

9. Der Helfer provoziert den Junghund *systematisch* zum Kämpfen, wenn dieser das Beutemachen *sicher* beherrscht. Dabei baut er seine Aktivität in dem Maße ab, wie das Kampfverhalten des Junghundes zunimmt.
10. Der Helfer löst das Kampfverhalten des Junghundes dadurch aus, dass er ihn entsprechend seiner „Reizschwelle" *systematisch* belastet. Dies kann dadurch geschehen, dass er z. B.
    a) den Schutzarm in *leichte* Drehbewegungen versetzt.
    b) den Schutzarm *locker* lässt und ihn dann mehr oder weniger *ruckartig* wieder an den Körper zieht.
    c) den Junghund *anpustet* oder auf den Schutzarm *schlägt*.
    d) den Junghund mit dem Stock *droht* oder an den Körperseiten touchiert.
    e) die Peitsche einsetzt und neben dem Junghund kurz knallt.
11. Der Helfer präsentiert sich dem Junghund als Verlierer und überlässt ihm *sofort* das Beuteobjekt, wenn dieser um den Armschutz kämpft. Dabei ist die Stärke des Kampfverhaltens *anfangs* unwich-

tig. Anschließend handeln Helfer und Hundeführer analog den Ausführungen der Phase 2 der Beißtechnik, *modifiziert* auf das Kämpfen.

12. Der Helfer sollte *unbedingt* darauf achten, dass er *stets* das Kampfverhalten des Junghundes bestätigt und *nicht* das Festhalten oder das Wegziehen des Armschutzes. Denn das *alleinige* Festhalten und Wegziehen ist ein *passives* Beißen und fördert *nicht* das Kämpfen.
13. Der Helfer erreicht das Ziel „*personenbezogene* Angriffsführung" vor allem dadurch, dass er
    - durch die *systematische* Steigerung der Belastung zum *wichtigsten* Teil des Schutzdienstes wird.
    - den Armschutz zu einem *primären* Anbisspunkt in einer *bestimmten* Lage für den Schutzhund umwandelt.
    - mit dem Schutzhund *ehrlich* um das Beuteobjekt kämpft.
14. Die Angriffsübung gemäß Punkt 1–3 ist mit *unangeleintem*, nur an der Halskette gehaltenen Junghund bis zur Vollkommenheit zu wiederholen, wenn er sich an der Leine *wunschgemäß* verhält. Dabei ist
    a) die Angriffsdistanz *langsam* auf ca. 5–10 Schritte zu erhöhen.
    b) dem Junghund der Schutzarm *stets* hoch, frontal und gezielt anzubieten.
    c) der Junghund *geschickt* durch Schaffung einer Knautschzone zwischen Brust und Armschutz, Rückwärtsgehen und eine Drehbewegung nach dem Anbiss abzufangen.

Phase 3:

15. Das Training der Angriffstechnik wird mit dem Einholen des *fliehenden* Helfers fortgesetzt, wenn der Junghund auf einer Entfernung von ca. 10 Schritt *wunschgemäß* arbeitet. Dabei wird die Distanz *langsam* auf ca. 15 Schritt erhöht.
16. Der Helfer *reizt* nach einem Frontalangriff den Junghund wieder an. Dabei entfernt er sich *langsam* rückwärts gehend, dreht sich nach ca. 5 Schritt um und läuft mit *angezogenem, leicht zappelndem* Schutzarm etwas *schräg* zum Junghund weg.
17. Der Hundeführer lässt den Junghund auf ein vorher vereinbartes Zeichen hin los und läuft *sofort* hinter ihm her. Dabei kann er ein Angriffssignal verwenden.

18. Der Helfer gibt dem Junghund eine *gute* Beißmöglichkeit, indem er ihm den Schutzarm *ruhig* und *gezielt* anbietet und ihn *geschickt* in Fluchtrichtung abfängt. Dabei lässt der Helfer sich das Beuteobjekt zunächst relativ schnell und widerstandslos entreißen und bleibt *sofort* stehen, wenn der Junghund einen *ruhigen, vollen* und *festen* Anbiss zeigt.

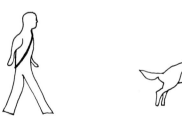

19. Der Hundeführer hat den ärmeltragenden Junghund *sofort* wieder unter Kontrolle zu bringen und ihn *nicht* mit dem Schutzarm auf den Platz spazieren gehen zu lassen. Dabei hat er ihn *sofort* wieder auf den Helfer auszurichten, falls der Junghund dies *nicht* selbstständig tut. Der hierbei *unführige* Schutzhund wird an der 10-m-Leine gearbeitet.

20. Die Fortsetzung des Schutzdienstes erfolgt analog den Ausführungen der Phase 2 der Beißtechnik, *modifiziert* auf das Einholen des fliehenden Helfers.

Phase 4:
21. Den Abschluss der Angriffs-Übung bildet der *direkte* Angriff. Dieser sollte jedoch erst dann geübt werden, wenn der Junghund *alle* anderen Phasen der Angriffstechnik sowie das Verbellen *sicher* beherrscht und *korrekt* ausführt.
22. Der Hundeführer legt den Junghund an eine *lange* Leine. Dann lässt er ihn *bei* der Verteidigung seiner Beute auf ein *vorher* vereinbartes Zeichen hin den Helfer *direkt* angreifen. Dabei ist *besonders* darauf zu achten, dass
    a) der Angriff *stets* bei *höchster* Erregung des Junghundes erfolgt und der Helfer den Junghund weiter reizt.
    b) der Helfer den Junghund *kurz* vor oder *im Moment des Absprungs* mit einem zweiten, bis dahin auf dem Rücken versteckt gehaltenen Schutzarm *geschickt* abfängt.
    c) die Beutearbeit *nach* diesem Angriff zu Ende ist.
    d) der Helfer dem Junghund *während* des Kampfes seine freie Hand *mit* und *ohne* Stock zeigt und ihn damit an Kopf und Körper berührt.
    e) der Junghund nach *kurzem* Kampf als *klarer* Sieger vom Platz geht, sobald der Helfer außer Sicht ist.

23. Der *direkte* Angriff auf den Helfer wird so lange an der 10-m-Leine geübt, bis der Junghund in *jeder* Lage den Helfer als Angriffsziel anvisiert. Dann wird mit abgeleintem Junghund gearbeitet. Dabei hat der Hundeführer dem Junghund *stets* zu folgen und ihn nach dem Anbiss oder kurzen Kampf *sofort* wieder anzuleinen oder im Halsband fest zu halten.

24. Der Helfer arbeitet *abwechselnd* mit rechten und linken Schutzarmen oder mit zwei Schutzarmen *gleichzeitig*, wenn der Junghund die bisher benutzte Armseite des Hundeführers als Zielpunkt nimmt. Dabei wird bei zwei Schutzarmen *stets* jener nach vorn in Brusthöhe gebracht, den der Schutzhund *nicht* ansteuert. *Beispiel:* Der Schutzhund visiert die *rechte* Seite des Helfers an – der Helfer lässt den Schutzhund in den *linken* Schutzarm beißen.

Abb. 39 und 40: Der Schutzhund beantwortet die Bedrohung des Helfers gem. Punkt 9, Phase 2 des Kapitels „Der Anbiss und Griff" mit einem eindeutigen Angriffsverhalten.

Abb. 41 und 42: Der Helfer testet den Anbiss und Griff des Schutzhundes unter stärkerer Umweltbelastung, indem er mit ihm von einer Strohballen-Reihe herab springt.

Abb. 43 und 44: Der Helfer testet den Anbiss und Griff des Schutzhundes unter starker Umweltbelastung, indem er ihn in das Astwerk eines Baumes zieht.

Abb. 45 und 46: Der Helfer überprüft in einem Waldstück das Kampfverhalten des Schutzhundes. Dabei baut er analog der Lust-Unlust-Ökonomie eine große körperlich/seelische Anstrengung in den Aktionsablauf des Schutzhundes ein.

Abb. 47 und 48: Der Helfer setzt den Schutzhund nach Erreichung des Triebzieles behutsam auf den Boden ab und belohnt ihn für seinen Einsatz mit dem Beuteobjekt „Schutzarm".

III. Das Verbellen

Das in der Rudelordnungsphase begonnene Training des *aktiven* Bellverhaltens wird jetzt vervollkommnet. Dabei sind für den echten, führigen Schutzhund folgende Lernziele von Wichtigkeit:

1. Der Junghund hat *jeden* sich *passiv* verhaltenden Helfer *sauber* und *frontal* zu verbellen, egal an welchem Platz und in welcher Lage sich dieser befindet.
2. Der Junghund hat *jede* Verbellaktion als *deutliche* Kampfaufforderung in Richtung *Helfer* zu gestalten, egal welche Persönlichkeit der Helfer ist und wo sich der Schutzarm befindet.
3. Der Junghund hat den Helfer in *jeder* Hinsicht *konzentriert* und *nahe* zu stellen und sich durch *nichts* und *niemand* davon ablenken zu lassen.
4. Das Verbell-Verhalten hat dem Junghund *ausschließlich* der Hundeführer zu lehren, während der Helfer *nur* auf die Aktionen des Junghundes reagiert.

Die *wichtigsten* Voraussetzungen für die *optimale* Erfüllung dieser vier Lernziele sind beim Junghund

– das *absolute* Vertrauen zum Hundeführer.
– der Grad seiner Belastbarkeit oder *inneren* Sicherheit.

Diese Bedingungen gelten besonders für das, was *hinter* dem Rücken des Junghundes geschieht, z. B. bewegende Personen, akustische oder optische Erscheinungen usw.

Dabei ist die Persönlichkeit des Hundeführers oft der *stärkste* Störfaktor, vor allem, wenn zwischen Führer und Hund *keine* Klarheit herrscht.

Dieser Mangel in der Mensch-Hund-Beziehung sollte *vor* Beginn der Verbellübung *unbedingt* behoben werden, weil

– *Beziehungsprobleme immer Vertrauensprobleme sind,*
– *Vertrauensprobleme stets Unsicherheit verursachen,*
– *Unsicherheit unweigerlich zu Fehlverhalten führt.*

Diese Unklarheit zeigt sich z. B. darin, dass der Junghund sich oft zum Hundeführer umdreht oder beim Herankommen des Hundeführers unruhig wird, der Hundeführer unverständlich reagiert usw.

Die *beste* Übung zur Absicherung des Schutzhundes hinsichtlich Vorgänge *hinter* seinem Rücken ist jene, die

- *gleichzeitig* die hundliche Selbstbeherrschung und Konzentrationsfähigkeit im *richtigen* Maß fördert.
- *gezielt* das Triebpotenzial für die „Verbell-Aus-Phasen" im Schutzdienst nutzt.
- schon in *frühester* Jugend gelehrt werden kann.

Eine *einfache* und *sehr gute* Möglichkeit zur Verwirklichung der Kriterien für die Absicherung ist die *tägliche* Fellpflege des Schutzhundes. Denn das *tägliche* Bürsten, Kämmen und Striegeln des Schutzhundes bewirkt bei *richtiger* Ausführung nicht nur ein *sauberes* Haarkleid und eine *bessere* Hautdurchblutung, sondern auch eine *seelische* Stabilisierung. Gleichzeitig bleibt bei entsprechender Motivation die Freude und die Spannung des Schutzhundes erhalten.

Die Grundlage für die *richtige* Körperpflege sollte bereits beim Züchter gelegt werden analog dem Kapitel IV, Abschnitt 1, Punkt 1.

Hat der Züchter diese *prägende* Maßnahme versäumt, ist der Lernschritt nach dem Erwerb des Welpen *sofort* nachzuholen. Dabei besteht das *primäre* Lernziel darin, dass der Schutzhund diese Behandlung *absolut ruhig* und *gelassen* über sich ergehen lässt. Also seinen Bewegungsdrang bezähmt.

Diese Forderung ist vom Hundeführer *von Anfang an* mit *absoluter* Konsequenz und Geduld *systematisch* durchzusetzen, *ohne* dabei den Schutzhund *nachhaltig* zu unterdrücken.

Das Lernziel wird am *besten* erreicht, wenn der Hundeführer folgende Punkte *gezielt* beachtet:

1. Die Körperpflege verursacht in der Regel den ersten *ernsthaften* Konflikt zwischen den Interessen von Führer und Hund. Dabei ist das Ergebnis des Konflikts *richtungsweisend* für das spätere Mensch-Hund-Verhältnis und die Teamarbeit.
2. Die Körperpflege sollte, zum Vorteil des Hundeführers, *bis zur Zielverwirklichung* auf einer Erhebung stattfinden, z. B. Stuhl, Bank, Tisch, Brett, Kiste, Materialstapel, Mauer usw. Denn durch das Stehen und Herumgehen um den Schutzhund kann er diesen *besser* beeinflussen als auf ebener Erde.
3. Der Hundeführer sollte das *primäre* Lernziel *schrittweise* anstreben, indem er z. B. zuerst das Verweilen auf der Erhebung lehrt, dann das Stehenbleiben bei der Körperpflege, anschließend das Wenden

und Winden des Schutzhundes unterbindet usw. bis das *absolute ruhige* Stillstehen als Lernziel erreicht ist.

Dabei erfolgt *anfangs* die Bestätigung durch Spielen in dem Augenblick, wenn der Schutzhund das gewünschte Verhalten *deutlich* zeigt – unabhängig von dem Pflegestand.

4. Der Hundeführer beginnt mit der Stärkung der Konzentrationsfähigkeit, wenn der Schutzhund die erste Lektion *absolut sicher* und *korrekt* beherrscht. Dabei sollte er einen Anreiz wählen, der den Schutzhund am *besten* motiviert, sich zu konzentrieren, z. B. Futter, Beuteobjekt usw.
5. Der Hundeführer beginnt damit, dass er den Schutzhund in die entsprechende Triebstimmung bringt und das „Motivationsmittel" einige Schritte *vor* den Schutzhund *sichtbar* ablegt. Dann wird das Fell des Schutzhundes so lange gepflegt, bis dieser das „Motiv" *ruhig* und *gezielt* fixiert. Dabei erfolgt *anfangs* die Freigabe des Schutzhundes als Bestätigung seines Verhaltens *sofort* und später *nach* Beendigung der Körperpflege und *voller* Konzentration.

Das Verbellen selbst kann dem Schutzhund nach verschiedenen Verfahren gelehrt werden. Die drei wichtigsten sind:

System 1

Die *beste* Verbell-Methode für den echten, führigen Schutzhund ist jene, die neben dem Verbellen *auch* die Persönlichkeit des Junghundes fördert und die Führer-Hund-Beziehung festigt. Die einzelnen Lernschritte hierfür sind folgende:

1. Der Helfer stellt sich *vor* ein künstliches oder natürliches Versteck und reizt den an *kurzer* Leine oder Schlupfe gehaltenen Junghund im Beutetrieb *tüchtig* an. Dabei sollte der Abstand zwischen Helfer und Hundeführer etwa 2–3 Schritte betragen.

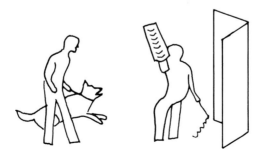

2. Der Hundeführer gibt auf ein *vorher* vereinbartes Zeichen hin mit dem Hörzeichen „Revier" oder „Voran" dem Drang des Junghundes nach, während der Helfer im *gleichen Augenblick* absolut *ruhig* verharrt und den Armschutz hinter dem Rücken oder seitlich *verdeckt* hält.

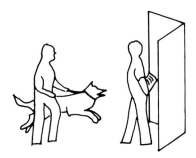

3. Der Hundeführer bringt den Junghund *vor* den Helfer ganz *konsequent* in eine *ruhige* Sitzposition, sodass der Junghund seine Erregung *nur* durch Bellen und *nicht* durch Bewegung oder Belästigung des Helfers abbauen kann.

4. Der Helfer lässt den Junghund *sofort* beißen, wenn dieser ihn *gezielt* anbellt. Dabei sollte der Helfer darauf achten, dass
   a) der Junghund ihm *in die Augen* blickt.
   b) der Junghund *im Moment* der Lautabgabe bestätigt wird.
   c) er den Armschutz *blitzartig* von *oben* in Brusthöhe bringt.
   d) die Anbissfläche *schräg* zum hochspringenden Junghund zeigt.
   e) der Junghund *federnd* abgefangen wird, z. B. durch leichtes Zurückbeugen des Oberkörpers.
   f) er *nach* dem Anbiss *sofort* aus der Verbellstation ausschert, *ohne* eine Kampfhandlung auszuführen.

g) der Junghund *vor* der Bestätigung durch eine *ernsthafte* Ausstrahlung *kurz* belastet wird.
h) die Freigabe des Beuteobjekts *nur* bei *ruhigem, vollem* und *festem* Griff erfolgt.

5. Der Helfer sollte sich *nach* Abgabe des Armschutzes wieder *absolut ruhig* verhalten und den Schutzdienst analog den Ausführungen der Phase 2 der Beißtechnik fortsetzen, *modifiziert* auf das Verbellen.

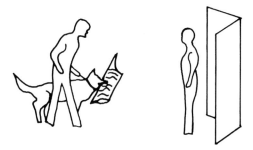

6. Der Helfer sollte den Junghund bei dieser Verbellarbeit in *keiner* Weise abwehren, wenn dieser durch *seine* oder des *Hundeführers* Unaufmerksamkeit, Unbeholfenheit, Trägheit, Inkonsequenz usw. *vorzeitig* den Armschutz zu fassen bekommt. Denn dadurch wird *nicht* die Unsauberkeit bestraft, sondern das ansonsten *richtige* Beißen.
7. Die Reihenfolge – Junghund in *kurzer* Entfernung anreizen + Junghund *konsequent* in die Verbellposition bringen + Junghund *personenorientiert* verbellen lassen + Junghund *gezielt* bestätigen – ist so lange zu üben, bis der Junghund den Ablauf *sicher* beherrscht. Dabei sollten *ständig* die Umweltbedingungen verändert

werden, damit der Junghund sich *nur* das Bild des „ruhig stehenden Helfers" einprägt.
8. Die Fortsetzung der Verbellübung sollte folgende Lernschritte umfassen:
   a) das Verbellen des *ruhig* stehenden Helfers *ohne* sichtbaren Armschutz an *längerer* und *langer* Leine.
   b) das Verbellen des *ruhig* stehenden Helfers *mit* sichtbarem Armschutz *seitlich* und *vorn*.
   c) das Verbellen des Helfers in *jeder ruhigen* Körperposition, z. B. sitzend, liegend, kniend usw.
   Dabei werden die Schritte b) und c) *anfangs* wieder an der *kurzen* Leine oder Schlupfe gelehrt.

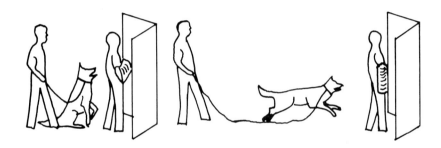

9. Das Verbellen wird mit *unangeleintem* Junghund fortgesetzt, wenn er *alle* Verbell-Situationen an *langer* Leine *korrekt* meistert. Dabei bleibt jedoch die Schlupfe am Halsband für evtl. Korrekturen.
10. Der Helfer provoziert den Junghund mit zunehmender Sicherheit *systematisch* zum Kämpfen *nach* dem Anbiss, indem er diesen z. B. *gezielt* abzuschütteln versucht, körperlich und seelisch *stärker* belastet usw. Dabei wird der Junghund *sofort* durch Beutemachen bestätigt, wenn er die Auseinandersetzung mit dem Helfer annimmt und den *erwünschten* Griff beibehält.
11. Der Hundeführer hat in *allen* Verbellphasen des Junghundes evtl. auftretende *unerwünschte* Handlungen am *ruhig* stehenden Helfer *kompromisslos* nach lern- und tierpsychologischen Gesichtspunkten zu unterbinden, *niemals* der Helfer. Denn die Aufgabe des Helfers besteht beim Verbellen *nur* darin, den Junghund *richtig* zu bestätigen und ihn *optimal* in Spannung zu halten.
12. Der Hundeführer hat bei der Leinenarbeit *besonders* darauf zu achten, dass er

a) *konsequent* mit dem Helfer zusammenarbeitet und seine Aufgabe *bestens* erfüllt. Denn *nur* wenn Aktionen und Reaktionen von Hundeführer und Helfer *problemlos* ineinander fließen, ist der *wahre* Erfolg gewährleistet.
b) *alle* erwünschten Verhaltensweisen dem Junghund *unmissverständlich* und *konsequent* lehrt, *ohne* dass dieser zu stark im Beute- und Aggressionstrieb absinkt.
c) *stets* mit *kurzem* Abstand zum Helfer beginnt und diesen entsprechend dem Lernfortschritt des Junghundes *systematisch* vergrößert.
d) *stets* an jener Seite vom Junghund verharrt, an der sich der Schutzarm des *vor* ihm stehenden Helfers befindet. Also: Schutzarm links – Hundeseite rechts bzw. Schutzarm rechts – Hundeseite links. Denn dadurch wird der Helfer bei der Bestätigung des Junghundes *nicht* behindert und der Junghund *nicht* zur Schutzarmseite abgedrängt (Ärmelverbeller).
e) *alle* positiven und negativen Einwirkungen auf ein Minimum beschränkt.

System 2

Die für *alle* Schutzhundtypen geeignete Methode besteht darin, dem Junghund das Verbellen im Rahmen des „Lernens durch Beobachtung und Nachahmung" zu vermitteln. Dabei bestimmt jedoch das Verbell-Verhalten des Althundes die spätere Verbellart des Junghundes. Deshalb sollte hierfür *nur* ein *optimal* arbeitender Althund als Vorbild gewählt werden. Im Einzelnen sind folgende Lernschritte möglich:

13. Der Junghund wird zusammen mit einem *vorzüglich* sozialisierten und aufgebauten Althund trainiert. Dabei ist wichtig, dass
    a) der Helfer mit zwei Schutzarmen arbeitet.
    b) der Althund *stets* und der Junghund *nur* bei *richtigem* Verhalten bestätigt wird.
    c) der Hundeführer den Junghund *anfangs* an der Leine führt und der Althund unangeleint ist.
14. Der Junghund wird mit dem Althund gekoppelt und mit diesem zusammen zum Verbellen geschickt, wenn er sich an der Leine *richtig* verhält. Dabei sollte die Verbindungsleine zwischen den zwei Schutzhunden *nicht* zu lang sein.

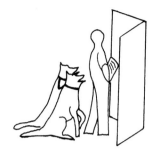

15. Der Hundeführer schickt *abwechselnd* den Junghund und Althund *allein* zum Verbellen, wenn der Junghund das gewünschte Verhalten neben dem Althund *sicher* zeigt. Dabei wird der zurückbleibende Schutzhund von einer dritten Person oder einer Haltevorrichtung *unverrückbar* festgehalten.

 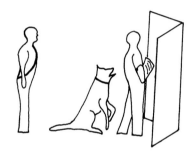

System 3

Die allgemein für Sporthunde genutzte Verbell-Methode ist die *helferabhängige* Lehrweise. Dies bedeutet, dass *primär* der Helfer

a) die Verbellart des Junghundes festlegt.
b) die spätere Leistung des Schutzhundes bei anderen Helfern vorprogrammiert.
c) die Führer-Hund-Beziehung im Schutzdienst bestimmt.

Die Folge ist, dass der Junghund letztlich *passiv* oder *helferabhängig* arbeitet und damit *nur* zum reagierenden und *nicht* zum agierenden Teilnehmer im Schutzdienst wird.

Da diese *passive* Arbeitsweise des Schutzhundes durch ihre Fremdbestimmung *immer* ein Vabanquespiel ist und am *stärksten* die Gefahr des Versagens beinhaltet, ist sie für den Aufbau des echten, führigen Schutzhundes *nicht* sinnvoll.
Die prinzipiellen Lernschritte sind für den Vergleich folgende:

16. Der Hundeführer hält den Junghund am Halsband oder an einer leichten Schlupfe, während der Helfer den hundlichen Beutetrieb *optimal* stimuliert. Dann läuft der Helfer mit *ständig* bewegtem Armschutz in eine Verbellstation, gefolgt vom Junghund, den der Hundeführer auf ein *vorher* vereinbartes Zeichen mit dem Hörzeichen „Revier" oder „Voran" nachschickt.

17. Der Helfer wendet sich *kurz* vor der Verbellstation zu dem inzwischen *nahe* herangekommenen Junghund und blockt den in der Regel anspringenden Junghund mit dem Körper ab. Dabei hält er den Schutzarm zunächst hinter dem Rücken versteckt und später leicht seitlich verdeckt.

18. Der Helfer wehrt die *vielen* Versuche des Junghundes beim Drang nach dem Schutzarm *ausschließlich* trieb- und wesensgerecht ab. Dabei benutzt er bei *unverdorbenen* Junghunden *nur* seinen Körper oder bestimmte Körperteile, z. B. Knie, Ellbogen usw.
19. Der Helfer verharrt *sofort* in absolut *ruhiger*, etwas vorgebeugter Körperhaltung, wenn der Junghund ihn *nicht* mehr belästigt. Dabei stellt er Augenkontakt her und versucht den Junghund mit angespannten Muskeln und *festem*, nicht drohendem Blick unter Kontrolle zu bringen (Körper- und Willenstraining).

20. Der Helfer lässt den Junghund *sofort* beißen, wenn dieser respektvoll vor dem Kraft und Überlegenheit ausstrahlenden Helfer verharrt und ihn *gezielt* anbellt. Dabei hebt er den versteckt oder leicht verdeckt gehaltenen Schutzarm *blitzartig* im Bogen hoch, bringt ihn von *oben* in Brusthöhe, fängt den Junghund *federnd* ab, schert *sofort* aus der Verbellstation aus und bestätigt den Junghund bei *ruhigem, vollem* und *festem* Griff.

Abb. 49

Abb. 50

Abb. 49 bis 52: Der Hundeführer nutzte von Anfang an die Körperpflege des Schutzhundes für den Ausbau der Selbstbeherrschung und der Konzentrationsfähigkeit analog Kapitel II des „Kampf-Trainings".

Abb. 49 und 50: Der vier Monate alte Schutzhund kann sich bei der Körperpflege bereits bestens beherrschen.

Abb. 51

Abb. 52

Abb. 51 und 52: Der gleiche Schutzhund zeigt in der Erwachsenenphase eine optimale Selbstbeherrschung und Konzentrationsfähigkeit.

Abb. 53: Der von Anfang an nach diesem Buch aufgebaute echte, führige Schutzhund erfüllt optimal die vier Lernziele des Verbellens gem. Kapitel III des „Kampf-Trainings".

Abb. 54: Der nach diesem Buch umgearbeitete Schutzhund lässt sich von der psychischen Belastung des Helfers in keiner Weise beeindrucken.

Abb. 55

Abb. 56

Abb. 55: Die Verwirklichung des Lernschrittes „Kurze Leine oder Schlupfe" gem. Punkt 2 und 3 des Systems 1, Kapitel III des „Kampf-Trainings".

Abb. 56: Die Verwirklichung des Lernschrittes „längere und lange Leine" gem. Punkt 7 und 8 des Systems 1, Kapitel III des „Kampf-Trainings".

Abb. 57

Abb. 58

Abb. 57: Ausführung wie Abb. 56, jedoch mit ständig wechselnden Umweltbedingungen.

Abb. 58: Die Verwirklichung des Lernschrittes „ohne Leine" gem. Punkt 9 des Systems 1, Kapitel III des „Kampf-Trainings".

Abb. 59

Abb. 60

Der nach diesem Buch umgearbeitete Schutzhund zeigt in den Abb. 59 bis 64, dass er die Anforderungen der Kapitel I bis III des „Kampf-Trainings" bestens meistert.

Abb. 59 und 60: Der Schutzhund zeigt ein in jeder Hinsicht wünschenswertes Verbell-Verhalten.

Abb. 61

Abb. 62

Abb. 61 und 62: Der Schutzhund zeigt einen in jeder Hinsicht wünschenswerten Anbiss und Griff, den er auch unter Belastung beibehält.

Abb. 63 und 64: Der Schutzhund erhält nach dem letzten Belastungstest den Schutzarm als Belohnung für sein wünschenswertes Gesamt-Verhalten.

IV. Das Revieren

Das „Revieren" oder „Streifen nach dem Helfer" ist in *erster Linie* eine Gehorsamsübung, die durch Triebarbeit unterstützt werden kann, aber *nicht* umgekehrt. Denn der *Kern* dieser Revierarbeit ist das *„systematische* Absuchen eines begrenzten Geländeabschnittes" nach den *Anweisungen* des Hundesführers und *nicht* das „Auffinden des Helfers an einer bestimmten Stelle" zur Befriedigung des hundlichen Triebdranges.

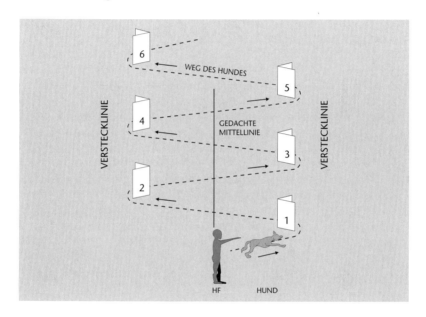

Dieser nach der Rudelordnungsphase anstehende Lernschritt kann dem Junghund auf *verschiedene* Weise gelehrt werden. Jedoch sollte *stets* jene Ausführungsart gewählt werden, die den Anlagen und dem Reifegrad von Führer und Hund am *besten* entspricht.

Die Grundlagen für die Revierarbeit können dem Schutzhund beim *täglichen* Spaziergang ebenso *ideal* gelehrt werden wie die Voraussetzungen für das Verbellen bei der *täglichen* Körperpflege. Dabei gelten die *gleichen* Anforderungen wie bei der Vorbereitung auf das Verbellen. Denn auch hier ist die *beste* Übung jene, die

- *gleichzeitig* die hundliche Selbstbeherrschung und Konzentrationsfähigkeit im *richtigen* Maß fördert.

- *gezielt* das Triebpotenzial für die Revierarbeit im Schutzdienst nutzt.
- schon in *frühester* Jugend gelehrt werden kann.

Diese Bedingungen werden *bestens* erfüllt, wenn der Hundeführer folgende Punkte *konsequent* beachtet:

1. Der Spaziergang mit dem Schutzhund dient *nicht* vorrangig dazu, dass der Schutzhund sich entleert und seinen Bewegungs- und Triebdrang *frei* auslebt. Der Sinn des Spaziergangs ist *primär* die *gezielte* und *intensive spielerische* Beschäftigung mit dem Schutzhund im Hinblick auf seine spätere Aufgabe und Teamarbeit.
2. Der Spaziergang erfolgt für das „Revier-Training" auf einem befestigten Weg mit natürlichen Grenzen wie Gras, Büsche, Getreide usw. Dort wird der Schutzhund an *langer* Leine angeleint und mit einem Beuteobjekt *optimal* motiviert. Dann wird das Beuteobjekt links oder rechts am Wegrand mit dem *kurz* gehaltenen Schutzhund abgelegt und einige Schritte zur *anderen* Wegseite zurückgegangen.
3. Der Hundeführer nimmt *schräg* zum Beuteobjekt Grundstellung ein und lässt den Schutzhund neben sich so lange sitzen, bis dieser ihn *ruhig* und *konzentriert* in die Augen blickt.
4. Der Hundeführer hebt am Höhepunkt der hundlichen „Spannungs-Phase" den linken oder rechten Arm in Richtung Beuteobjekt bei *gleichzeitigem* Hörzeichen „Revier" oder „Voran". Dabei kann er selbst mit dem Schutzhund mitlaufen oder/und das Hörzeichen so lange aussprechen, bis der Schutzhund das „Motiv" erreicht hat.
5. Der Hundeführer geht weiter und spielt *kurz*, aber *intensiv* mit dem Schutzhund. Dann wiederholt er den Vorgang auf der anderen Wegseite und, je nach Triebstärke des Schutzhundes, nochmals 1–2-mal mit wechselnden Wegseiten.
6. Dieses abwechselnde „Kreuzen des Weges" mit *sichtbarem* und *verstecktem* Beuteobjekt wird so lange *täglich gezielt* geübt, bis sich daraus ein gemeinsames Spiel *ohne* Beuteobjekt am Wegrand entwickelt.
7. Dieser spielerische Zick-Zack-Lauf auf dem Weg sollte zu einem Zick-Zack-Lauf um Bäume erweitert werden, z. B. Alleebäume, Obstbäume in einer Plantage usw. Dabei ist *von Anfang an* darauf zu achten, dass der Schutzhund zwar die Anweisungen des Hundeführers *genau* befolgt, aber der *spielerische* Charakter erhalten bleibt.

Das Revieren selbst kann dem Schutzhund nach verschiedenen Verfahren gelehrt werden. Die vier wichtigsten sind:

1. Das Revieren über den Nahrungs- oder Spieltrieb

Diese zwei Verfahren sind die einfachsten und leichtesten, weil dazu weder eine Drittperson benötigt wird noch der Junghund ein bestimmtes Alter besitzen muss. Dabei ist das Revieren über den

– *Nahrungstrieb* eine Methode, die bereits in Kapitel 5, Abschnitt H, Punkt c) des Buches: „Vom Welpen zum idealen Schutzhund" *ausführlich* beschrieben ist.
Das Prinzip besteht darin, die im Gelände verteilten Verstecke mit Futter zu bestücken und diese dann vom Schutzhund *systematisch* anlaufen zu lassen.
Die *entscheidende* Voraussetzung für den Erfolg ist ein *ausgeprägter* Sättigungsdrang des Schutzhundes sowie eine *konsequente* und *gezielte* Lehrweise des Hundeführers.
– *Spieltrieb* der *konsequente* und *gezielte* Ausbau des beschriebenen Zick-Zack-Laufes beim *täglichen* Spaziergang.

2. Das Revieren durch Nachahmung

Diese Methode ist ebenfalls relativ *problemlos*, vorausgesetzt, es steht ein *vorzüglich* sozialisierter und aufgebauter Althund zur Verfügung und der Junghund beherrscht *sicher* das Verbellen. Die einzelnen Lernschritte des „Revierens durch Nachahmung", das *gleichzeitig* ein gutes Training für den Althund darstellt, sind folgende:

1. Der Helfer geht mit *zwei* Schutzarmen bestückt in das erste Versteck. Dann erscheint der Hundeführer und geht mit den an der Verbindungsleine *angeleinten* Alt- und Junghund auf der gedachten Mittellinie zwischen den zwei Versteckreihen bis zur Verbindungslinie zwischen dem 1. und 2. Versteck. Dort macht er eine Wendung zum 1. Versteck und nimmt Grundstellung ein.

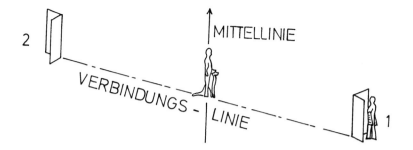

2. Der Hundeführer leint die Schutzhunde ab und hält sie an der kurzen Verbindungsleine fest. Dann richtet er den Alt- und Junghund auf das 1. Versteck aus. Dabei unterstützt ihn der Helfer, indem er *anfangs* in Sicht der Schutzhunde tritt und diese im Bedarfsfall anreizt.

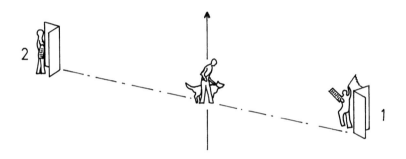

3. Der Hundeführer schickt mit dem Hörzeichen „Revier" oder „Voran" die zwei Schutzhunde zum 1. Versteck, wenn diese das Versteck und den Helfer *eindeutig* angenommen haben. Dabei hat der Helfer wieder hinter den Sichtschutz zu treten und der Hundeführer den Schutzhunden zu folgen.

4. Der Helfer lässt beide Schutzhunde *kurz* verbellen. Dann gibt er *gleichzeitig* dem Alt- und Junghund die Gelegenheit zum Beißen, schert *sofort* aus dem Versteck aus und überlässt ihnen *gleichzeitig* kampflos die Schutzarme. Dabei hat der Hundeführer den Alt- und Junghund noch *während* des Beißens oder *unmittelbar* nach Erhalt der Beuteobjekte an der Verbindungsleine festzuhalten.

5. Der Hundeführer gibt nach *richtiger* Reaktion der Schutzhunde das Hörzeichen „Aus", kickt die zwei Schutzarme zum Helfer, und die Übung wird 1–2-mal an anderen Verstecken wiederholt. Dabei braucht der Helfer sich *nicht* mehr beim Ausrichten der Schutzhunde auf das Versteck zu zeigen, wenn er vorher *in Sicht* der Schutzhunde dorthin läuft.
6. Der Hundeführer wiederholt nach mindestens zwei Tagen die unter Punkt 1–5 beschriebenen Lernschritte. Dabei ändert er den Ablauf der Übung dahingehend, dass er die Schutzhunde *nur* beim 1. und 3. Mal *direkt* zum Helfer schickt. Das 2. und 4. Mal müssen die Schutzhunde das Versteck des Helfers auf dem Umweg um ein *leeres* Versteck anlaufen.

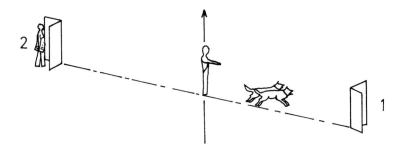

7. Der Hundeführer erhöht *sofort* die Zahl der *leeren* Verstecke, wenn der Junghund die vorangegangenen *leeren* Verstecke *gezielt* anläuft. Dabei handelt er am besten nach einem Plan, der wie folgt aussehen kann:

Tag	Übungen	1. Verst.	2. Verst.	3. Verst.	4. Verst.	5. Verst.	6. Verst.
1.	1.	Helfer					
	2.	–	Helfer				
	3.	–	–	Helfer			
	4.	–	–	Helfer			
2.	1.	Helfer					
	2.	–	Helfer				
	3.	–	–	–	Helfer		
	4.	–	–	–	Helfer		
3.	1.	Helfer					
	2.	–	–	Helfer	–	Helfer	
	3.	–	–	–	–		
4.	1.	–	Helfer				
	2.	–	–	–	Helfer		
	3.	–	–	–	–	–	Helfer
5.	1.	–	–	Helfer			
	2.	–	–	–	–	Helfer	
6.	1.	–	–	–	Helfer		
	2.	–	–	–	–	–	Helfer
7.	1.	Helfer					
	2.	–	–	–	–	Helfer	
8.	1.	–	Helfer				
	2.	–	–	–	–	–	Helfer
9.	1.	–	–	–	–	Helfer	
10.	1.	–	–	–	–	–	Helfer
	Summe	4	4	4	4	4	4

8. Der Hundeführer sollte bei dieser Methode *vor allem* darauf achten, dass die Schutzhunde
    a) *optimal* auf das „Streifen nach dem Helfer" vorbereitet werden.
    b) *gezielt* in die angezeigte Richtung laufen.

c) *immer* um das angelaufene Versteck herumgehen.
d) *sofort* und *direkt* nach jedem Seitenschlag zum Hundeführer zurückkommen und bei „Fuß" gehen.
e) *konsequent* vor dem Weiterlaufen auf das neue Versteck ausgerichtet werden und es auch *optisch* annehmen.
f) *augenblicklich* den Schutzarm auf das Hörzeichen „Aus" loslassen.
g) *stets* auf den Helfer fixiert bleiben.
h) *nach* Beendigung der Revierarbeit nochmals Triebförderung erhalten.

3. Das Revieren über den Beute- und Meutetrieb

Diese Arbeitsweise ist etwas schwieriger und erfordert von Hundeführer und Schutzhund einen *höheren* Zeit- und Energieaufwand. Damit diese größere Belastung aber *nicht* in erfolgsmindernden Stress ausartet, sollte das Revieren über den Beute- und Meutetrieb *stets* mit zwei Helfern und *weder vor* dem 9. Lebensmonat des Schutzhundes *noch während* der ersten Läufigkeit der Hündin durchgeführt werden. Das Revieren selbst wird wie folgt gelehrt:

1. Das erste und zweite Versteck wird von je einem Helfer besetzt. Dann erscheint der Hundeführer und geht mit dem *angeleinten* Junghund auf der gedachten Mittellinie zwischen den zwei Versteckreihen bis zur Verbindungslinie zwischen dem 1. und 2. Versteck. Dort macht er eine Wendung zum 1. Versteck und nimmt Grundstellung ein.

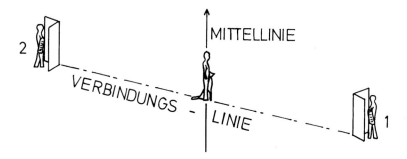

2. Der Hundeführer leint den Junghund ab und hält ihn am Halsband fest. Dann richtet er ihn auf das 1. Versteck aus. Dabei erscheint der Helfer *links* vom Versteck und reizt den Junghund *tüchtig* an.

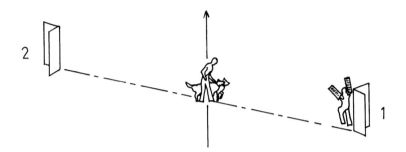

3. Der Hundeführer schickt den Junghund auf ein vorher vereinbartes Zeichen hin mit dem Hörzeichen „Revier" oder „Voran" zum 1. Versteck. Dabei hat der Helfer den Junghund weiter anzureizen und der Hundeführer dem Schutzhund zu folgen.

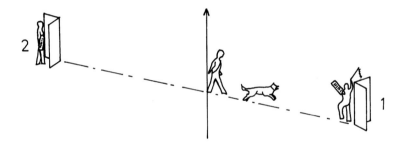

4. Der Helfer läuft *kurz vor* Ankunft des Junghundes *um* das Versteck und nimmt auf der *rechten* Seite die Verbellposition ein. Dadurch lernt der Junghund mit der Zeit, das Versteck von links nach rechts zu umkreisen. Diese Aktionen am Versteck können auch von rechts nach links erfolgen. Wichtig ist nur, dass die einmal gewählte Bewegungsrichtung *konsequent* beibehalten wird.

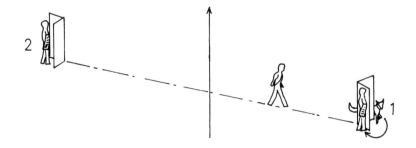

5. Der Helfer und der Hundeführer handeln nun wie unter Punkt 4 und 5 des „Revierens durch Nachahmung" beschrieben, jedoch *ohne* die Übung zu wiederholen. Dabei geht der Helfer *in Sicht* des Junghundes von *links* in das Versteck.
6. Der Hundeführer wendet sich um und geht mit dem *angeleinten* Junghund zum Ausgangspunkt auf der Mittellinie zurück. Dabei tritt bei der Rückkehr der im 2. Versteck stehende Helfer *links* vor das Versteck, während der im 1. Versteck stehende Helfer in das 3. Versteck läuft.

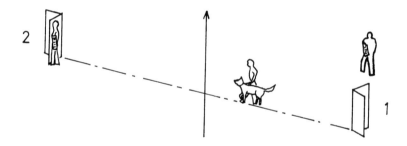

7. Der vor dem 2. Versteck stehende Helfer tritt *ohne* Reizgestaltung hinter seinen Sichtschutz zurück, wenn das Mensch-Hund-Team am Ausgangspunkt angelangt ist. Dann macht der Hundeführer eine Kehrtwendung zum 1. Versteck, nimmt Grundstellung ein und richtet den Hund aus.

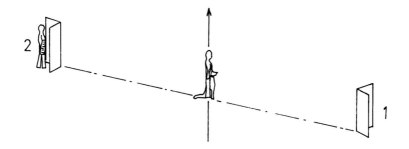

8. Der Hundeführer ermuntert den Junghund und schickt ihn zum 1. Versteck, wenn er dieses *eindeutig* angenommen hat. Dabei bleibt er stehen und ruft den Junghund *sofort* wieder zu sich heran, wenn dieser das 1. Versteck umkreist hat.

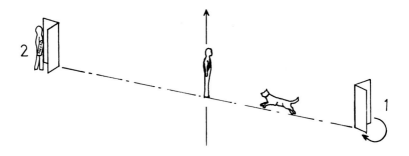

9. Der Hundeführer richtet den angekommenen Junghund *sofort* auf das 2. Versteck aus und die unter Punkt 2–5 beschriebenen Handlungen von Hundeführer und Helfer wiederholen sich.
10. Der Hundeführer wendet sich danach wieder um und geht mit dem *angeleinten* Junghund zum Schnittpunkt von Mittellinie und Verbindungslinie zwischen dem 2. und 3. Versteck zurück. Dabei tritt der im 3. Versteck stehende Helfer *links* vor das Versteck, während der im 2. Versteck stehende Helfer in das 4. Versteck läuft. Dann wird der unter Punkt 6 und 7 beschriebene Ablauf zwischen *allen* Verstecken wiederholt.

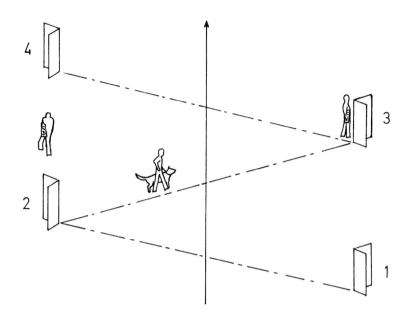

4. Das Revieren über den Meutetrieb

Diese Lehrweise stellt *hohe* Ansprüche an die Führeigenschaften des Hundeführers und die Anlagen des Schutzhundes. Denn der Schutzhund muss durch *reinen* Gehorsam lernen, dass er sein geruchlich oder sichtbar wahrgenommenes Triebziel *nur* über die Umwege um die leeren Verstecke erreichen kann.

Das Revieren über den Meutetrieb sollte *nicht vor* dem 10. Lebensmonat des Schutzhundes, *nur* mit belastbaren und triebstarken Junghunden sowie erst dann geübt werden, wenn der Junghund bereits die Verstecke zu umlaufen gelernt hat, z. B. nach Verfahren 1. Die einzelnen Lernschritte dieser Ausführungsart sind folgende:

1. Der Helfer postiert sich je nach Windrichtung so am 2. Versteck, dass der Junghund ihn schon *vor* der Revierarbeit wittert oder sieht. Dann geht der Hundeführer mit dem mindestens an der 10-m-Leine *angeleinten* Junghund auf der gedachten Mittellinie zwischen den zwei Versteckreihen bis zur Verbindungslinie zwischen dem

1. und 2. Versteck. Dort macht er eine Wendung zum 1. Versteck und nimmt Grundstellung ein.
2. Der Hundeführer richtet den Junghund *konsequent* auf das 1. Versteck aus und schickt ihn mit dem Hörzeichen „Revier" oder „Voran" zum 1. Versteck. Dabei kann er anfangs einige Schritte mitgehen und die Leine bis *kurz* vor dem Straffwerden in der Hand halten.
3. Der Hundeführer lobt den Junghund und ruft ihn *sofort* wieder zu sich heran, wenn er das 1. Versteck *gezielt* umkreist hat. Dann wird er auf das 2. Versteck ausgerichtet und zu dem bereits wahrgenommenen Helfer geschickt.
4. Der Hundeführer wirkt *sofort* durch Leinenruck, Pfuirufe oder das Hörzeichen „Platz" auf den Junghund ein, wenn dieser nach einigen Schritten vor dem 1. Versteck oder nach der Umkreisung des 1. Verstecks in Richtung Helfer ausbricht.
5. Der Hundeführer geht *schnell* zum Ausgangspunkt und wiederholt den Reviervorgang, wenn er den Junghund wieder durch Herankommen oder Abholen unter Kontrolle hat. Dabei wird der Schutzhund *nicht* körperlich bestraft, sondern höchstens näher an das leere Versteck herangebracht.
6. Der Junghund wird so lange zum leeren Versteckt geschickt, bis er wunschgemäß reagiert, egal wie schnell und freudig er anfangs arbeitet. Dann wird dieser 1. Lernschritt *systematisch* gefestigt und bis zur freien Revierarbeit ausgebaut. Dabei ist der Junghund vom Hundeführer *schnell* abzuholen und *konsequent* zum Ausgangspunkt zurückzubringen, wenn ihm in irgendeiner Phase der Durchbruch zum Helfer gelingt.

Beim Revieren sollten *allgemein* folgende Punkte beachtet werden:

1. Das Absuchen der Verstecke hat *stets* paarweise und entsprechend ihrer Aufstellung im Revierfeld zu erfolgen. Die zwei *wichtigsten* Reviereinteilungen sind folgende:

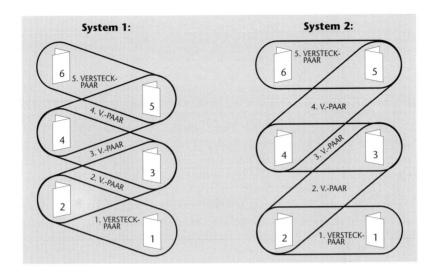

2. Der Helfer hat *stets* den ankommenden Schutzhund trieblich *sofort* wieder hochzubringen, wenn dessen Kampflust nach dem Reviervorgang abgesunken ist.
3. Der Schutzdienst wird nach dem Revieren *stets* nur dann fortgesetzt, wenn der Schutzhund das „Streifen nach dem Helfer" *fehlerfrei* ausführt.

C:
Das Resümee

Die wichtigsten Kernpunkte der *ausführlich* dargestellten vier Eckpfeiler des *speziellen* Kampf-Trainings sind:

1. Der Anbiss und Griff
Das Anbiss- und Griffverhalten des echten, führigen Schutzhundes soll in *allen* Situationen *voll, ruhig, fest, energisch* und *beständig* sein und die *Kampfkraft* des Schutzhundes dokumentieren.

2. Der Angriff
Das Angriffverhalten des echten, führigen Schutzhundes soll in *allen* Situationen *zielstrebig, selbstsicher, helferorientiert, energisch* und *beständig* sein und den *Durchsetzungswillen* des Schutzhundes dokumentieren.

3. Das Verbellen
Das Verbellverhalten des echten, führigen Schutzhundes soll in allen Situationen *warnend, helferorientiert, energisch, bannend* und *beständig* sein und die *Selbstsicherheit* des Schutzhundes dokumentieren.

4. Das Revieren
Das Revieren des echten, führigen Schutzhundes soll in *allen* Situationen *zielstrebig, willig, interessiert, drangvoll* und *beständig* sein und die *Kampflust* des Schutzhundes dokumentieren.

5. Die Belastbarkeit
Die Widerstandskraft gegen Belastungen soll der echte, führige Schutzhund in *allen* Kampf-Situationen *deutlich* dokumentieren nach dem Motto: „Je *stärker* der Belastungsgrad, desto *intensiver* die Abwehr."
Dazu zählen unter anderem die PO-Schutzdienstleistungen: Abwehr, Angriff, Flucht und Überfall.

6. Die Führigkeit

Den *willigen* Gehorsam soll der echte, führige Schutzhund in *allen* Führ-Situationen *deutlich* dokumentieren nach dem Motto: „Je art- und wesensgerechter die Mensch-Hund-Struktur, desto *klarer* und *disziplinierter* die Folgsamkeit."

Dazu zählen unter anderem die PO-Schutzdienstleistungen: Ablassen, Abrufen, Streife und Transport.

7. Der Schutztrieb

Der Schutztrieb des echten, führigen Schutzhundes soll durch die Kopplung der *natürlichen* Aggression an den Sozialtrieb während der *umweltorientierten* Ausbildung so gefördert werden, dass der Schutzhund im Bedarfsfall auch den Angriff einer Zivilperson *sicher* und *kompromisslos* abwehrt, *ohne* dabei unführig zu werden.

Abb. 65

Abb. 66

Die Abbildungen 65 bis 68 zeigen die Überprüfung der personenbezogenen Belastbarkeit eines erwachsenen Schutzhundes auf der Erde. Dabei zeigt der Schutzhund ein in jeder Hinsicht beständiges und festes Griffverhalten, welches der Helfer durch Überlassung des Beuteobjekts „Schutzarm" bestätigt.

Abb. 67

Abb. 68

Abb. 69

Abb. 70

Die Abbildungen 69 bis 72 zeigen die Überprüfung der Belastbarkeit eines erwachsenen Schutzhundes in einer umweltorientierten Verbell-Situation. Dabei demonstriert der Schutzhund in überzeugender Weise, dass sein Verbell-, Anbiss- und Griff-Verhalten auch in extremen Lagen absolut sicher, energisch und beständig ist.

Abb. 71

Abb. 72

Die Abbildungen 71 bis 78 zeigen die Überprüfung des Kampfverhaltens eines erwachsenen Schutzhundes in einer umweltorientierten Situation. Dabei demonstriert der Schutzhund in überzeugender Weise, dass er den Ansprüchen an einen echten, führigen Schutzhund gerecht wird.

Abb. 73 und 74: Der Schutzhund greift aus dem willigen Gehorsam heraus explosionsartig den vorspringenden Helfer an.

Abb. 75 und 76: Der Schutzhund wehrt den Angriff des Helfers selbstsicher, energisch und beständig ab.

Abb. 77 und 78: Der Schutzhund lässt sich von der Nähe des Hundeführers in keiner Weise beirren und erhält als Bestätigung den Schutzarm.

Abb. 79 und 80: Der Schutzhund reagiert auf die Bedrohung des Helfers mit einem personenbezogenen Angriffsverhalten ohne Beuteorientierung.

Die Abbildungen 81 bis 86 zeigen die Überprüfung der Sozialaggression eines erwachsenen Schutzhundes auf dem regulären Übungsgelände. Dabei demonstriert der Schutzhund in überzeugender Weise, dass er die gewünschten Qualitäten eines echten, führigen Schutzhundes besitzt.

Abb. 81: *Der Schutzhund verbellt den gut geschützten mit Zivilmantel und Peitsche bestückten Helfer warnend, energisch, bannend und beständig.*

Abb. 82: *Der Schutzhund wehrt den Frontalangriff des Helfers sofort, selbstsicher, kompromisslos, energisch und beständig ab.*

Abb. 83: Der Schutzhund wehrt den drohend auf den Hundeführer zulaufenden Helfer wie auf Abb. 82 ab. Dabei meistert er alle gebotenen Belastungsgrade problemlos.

Abb. 84: Der Schutzhund kämpft mit dem Helfer so lange sicher, energisch und beständig, bis dieser den Kampf aufgibt und absolut ruhig stehen bleibt.

Abb. 85: Der Schutzhund lässt auf das Hörzeichen „Aus" sofort vom Helfer ab und verhält sich auch in der Ausphase absolut wünschenswert.

Abb. 86: Der Schutzhund zeigt nach der Ausphase einen in jeder Hinsicht druckvollen Angriff und in dem kurz zuvor gezeigten „Anbisspunkt" Schutzarm einen vollen, ruhigen, festen, energischen und beständigen Griff.

IV. Teil

Die Beurteilung des echten, führigen Schutzhundes

Die Arbeit der Gestalter des echten, führigen Schutzhundes findet *allgemein* ihren Abschluss in der Beurteilung des Ausbildungsstandes. Dabei kann die Einschätzung der *fertigen* Schutzhundeigenschaften teilweise *erheblich* differieren. Denn je nach Funktion und Betrachtungsweise sieht z. B. der Hundeführer den Ablauf des Schutzdienstes anders als der Helfer, der Helfer anders als der Richter und der Richter anders als der Zuschauer.

Dieses „Beurteilungskarussell" dreht sich natürlich sehr einseitig, weil von *vornherein* die Meinung des Richters dominiert. Jedoch hat auch er oft Schwierigkeiten, einen auf die Beuteaggression *bestens* „dressierten" Sporthund von einem über die Sozialaggression arbeitenden, echten, führigen Schutzhund zu unterscheiden und entsprechend zu bewerten. Denn dazu gehören ein *praktisch* geschultes Auge und Ohr sowie ganz bestimmte Voraussetzungen.

Die *wichtigsten* Bedingungen für ein in *jeder* Hinsicht *gerechtes* Urteil sind:

a) Ein auf *wissenschaftlichen* Erkenntnissen basierendes *umfangreiches* Fach- und Sachwissen.
b) Eine *vorzügliche* Beobachtungsgabe und *praktische* Erfahrung im *richtigen* Umgang mit dem Schutzhund.
c) Eine *klare, logische* und *schlüssige* Denkfähigkeit, um aus den Gegebenheiten die *richtige* Konsequenz zu ziehen.
d) Ein *hohes* Maß an Gewissenhaftigkeit, Neutralität, Objektivität und Verantwortung gegenüber den anerkannten Schutzhundrassen.

Da, wie überall im Leben, der Bewusstseinsstand des Beurteilers die Qualität des Urteils prägt und dessen Folgen festlegt, so wirkt sich auch die Beurteilung des Schutzhundes *positiv* oder *negativ* auf die Rasse und deren Gestalter aus.

Damit nun eine Bewertung stattfindet, die *allen* Beteiligten im Schutzhundwesen nützt, sind *eindeutige, wissenschaftlich* fundierte Richtlinien zu erstellen und *einheitlich* zu verwirklichen. Denn nur eine *vernünftige*, der *wahren* Bedeutung der Regeln entsprechende Aussage ist mit anderen Aussagen *wirklich* vergleichbar. Alles andere ist nur „Schein".

Die *wichtigsten* Kriterien sind in diesem Buch genannt und teilweise schon in den Prüfungsordnungen *prinzipiell* festgeschrieben. Jedoch gibt die Art der Darstellung in den einzelnen Prüfungsordnungen noch zu viel Spielraum für Interpretationen.

Diese Unvollkommenheit kann durch folgende *ordnende* Maßnahmen *problemlos* behoben werden:

1. Der Bewertungsmaßstab für das Kampfverhalten des Schutzhundes sollte den *wissenschaftlichen* Erkenntnissen entsprechen, *eindeutig* formuliert sein und in *allen* Schutzhundverbänden in *gleicher* Weise ausgelegt und befolgt werden.
2. Der Bewertungsmaßstab sollte für *alle* Schutzhund- und Führertypen gelten, *unabhängig* von Geschlecht, Alter, Aussehen, Ansehen, Stand usw. und regional wie überregional *kompromisslos* angewandt werden.
3. Die Bewertung sollte so besprochen werden, dass sie den Gestaltern des Schutzhundes als *präziser* Maßstab für ihre weitere Tätigkeit dient. Die *wichtigsten* Kriterien sind:
   a) *Detaillierte* Offenlegung der Nachteile *und* Vorteile der Schutzdienstarbeit.
   b) *Detaillierte* Aufschlüsselung der Benotung in Bezug auf Fehler des Schutzhundes *und* des Hundeführers.
   c) *Detaillierte* Angaben zur Qualität des Schutzhundes, zur Art des Teamworks und zu evtl. Ausbildungsfehlern.
   d) *Detaillierte* Verbesserungsvorschläge für die nächste Bewertung.
4. Die Richter und Funktionäre sollten *unabhängig* von ihrem Alter und ihrer Amtszeit ihr Wissen und Verhalten *ständig* auf ein in *jeder* Hinsicht *vorbildliches* Niveau einstellen. Dabei sollten sie in *enger* Zusammenarbeit mit Züchter, Hundeführer und Helfer den Schutzhundgedanken *uneingeschränkt* befolgten und *größten* Wert auf einen *echten, führigen* Schutzhund legen. Diese Zielsetzung sollten die Richter und Funktionäre *nicht* zur Gewissensfrage machen, sondern sie bei *allen* ihren Beurteilungen und Anweisungen *konsequent* und *deutlich* ausdrücken. Denn so tragen sie in ihrer *verantwortungsvollen* Tätigkeit am *besten* zu einem *vernünftigen* und *erfolgreichen* Fortschritt auf dem Schutzhundsektor bei.

V. Teil

Die Konsequenzen

Das Zucht- und Leistungsziel *aller* verantwortungsbewussten und vernünftigen Gestalter der einzelnen Schutzhundrassen und des einzelnen Schutzhundes sollte *in der Hauptsache* der *echte, führige* Schutzhund sein und *nicht* die Schönheit, der finanzielle Wert oder die sportliche Leistung dieser Rasse oder des Individuums. Denn nur dieser *bestveranlagte* und *geformte* Vertreter der seit Generationen unter dem Namen „Schutzhund" gezüchteten und verwendeten Hunde ist der *wahre*, seiner Aufgabe in *jeder* Hinsicht *gerecht* werdende Schutzhund.

Damit nun wirklich *jeder* Züchter, Hundeführer, Helfer, Richter und Funktionär die vorgenannten Ausführungen der Zielsetzung entsprechend *richtig* interpretiert, werden die Kernpunkte *jedes* Aufgabenbereichs nochmals *regelartig* zusammengefasst. Dabei hängt die *erfolgreiche* Verwirklichung dieser Tatsachen selbstverständlich von der *inneren* Einstellung des einzelnen Gestalters ab. Denn *kein* Mensch kann von außen her *positiv* verändert werden, wenn er sich aus irgendwelchen Gründen *innerlich* dagegen sträubt. Deshalb sei nochmals klargestellt: **Die Gestaltung des echten, führigen Schutzhundes kann nur optimal durchgeführt werden mit vollster innerer Überzeugung.**

Die geistig-seelische Entwicklung ist ein *bewusstes* Streben nach Vervollkommnung und erfordert oft ein *hohes* Maß an Selbsterkenntnis, Selbstkritik und Selbstdisziplin. Dabei werden die aufgezeigten Wahrheiten erst dann die *richtige* Wirkung zeigen, wenn der Empfänger einen entsprechend geistig-seelischen Reifegrad dafür erreicht hat.

Die wichtigsten Regeln

Die *entscheidenden* Punkte der *optimalen* Gestaltung und Beurteilung des *echten, führigen* Schutzhundes lauten:

1. Allgemeines

1. Der *echte, führige* Schutzhund als *wahrer* Träger der Bezeichnung „Schutzhund" ist ein *absolut* wesenssicherer, führig-harter und mutig-scharfer Hund mit *idealem* Triebniveau und *willigem* Gehorsam. Dabei ist der Schutztrieb die *wichtigste* Wesenseigenschaft.
2. Der *echte, führige* Schutzhund entsteht *nur* durch eine konstitutionelle *saubere* Züchtung, eine *gezielte* Auslese, eine *artgerechte* Auf-

zucht, eine lern- und tierpsychologisch *richtige* Aufbauweise sowie durch eine in *jeder* Hinsicht *korrekte* Beurteilung.

3. Der *echte, führige* Schutzhund wird über eine *sporthundbezogene* „Grundausbildung" und ein *praxisbezogenes* „Ergänzungstraining" auf seine spätere Aufgabe *gezielt* und *konsequent* vorbereitet. Dabei ist *größter* Wert auf eine in *jeder* Hinsicht *ausgeglichene* Persönlichkeit und *angemessene* Kampftätigkeit zu legen.
4. Der echte, führige Schutzhund erfüllt seine Aufgabe nur dann *optimal*, wenn die
   a) *erwünschten* Eigenschaften im *richtigen* Maß und Verhältnis geformt werden.
   b) Mensch-Hund-Beziehung der *natürlichen* Rudelstruktur *voll* entspricht.
5. Der *echte, führige* Schutzhund hat *nach wie vor* seine Daseinsberechtigung und ist für den Menschen *genauso* nützlich wie z. B. der Blindenführhund, der Hütehund oder der Rettungshund – auch wenn viele Menschen diese Tatsache *ad absurdum* führen wollen. Dabei reden besonders jene Eingeweihten und Außenstehende dagegen, die *wenig* von der Materie verstehen oder deren *egoistischen* Ziele dem *echten, führigen* Schutzhund entgegensteht.

Die *wirklichen* Vertreter des Schutzhundgedankens sollten auf die *negativen* Äußerungen über den *echten, führigen* Schutzhund *stets* sinnvoll reagieren. Dabei sollten sie wie folgt handeln:
   a) Die Kritik in Bezug auf Wahrheit *genau* überprüfen.
   b) Die *berechtigten* Missstände im Hinblick auf das *echte* Zuchtziel und den tierpsychologisch *richtigen* Umgang mit dem Schutzhund *sofort* und *unerbittlich* beseitigen.
   c) Den Anfeindungen *realistisch* und *standhaft* entgegentreten.
   d) Den Gegnern *unmissverständlich* klar machen, dass falsche Verhaltensweise des *echten, führigen* Schutzhundes *nicht* die Folge seiner Schutzhundanlagen sind, sondern *ausschließlich* durch die Art ihrer Nutzung verursacht werden.

2. Die Zucht

1. Die Grundlage jeder *echten* Schutzhundzucht ist eine kopf- oder führhundveranlagte Hündin, deren *optimales* Anlage-, Leistungs- und Vererbungsniveau *beste* Nachzucht und Prägung der Welpen garantiert.
2. Das Ziel jeder *echten* Schutzhundzucht ist der führige, harte, intelligente, nervenfeste, temperamentvolle, triebstarke und *optimal* ge-

prägte Welpe mit einer reizbaren, feindseligen Grundstimmung, der an einen *ausgesuchten* Hundeführer verkauft wird.
3. Der für Schutzzwecke *bestens* veranlagte Schutzhund entsteht *primär* durch eine
   a) *sorgfältige* Zuchtplanung.
   b) *ungezwungene* Paarung.
   c) *stressfreie* und *artgerechte* Haltung, Fütterung und Behandlung der tragenden Hündin.
   d) *gezielte* und *konsequente* Welpenauslese.
   e) *optimale* Prägung.
4. Die *größte* Chance auf den Titel „echter, führiger Schutzhund" haben jene *vorzüglich* veranlagten und geprägten Welpen, die auch charakterlich mit dem künftigen Hundeführer harmonieren. Deshalb ist *jeder* bestens vorbereitete Welpe *nur* ganz *gezielt* abzugeben.

3. Der Aufbau

1. Der Kern jeder *optimalen* Aufbauarbeit besteht darin, den vom Züchter übernommenen Welpen *von Anfang an* lern- und tierpsychologisch *richtig* zu halten, zu behandeln und zu führen.
   Dabei ist der Welpe mit den *besten* Schutzhundanlagen *systematisch* zum *echten, führigen* Schutzhund zu formen.
2. Die Voraussetzung für ein in *jeder* Hinsicht *erfolgreiches* Lernen ist, dass der Hundeführer
   a) den *richtigen* Welpen erwirbt.
   b) *gezielt* eine Atmosphäre des Vertrauens und der Sicherheit schafft.
   c) *ständig* als *gerechtes, autoritäres* Vorbild auftritt.
   d) als Autorität *uneingeschränkt* vom Schutzhund respektiert wird.
3. Die Grundlage jeder *optimalen* Mensch-Hund-Beziehung und jeder *erfolgreichen* Teamarbeit ist der *willige* und *korrekte* Gehorsam des Schutzhundes als Resultat aus dem Vertrauen und der Achtung des Hundes gegenüber dem Hundeführer. Dabei basiert die Höhe des hundlichen Leistungsniveaus im Wesentlichen auf der Qualität der einzelnen Gehorsamsübungen.

4. Die Schutzarbeit

1. Die Bereitschaft des Schutzhundes zur *gegnerischen* Auseinandersetzung ist abhängig von der *ererbten* und *gestalteten* Merkmalsbreite

des Kampfantriebes und Schutztriebes. Dabei wird der *wahre* Wert des Schutzhundes beeinflusst von dem Ausprägungsgrad *aller* Bestandteile des Sozialtriebes.
2. Die einzig *richtige* Tätigkeit des Helfers besteht darin,
   a) die Führ- und Kampfmerkmale des Mensch-Hund-Teams *objektiv* festzustellen.
   b) die *notwendigen* Anlagen eines *echten, führigen* Schutzhundes *systematisch* zu wecken, zu fördern, auszubauen, zu festigen und *korrekt* zu prüfen.
   c) das Aggressionsverhalten des Schutzhundes entsprechend den Gegebenheiten seiner Umwelt *konsequent* zu formen.
3. Die *feindbezogene* Angriffslust des *echten, führigen* Schutzhundes ist ab der 6. Lebenswoche durch *spezielle* Kampfspiele *gezielt* zu steigern. Dabei ist der Schutzhund durch *geeignete* Gegenwahl und *ständiges* Siegen zu einem selbstsicheren „Siegertyp" zu programmieren.

5. Die Beurteilung

1. Die *zielgerichtete* Arbeit der Züchter, Hundeführer und Helfer ist von den Richtern und den Funktionären *unbedingt* und *uneingeschränkt* zu unterstützen sowie gegen Störungen *rigoros* abzuschirmen.
2. Die Auslese des *echten, führigen* Schutzhundes bedingt *in erster Linie* eine
   a) *klare, niveauvolle* Beurteilungsgrundlage.
   b) *objektive, korrekte* und *meisterhafte* Leistungsbeurteilung.
   c) *deutliche* Formulierung des Bewertungsergebnisses.
3. Das Beurteilungsniveau ist *unabhängig* von der Art der Prüfung, dem Leistungsstand der einzelnen Vereine und Verbände sowie dem Aussehen und dem Geschlecht von Führer und Schutzhund *einheitlich* und dem *ehrenvollen* Titel „Schutzhund" entsprechend *angepasst* festzulegen und zu verwirklichen.

Anhang

Wichtige Grundbegriffe von A bis Z

Die Lehre von der Zucht, der Ausbildung und den Krankheiten des Hundes (Kynologie) hat wie jedes andere Teilgebiet der Biologie eine gemeinsame Verständigungsgrundlage und eine eigene Fachsprache. Jedoch besteht in der Kynologie allgemein die *akute* Gefahr, Fachausdrücke *unzulässig* zu deuten, vor allem im *menschlichen* Sinne.

Da solche Fehlinterpretation aber *nachweislich* jeder *optimalen* Gestaltung und Beurteilung des *echten, führigen* Schutzhundes entgegenstehen, werden nachfolgend einige *wichtige* kynologische Grundbegriffe näher erläutert.

A

Aggression ist ein Mehrzweckverhalten und bezeichnet allgemein die gegnerische Auseinandersetzung zwischen Artgenossen oder Vertretern verschiedener Tierarten.

Aggressivität bezeichnet die Bereitschaft des Hundes zur gegnerischen Auseinandersetzung. Dabei kann das Ausmaß der Angriffsbereitschaft innerhalb der ererbten Merkmalsbreite durch verschiedene Umweltreize beeinflusst werden, vor allem im frühkindlichen Alter.

Aggressives Verhalten oder Aggressionsverhalten ist die Sammelbezeichnung für alle Elemente des Angriffs-, Verteidigungs- und Drohverhaltens, die durch ganz unterschiedliche Verhaltensbereitschaften ausgelöst werden können, z. B. Frustration, Rangstufenkampf, Revierbehauptung, Selbstverteidigung. Deshalb ist der Aggressionstrieb stets an eine Motivation gekoppelt.

Ahnentafel ist der schriftliche Nachweis über Rassenreinheit, Name und Abstammung des Hundes, gehört zum Hund und ist beim Verkauf dem neuen Eigentümer unbedingt unterschrieben auszuhändigen. Die Ahnentafel gilt als Urkunde im juristischen Sinn und wird von dem zuständigen Zuchtbuchamt der Rasse amtlich ausgestellt und schriftlich anerkannt.

Aktionsspezifische Ermüdung besagt, dass eine durch Reize ausgelöste und gerade abgelaufene Verhaltensweise des Hundes eine Zeit lang nicht mehr oder nur noch mit sehr verstärkter Reizgestaltung ausgelöst werden kann. Sie hat nichts mit einer allgemeinen körperlichen Ermüdung zu tun.

Aktivität ist das Tätigsein des Hundes innerhalb gewisser Grenzen, unterbrochen von einem Ruhezustand.

Alpha-Tier wird jenes Tier eines Rudels genannt, das in der Rangfolge die Spitzenstellung einnimmt (Rudelführer).

Angeboren sind alle Verhaltensweisen des Hundes, die bei seiner Geburt in seinem Organismus vorprogrammiert sind. Sie entwickeln sich im ständigen Wechselspiel zwischen Erbgut und Umwelt.

Artspezifisch oder artgemäß bezeichnet in diesem Buch ein typisch hundliches Verhalten.

Assoziation ist die Verknüpfung von Vorstellungen, von denen die eine die andere hervorgerufen hat.

Aufbau ist allgemein die systematische Formung des Hundes mit Hilfe von dosierten Umweltreizen. Er sollte so früh wie möglich beginnen und autoritär, aufgeschlossen, beherrscht und konsequent erfolgen.

Ausbildungskennzeichen ist ein auf Prüfungen eines Rassezuchtvereins erworbenes Kennzeichen, z. B. Schutzhundprüfung, Stufe I–III. Bei einem Schutzhund sollte z. B. immer das höchste Ausbildungskennzeichen angestrebt werden. Hunde, die dieses Ziel nicht oder nur mit mäßigem Erfolg erreichen, sind für die Zucht von Leistungstieren wenig geeignet.

Ausdauer beinhaltet
1. die Eigenschaft, Triebhandlungen zu Ende zu führen, ohne sich ablenken zu lassen oder sie rasch abzubauen.
2. die Fähigkeit, körperliche und psychische Anstrengungen ohne offensichtliche Ermüdungserscheinungen durchzustehen.

Ausdruck sind die äußeren Merkmale der seelischen und geistigen Verfassung des Hundes, der sich entsprechend den verschiedenen Situationen verändern kann.

Außenreize sind Sinnesreize außerhalb des hundlichen Körpers, die in unterschiedlicher Weise seine Triebhandlungen in Gang setzen. Daneben können sie auch die Richtung einer Bewegung bestimmen (richtende Reize) oder die weitere Handlungsbereitschaft des Hundes beeinflussen (motivierende Reize).

B

Beherrschung ist beim Schutzhund das Resultat aus Disziplin und Gehorsam, die ihm der Hundeführer von Anfang an gezielt gelehrt hat.

Beißen sollte der Hund nur im Notfall oder auf Befehl seines Herrn. Der Hundebesitzer hat für entstehenden Schaden gesetzlich zu haften.

Beißerei ist Kampf unter Hunden. Ankündigung: Knurren, Hochstellen der Rückenhaare und der Rute, Zähne zeigen, stelzender Gang, Aufrichten der Ohren. Schlichtung: beide Besitzer heben ihren Hund an den Hinterbeinen hoch.
Schuld: der Besitzer, der seiner Sorgfaltspflicht nicht genügte, z. B. ein Hund war nicht angeleint.

Belehrung ist eine ruhige, konsequente und spielerische bis maßregelnde Gewöhnung des Hundes an ganz bestimmte Verhaltensweisen. Sie erfolgt in der Zeit von der 8. bis 16. Woche.

Bellen ist die vielgestaltige Lautäußerung des Hundes, welche bis zur Lärmbelästigung führen kann. Deshalb sollte jeder Hund dazu erzogen werden, dass er seine Lautäußerungen der Umwelt anpasst.

Beschwichtigungsgebärde oder Befriedigungsreste bezeichnet alle Verhaltensweisen, die eine innerartige Aggression unter Hemmung setzen (Begrüßungsgesten, Bettelbewegungen, Begattungsaufforderung).

Beutetrieb ist mit dem Jagdtrieb nahe verwandt und äußert sich in dem Bestreben, Beuteobjekte z. B. zu suchen, zu verweisen, aufzustöbern, zu hetzen, zu treiben, nachzuspringen, zu fangen, zu fassen, festzuhalten, niederzureißen, totzuschütteln.

Bewachungsverhalten umfasst Handlungen wie das Bewachen von Haus und Hof, von Gegenständen, Lebewesen und das Bellen.

Bewegungs- und Betätigungstrieb ist der mehr oder weniger intensive Drang, die angestauten, physischen und psychischen Energien in Form von Bewegung oder irgendwelcher Betätigung zu entladen. Die Grundlage ist die konstitutionelle und konditionelle Verfassung des Hundes.

Bissigkeit trifft dann bei Hunden zu, wenn sie ohne besonderen Grund Lebewesen angreifen oder auf jede nur scheinbare Bedrohung mit einem blindwütigen Angriff reagieren. Sie wird den Hunden oft durch falsche Erziehung beigebracht (aneifern, anhetzen). Angstbeißen ist Wesensschwäche.

Blutlinie ist die Ahnenreihe einer bestimmten Familie, die durch bestimmte Ahnen und deren Sprosse innerhalb der Ahnentafel repräsentiert wird.

Bringtrieb ist das Bestreben Beuteobjekte oder Teile von ihnen aufzunehmen, zu verschleppen, zu verstecken, zu vergraben oder zu bringen.

D

Demutsgebärde ist eine Unterwerfungsgeste, die in der innerartigen Auseinandersetzung vom unterlegenen Hund eingenommen wird. Sie ist in ihrer Form oft das Gegenteil der Drohbewegung.

Dominant wird innerhalb der sozialen Rangordnung der jeweils überlegene Hund bezeichnet.

Dressur oder Abrichtung oder Abführung oder Ausbildung bezeichnet die Endphase der hundlichen Lernleistung, niemals den Beginn oder eine Zwischenphase. In dieser letzten Lernphase werden die früher gelehrten Lernschritte (Aufbau) zu einer komplizierten Gesamtleistung aneinander gereiht. Diese Tätigkeit erfolgt meist mit bedeutendem Affektaufwand und einer maximalen Intensität der Mensch-Hund-Beziehung.

Drohgebärde ist eine Einschüchterungsgeste, die den Zweck hat, einen Rivalen oder Feind so einzuschüchtern, dass es nicht zum Kampf kommt. Sie entspringt in der Regel dem Konflikt zwischen Angriffs- und Fluchtdrang.

E

Endhandlung ist eine relativ einfache, kurze und oft sehr starre Erbkoordination, die am Ende einer Folge von Appetenzhandlungen auftritt. Sie wirkt allgemein „triebverzehren" oder „triebbefriedigend" und kann durch Negativreize nur ausnahmsweise gehemmt werden.

Entwicklungsphasen des Hundes sind: Vegetative Phase (1. und 2. Woche); Übergangsphase (3. Woche); Prägungsphase (4. bis 7. Woche); Sozialisierungsphase (8. bis 12. Woche); Rangordnungsphase (13. bis 16. Woche);

Rudelordnungsphase (5. bis 6. Monat); Pubertätsphase (7. bis 10. Monat); Erwachsenenphase (ab 11. Monat).

Entwöhnung bezeichnet die Loslösung des Welpen von der Mutter nach Beendigung seiner ernährungsmäßigen Abhängigkeit.

Erbkoordination ist ein erblich festgelegter Bewegungsablauf, der von bestimmten Umweltreizen ausgelöst wird und dann zwanghaft abläuft.

Ermüdung bezeichnet allgemein die abnehmende Auslösbarkeit einer hundlichen Handlung.

Erregung bezeichnet allgemein die gesteigerte Ansprechbarkeit des Hundes auf Außenreize aller Art.

Ersatzhandlung ist eine Bewegung, die nicht auf das handlungsauslösende Objekt, sondern auf ein Ausweichobjekt gerichtet ist. Sie tritt in einer Konfliktsituation auf.

Erwerbskoordination ist eine zeitweilige oder lang andauernde individuelle Verhaltensweise des Hundes, die das Ergebnis einer Umwelterfahrung ist.

Erziehung ist die ruhige und konsequente Anpassung des Junghundes an das Leben im Mensch-Hund-Rudel. Sie erfolgt in der Zeit vom 5. bis 10. Monat.

Ethologie ist allgemein das Studium tierlichen Verhaltens mit den Methoden der Biologie (Verhaltensbiologie).

F

Fehlprägung erfolgt beim Hund durch „falsche" Erfahrung während seiner sensiblen Phase.

Fellsträuben ist das Aufrichten der Haare als Wärmeschutz oder Verständigungsmittel.

Fluchtdistanz ist derjenige Abstand, bei dessen Unterschreitung der Hund vor einem bestimmten Objekt die Flucht ergreift. Sie kann von Hund zu Hund verschieden groß sein.

Fluchttrieb ist das Bestreben des Hundes, sich einer Gefahr durch Verhaltensweisen der Flucht zu entziehen.

Folgsam oder gehorsam ist ein Hund, wenn er die Anweisungen seines Führers sofort und genau ausführt.

Frustrationssituation entsteht, wenn der Hund einen sehr stark erregten Trieb durch äußere Umstände nicht abreagieren kann.

Führigkeit ist die Bereitschaft des Hundes, sich in die Meutegemeinschaft einzuordnen und dem ranghöheren Meutekumpan zu gehorchen. Die psychische Voraussetzung dafür ist die Unterordnungsbereitschaft.

G

Gebärden oder Gesten sind Ausdrucksformen wie Demutsgebärden, Imponiergehabe, Drohstellung, Freude, Schmerz, Unsicherheit, Angst usw.

Gedächtnis ist allgemein die Fähigkeit Informationen abrufbereit zu speichern. Der Hund hat ein erworbenes „Individualgedächtnis" und ein ererbtes „Artgedächtnis".

Gehirn umfasst Lust und Unlust vermittelnde Flächen, deren Verhältnis etwa bei 4:1 liegt.

Geltungstrieb zeigt sich im Bestreben des Hundes innerhalb des Rudels eine ranghöhere Stellung einzunehmen, z. B. die des Rudelführers.

Genotyp bezeichnet die Gesamtheit der Erbmasse oder das Erbbild des Hundes.

Gewöhnung ist allgemein die Fähigkeit des Hundes sich an wiederholt auftretende, folgenlose Reize zu gewöhnen und nicht mehr auf sie zu reagieren. Dieser Abbau der vorhandenen Reizbeantwortung ist eine einfache Lernform und stellt gleichsam das Gegenstück zur klassischen Konditionierung dar. Denn bei der Gewöhnung wird ein primär reaktionsauslösender Reiz zu einem neutralen Reiz.

H

Handscheu wird ein Hund z. B. durch rohe Behandlung, allzu viele Schläge mit der Hand oder dem Stock, Strafreize nach dem Herankommen, falscher oder vermenschlichender Aufbau.

Hart ist ein Hund, wenn er unlustvolle Empfindungen und Erlebnisse hinnimmt, ohne sich im Moment oder auf Dauer wesentlich beeindrucken zu lassen. Also eine geringe Empfindlichkeit gegenüber Schmerz, Strafe, Niederlage im Kampf usw. Die Folge ist eine schlechtere Führigkeit. Andererseits ist Härte durch zweckmäßige Haltung und durch Training erheblich steigerungsfähig.

Hemmung bezeichnet beim Hund eine durch äußere oder innere Reize bzw. durch entgegengesetzte Verhaltenstendenzen blockierte Verhaltensweise.

Hetzen ist das Verfolgen einer Beute auf Sicht oder mit der Nase.

Hierarchie oder Rangstufe ist allgemein die Herrschaft einer übergeordneten über eine untergeordnete Instanz. Dabei wird unterschieden zwischen sozialer Hierarchie (Rangordnung) und Instinkthierarchie.

Höhere psychische Fähigkeiten umfassen das Lernvermögen und die Assoziations- und Kombinationsbegabung des Hundes. Es sind mehr oder minder ausgeprägte Anlagen, die sich bei dem Aufbau durch eine leichtere oder schwerere Lern- und Auffassungsgabe bemerkbar machen.

Hüftgelenksdysplasie (HD) ist eine vererbbare Fehlentwicklung des Hüftgelenkes, die zu einer chronischen Erkrankung der Hüfte führen kann. Sie kann durch entsprechende Fütterung und Haltung des Welpen in ihrer Entwicklung gehemmt werden.

Hundebesitzer ist der rechtmäßige Besitzer des Hundes. Zu den Pflichten gehört u. a.: Hundesteuer zahlen; für Schäden, die der Hund anrichtet, haften; beim Spazierengehen mit dem Hund die Straßenverkehrsordnung beachten; Tollwutverdacht sofort melden und den Hund gemäß dem Tierschutzgesetz halten und unterbringen. Wichtig: Der Hundebesitzer behält auch dann die Haftung, wenn er die Sorge für die Unterkunft eines Tieres anderen Personen überträgt.

Hundeführer oder Führer ist jene Person, die im Mensch-Hund-Rudel als Führer fungiert. Dies kann der Hundebesitzer selbst oder eine andere Person sein.

Hundesport dient dem Ziel, die Leistungen der Hunde und deren Gebrauchswert sowie ihre Schönheit zu steigern.

I
Innenreiz ist ein Sinnesreiz innerhalb des hundlichen Körpers.
Instinkte sind alle Anlagen zu angeborenem Verhalten. Sie werden durch bestimmte Reize ausgelöst.
Intelligenz ist die Fähigkeit des Hundes zum Erlernen von Verhaltensweisen. Sie ist zum Teil rassebedingt und kann durch entsprechende Aufbauarbeit gefördert werden. Der Hund besitzt im Gegensatz zum Menschen nur zwei Intelligenzstufen: die Prägung und die soziale Intelligenz.

J
Junghund ist ein Hund zwischen dem 3. und 11. Lebensmonat. Im Alter von etwa einem drei viertel Jahr wählt er seinen Herrn.
Juvenil ist ein jugendlicher, noch nicht geschlechtsreifer Hund.

K
Kampftrieb ist das Bestreben des Hundes, die eigenen Körperkräfte mit einem Rivalen oder Feind zu messen, sei es im Spiel oder im Ernst. Die Voraussetzungen für einen ausgeprägten Kampftrieb sind:
1. reizbare, feindselige Grundstimmung,
2. die innere Sicherheit und Unerschrockenheit,
3. der Geltungstrieb,
4. eine gewisse Härte und
5. ein ausgeprägtes Sexualverhalten.

Kondition bezeichnet die körperliche Verfassung bzw. den Fütterungs-, Pflege- und Leistungszustand zu einem bestimmten Zeitpunkt.
Konfliktsituation entsteht für den Hund, wenn zwei miteinander nicht vereinbare Verhaltenstendenzen, z. B. Angriff und Flucht, gleichzeitig aktiviert sind und keine von ihnen eindeutig vorherrscht.
Konfliktverhalten sind Verhaltensweisen, die in einer Konfliktsituation auftreten, z. B. vermehrtes Gähnen in unpassenden Situationen, übertriebenes häufiges Kratzen, Sich-Schütteln, Pfoten-Belecken, sinnloses Hin- und Herspringen, Zittern, Winseln, Speicheln, Scharren am Boden oder an Wänden, Erbrechen, Kotabsatz, wiederholtes Beinheben zum Spritzharnen.
Konstitution bezeichnet mehr grundlegender und allgemeiner Art. Sie umfasst die Körperbeschaffenheit in Bezug auf Widerstandskraft gegen äußere Einflüsse, der auf die Leistungsfähigkeit hinweisen.
Körung ist die Auswahl von besonders für die Zucht geeigneten Hunden im Hinblick auf Leistung und Schönheit.
Kritische Distanz ist der Abstand, bei dem ein in die Enge getriebener Hund zum Angriff übergeht.
Kynologie ist die Lehre vom Hund.

L
Latenzzeit ist die Zeit zwischen Signal und Antwort oder die Zeit zwischen dem Eintreffen eines Reizes und dem Auftreten der durch ihn ausgelösten Reaktion.

Lernbegabung oder Lerndisposition oder Lernvermögen umfasst alle im Erbgut festgelegten Voraussetzungen für die Leistungen des Hundes. Sie ist erblich begrenzt, bei den einzelnen Rassen, Individuen und Funktionskreisen verschiedenartig ausgeprägt und entwicklungsbedingten Änderungen unterworfen. So kann z. B. das gleiche Ausmaß von Erfahrung innerhalb und außerhalb der sensiblen Phasen zu sehr unterschiedlichen Ergebnissen führen.

Lernen ist allgemein die Aufnahme von Informationen durch ein Lebewesen und die Aufbewahrung der Erfahrungen im Gedächtnis. Beim Hund sind das alle Prozesse, die zu einer individuellen Anpassung seines Verhaltens an die jeweiligen Umweltbedingungen führen.

M

Meideverhalten zeigt der Hund, wenn er eine physische oder psychische Bedrohung oder eine offene Aggression mit Flucht, Unterlassungsreaktionen, Demutsgebärden usw. beantwortet.

Meutetrieb ist das Bestreben des Hundes, sich zu einem reinen Hund-Rudel oder Hund-Mensch-Rudel zusammenzuschließen. An diese Meute fühlt er sich gebunden und in ihr wirken seine auf die Meute ausgerichteten Triebe.

Motivation oder Antrieb oder Stimmung ist die Bereitschaft des Hundes zur Ausführung einer bestimmten Handlung. Sie hat für jede Verhaltensweise zu jedem Zeitpunkt einen bestimmten Wert und entstammt allgemein den vier großen Triebanlagen: Ernährungstrieb, Aggressionstrieb, Fluchttrieb und Sexualtrieb. Der Motivationsgrad ist dabei abhängig von einer Vielzahl äußerer und innerer Faktoren, die ihre Wirkung nicht isoliert ausüben, sondern in verschiedenartigen Wechselbeziehungen zueinander, z. B. motivierende Reize, Entwicklungsstand, Ermüdung usw. Ersichtlich ist die Motivation aus der Stärke und der Häufigkeit einer Handlung.

Motivierende Reize sind Außenreize, die nicht eine äußere Reaktion hervorrufen, sondern durch Änderung der inneren Stimmungslage des Hundes die Auslösbarkeit einer Verhaltensweise durch andere Reize vorbereitet.

Motorisches Lernen bezeichnet das Lernen auf dem Gebiet der Bewegungsausführung.

Mut bedeutet in der Kynologie Unerschrockenheit oder Furchtlosigkeit in bekannten und unbekannten Situationen. Er basiert auf der Wesensverfassung und den Triebanlagen des Hundes und kann nicht durch Training erworben werden.

N

Nachahmung bezeichnet das „Lernen durch Beobachtung". Dabei übernimmt der Hund beobachtete Verhaltensweisen indirekt in sein Verhalten, auch wenn sie seinen wahren Anlagen nicht entsprechen, z. B. feiges Verhalten trotz innerer Sicherheit.

Nervenverfassung beeinflusst sehr stark das Verhalten und den Wert des Hundes. Übermäßige Nervenreizbarkeit ist eine Wesensschwäche, während eine zu hohe Nervenbasis eine schlechte Arbeitsgrundlage ist. Das in jeder Hinsicht beste Nervensystem ist jenes, das auf eine mittlere Reizschwelle reagiert.

Neurose entsteht, wenn der Hund nicht mehr in der Lage ist, einen Konflikt, dem er wehrlos ausgeliefert ist, zu lösen.

O

Omega-Tier ist das an letzter Stelle stehende Tier in der Rangordnung eines Rudels (Prügelknabenstellung).

P

Phänotyp bezeichnet das äußere Erscheinungsbild des Hundes. Es ist das Ergebnis des Wechselspiels zwischen den Erbanlagen und den Umweltbedingungen, die während seiner Entwicklung auf den Organismus einwirken.

Psychologie ist die Lehre von den Funktionen und Leistungen der Lebewesen.

Prägung ist ein verhältnismäßig schneller Lernvorgang in frühester Jugend, der sich von den anderen Lernprozessen durch drei Eigenschaften unterscheidet:
1. Durch eine ausgeprägte sensible Phase.
2. Durch ein sehr stabiles, nicht rückgängig zu machendes Lernergebnis.
3. Durch die Unmöglichkeit Nichtgelerntes nachzuholen.

Prüfung ist eine von hundesportlichen Organisationen eingerichtete, vorher ausgeschriebene und nach einer Prüfungsordnung ausgerichtete Veranstaltung, bei der bestimmte Leistungen des Hundes genau geprüft und bewertet werden.

Prüfungsordnung ist die Zusammenfassung der Zulassungs- und Durchführungsbestimmungen für die Prüfung. Sie wird in gewissen Abständen überprüft und nach den gewonnenen Erfahrungen abgeändert oder ergänzt. Jede Prüfung ist in einzelne Fächer eingeteilt. Für die Leistungen werden Zensuren vergeben. Das Richterurteil ist grundsätzlich unanfechtbar.

R

Rangordnung oder soziale Hierarchie ist allgemein die geregelte Verteilung von „Rechten und Pflichten" innerhalb einer Tiergruppe. Sie wird durch Kämpfe oder Paarbildung festgelegt. Dabei ist die Rangstufe eines Tieres abhängig von seiner Größe, Körperkraft, Geschicklichkeit, Kampfbereitschaft und dem Zufall. Das ranghöchste Tier (Alpha-Tier) hat die Aufgabe durch sein Können und seine Erfahrung das Überleben der einzelnen Rudelmitglieder zu sichern.

Rasse ist eine Gruppe von Einzeltieren innerhalb einer Art mit gemeinsamen, vererblichen Eigenschaften.

Rasseausdruck ist der körperliche und wesensmäßige, für eine Rasse typische Ausdruck: Rassetyp.

Rassehund ist der zuchtmäßig gezüchtete und in einem anerkannten Stammbuch eingetragene, edle Hund.

Reifung ist die Vervollkommnung einer Verhaltensweise ohne Übung. Sie beruht auf Entwicklungsprozessen im Zentralnervensystem.

Reiz oder Stimulus ist allgemein ein physikalischer Zustand oder eine Zustandserklärung in der Umwelt oder im Inneren eines Lebewesens, der im Organismus zu Veränderungen führt.

Reizschwelle ist die Mindestgröße eines Reizes, die bei einem Lebewesen eine Reaktion auslöst. Dabei kann der Schwellenwert von verschiedenen Innen- und Außenbedingungen beeinflusst werden.

Reizsummation bezeichnet die wechselseitige Reizverstärkung von Schlüsselreizen, die ein- und dieselbe Verhaltensweise auslösen. Dabei entspricht der Gesamtwert einer Situation in der Regel nicht der genauen Summe der Einzelreize.

Revier ist ein verteidigtes und markiertes Wohngebiet, dessen Größe von dem Grad der Angriffslust des Tieres bestimmt wird. Im Mittelpunkt des Reviers ist die Kampfbereitschaft am größten, während sie mit zunehmender Entfernung in gleichem Maße abnimmt, wie die Umgebung für das Tier fremder und furchterregender wird.

Rudel ist bei Hunden eine geschlossene Gesellschaft, deren Mitglieder sich als Individuen persönlich kennen und in einer Rangordnung zusammenleben.

S

Schärfe ist eine Wesensanlage, die triebhaft verankerte oder durch Erziehung verstärkte Bereitwilligkeit des Hundes, auf unvermutete Reize und offensichtliche Angriffe feindlich zu reagieren. Schärfe hat nichts mit Mut zu tun.

Scheu ist ein nerven- und wesensschwacher Hund. Scheue kann aber auch umweltbedingt sein, z. B. Handscheue, Leinenscheue. Diese tritt dann auf, wenn der Hund öfter sehr unangenehme Erfahrungen mit der Hand des Menschen oder der Führleine machte und deshalb vor jeder Hand- oder Leinenbewegung zurückweicht.

Schlüsselreiz oder Signalreiz ist ein Außenreiz oder eine Reizkombination, der ein bestimmtes Verhalten auslöst oder aufrechterhält sowie die Orientierung einer Verhaltensweise oder die Stimmungslage des Hundes beeinflusst.

Schussfest sollte jeder gesunde und nervenfeste Hund sein. Schon der Welpe sollte an laute Geräusche gewöhnt werden.

Schutzhund ist im weiteren Sinne ein Hund, der durch sein Verhalten und Vorgehen seinen Herrn beschützen kann.

Schutzhundanlagen sind ererbte Eigenschaftsnormen des Schutzhundes, die innerhalb des vorgegebenen Rahmens durch Umwelteinflüsse in einer bestimmten Weise verwirklicht werden können.

Schutzhundeigenschaften sind die durch das Wechselspiel zwischen Erbgut und Umwelt verwirklichten Eigenschaftsnormen des Schutzhundes.

Schutztrieb ist die vererbbare Veranlagung auf jeden Angriff, ob gegen sich oder gegen seinen Herrn, mit einem Gegenangriff zu reagieren. Der Schutztrieb steht in engem Zusammenhang mit der Bindung an seinen Herrn.

Schwellenwertänderung bezeichnet die Änderung in der Auslösbarkeit einer Verhaltensweise. Sie kann von verschiedenen Faktoren bestimmt werden und führt entweder zu einer Schwellenerhöhung (schwere Auslösbarkeit der Reaktion) oder zu einer Schwellenerniedrigung bzw. -senkung (leichtere Auslösbarkeit der Reaktion). Extreme Schwellenerniedrigung kann Leerlaufhandlungen zur Folge haben.

Sensibilität ist die Empfindlichkeit und die gesteigerte Empfindungsfähigkeit.

Sensible Phase ist derjenige Lebensabschnitt, in dem ein Lebewesen für bestimmte Lernerfahrungen besonders empfänglich ist. Sie tritt im Leben des Tieres nur einmal auf und zeigt sich beim Hund z. B. in der Prägungsphase.

Sozial bedeutet in der Ethologie, dass die betreffende Verhaltensweise die Aufgabe einer innerartigen Verständigung erfüllt.

Sozialisierungsphase ist der Lebensabschnitt des Hundes, in dem er seine spezifischen sozialen Kontakte erwirbt. Sie dauert von der 8. bis 12. Woche und ist für ein optimales Mensch-Hund-Verhältnis von entscheidender Bedeutung. Wird sie verpasst, kann der soziale Erfahrungsentzug später nicht mehr nachgeholt werden. Der Hund ist in Bezug auf Menschen sozial „fehlgeprägt" (Zwingerhunde).

Spieltrieb ist mit dem Bewegungs- und Betätigungstrieb verwandt bzw. zum Teil in ihm begründet. Er ist in der Jugend besonders ausgeprägt und bleibt bis in das hohe Alter des Hundes erhalten.

Spielverhalten bezeichnet alle jene Verhaltensweisen, die innerhalb des Verhaltensbereiches keinen „Ernstbezug" besitzen. Es ist allgemein gekennzeichnet durch einen relativ hohen Anteil an spontanen Verhaltensweisen und kann als Solitärspiel, Objektspiel oder Sozialspiel durchgeführt werden.

Sphinxstellung ist eine gespannte Liegestellung von kurzer Dauer, die den Schutzhund zu blitzschnellen Reaktionen befähigt. Dabei sind die Vorderläufe vorgestreckt, der Kopf und die Vorhand aufgerichtet, die Hinterläufe eng an den mit der Rute eine Gerade bildenden Körper angelegt.

Stammbaum ist das Verzeichnis aller von einem Zuchttier oder Elternpaar abstammenden Nachkommen. Er ist je nach den Generationsfolgen mehr oder weniger verzweigt und umfangreich.

T

Temperament des Hundes äußert sich in der psychischen Beweglichkeit und der Reaktionsintensität auf die verschiedenen Umweltreize. Dabei gilt: Der Hund ist umso temperamentvoller, je lebhafter und reaktionsintensiver er sich gegenüber seiner Umwelt verhält. Er ist umso temperamentärmer, je träger und interessenloser er sich benimmt. Jedoch darf das Temperament nicht mit Nervosität verwechselt werden.

Tierpsychologie ist jenes Teilgebiet der Verhaltensbiologie, das sich mit den Persönlichkeitsmerkmalen eines Tieres beschäftigt und sie beschreibt. Dabei sind viele wichtige tierpsychologische Erkenntnisse an Zoo- und Zirkustieren gewonnen worden.

Totschütteln bezeichnet ein intensives seitliches Kopfschütteln mit der im Fang gehaltenen Beute. Bei jungen Hunden ist das Totschütteln ein häufiger Bestandteil des Spielverhaltens.

Trieb ist die ererbte Bereitschaft des Hundes zu einem bestimmten Verhalten.

Triebstau entsteht, wenn ein bestimmter Trieb lange keine Gelegenheit mehr zum Ablaufen hatte. Dadurch steigert sich die Bereitschaft des Hundes zu einem bestimmten Verhalten.

Trockenverbellen ist allgemein eine bellformende Übung, die dem Hund das gezielte Bellen lehrt. Speziell dient das Trockenverbellen dazu, die saubere Ausführung einer späteren, an einen bestimmten Außenreiz gekoppelten Verbellübung systematisch vorzubereiten.

U

Ursprungsbewegung ist eine schwächer aktivierte Verhaltensweise, die in einer Konfliktsituation durch die gegenseitige Hemmung der vorherrschenden Verhaltenstendenzen zum Durchbruch kommt.

Umwelt bezeichnet allgemein die gesamte Umgebung oder „Außenwelt" des Hundes. Speziell jedoch diejenigen Faktoren der Umgebung, die auf den Hund tatsächlich in irgendeiner Weise einwirken.

Unterordnungsbereitschaft ist die Neigung des Hundes, sich dem Ranghöheren unterzuordnen, nachdem er dessen Autorität erlebt und respektieren gelernt hat.

V

Verhalten umfasst allgemein alle Bewegungen, Lautäußerungen, Körperhaltungen und Verständigungsweisen des Hundes.

Verstärkung oder Bekräftigung oder Nacheffekt ist die Bezeichnung für alle Ereignisse, die nach einer vom Hund ausgeführten Verhaltensweise auftreten und zu einer anschließenden Wiederholung oder zum Abbau der gezeigten Verhaltensweise führen.

W

Weichheit oder große Empfindlichkeit ist die Eigenschaft des Hundes, sich von unlustvollen Empfindungen oder beängstigenden Ereignissen stark und nachhaltig beeindrucken zu lassen. Sie bedeutet keine Wehleidigkeit.

Wehrtrieb ist das Bestreben des Hundes, sich gegen eine physische oder psychische Bedrohung oder gegen eine offene Aggression zu verteidigen.

Wesen ist die Eigentümlichkeit und die Eigenart des Hundes. Es äußert sich z. B. in Temperament, Anhänglichkeit, Lernfreudigkeit, Arbeitswillen, Ausdauer, Kampfesmut usw. und ist bei jedem Hund andersartig gelagert.

Wesensschwäche ist im Wesentlichen angeborene starke Feigheit, Ängstlichkeit, Schreckhaftigkeit, Nervenschwäche und Misstrauen. Die Mängel können weder mit Dressurmaßnahmen noch mit irgendeiner anderen Methode verringert oder beseitigt werden.

Wesenssicherheit ist das Gegenteil der Wesensschwäche und die Grundlage jeder optimalen Aufbauarbeit. Sie hängt ab von dem Intensitätsgrad der drei Wesensgrundlagen Konstitution, Trieb- und Instinktveranlagungen und den höheren psychischen Fähigkeiten.

Literatur

Dieses Buch ist ein spezieller Leitfaden für *alle* verantwortungsbewussten Gestalter des *echten* Schutzhundes. Deshalb habe ich die Erkenntnisse und Meinungen aus einschlägigen Arbeiten anderer Kapazitäten nur so weit und sinngemäß übernommen, wie sie dem Ziel dieses Buches dienen.

Die folgende Liste führt die Literatur auf, die ich bei meiner Arbeit mit Gewinn benutzt habe:

Dröscher, Vitus B.: Nestwärme, Verlag Bertelsmann GmbH, Gütersloh
Dröscher, Vitus B.: Sie töten und sie lieben sich, Verlag Bertelsmann, Gütersloh
Hassenstein, Bernhard: Instinkte, Lernen, Spielen, Einsicht. Verlag R. Piper + Co., München
Immelmann, Klaus: Einführung in die Verhaltensforschung. Verlag Paul Parey, Hamburg
Immelmann, Klaus: Wörterbuch der Verhaltensforschung. Verlag Paul Parey, Hamburg
Müller, Manfred: Vom Welpen zum idealen Schutzhund. Verlag Oertel + Spörer, Reutlingen
Müller, Manfred: Der erfolgreiche Hundeführer. Verlag Oertel + Spörer, Reutlingen
Müller, Manfred: Die Spezialausbildung des Schutzhundes. Verlag Oertel + Spörer, Reutlingen
Müller, Manfred: Der leistungsstarke Fährtenhund. Verlag Oertel + Spörer, Reutlingen

Bildnachweis

Die Fotos sind von Manfred Müller. Sie zeigen Hunde unterschiedlichen Alters und Ausbildungsstandes.

Die Auswahl der Bilder erfolgte primär nach ihren Aussagewerten in puncto Textverdeutlichung.